制度视角下的企业社会
责任信息披露特征
及效率研究

吴丹红 著

中国财经出版传媒集团
中国财政经济出版社

序 一

早在2000多年前,中国古代的先贤们就提出了"天人合一"的思想。孔子说,"天地之性,人为贵","大人者,与天地合其德"。庄子则说,"天地与我并存,而万物与我为一"。中国古老的哲学思想中早已深窥到天时、地利与人和的发展是人类可持续发展的基石。同样,世界环境与发展委员会在1987年发布的《我们共同的未来》中,以"持续发展"为基本纲领阐述了生态压力对经济发展所带来的重大影响,指出人类社会需要一条延伸到遥远的未来都能支持全球人类进步的道路。这一鲜明、创新的科学观点,把人们从单纯考虑环境保护引导到把环境保护与人类发展切实结合起来,实现了人类有关环境与发展思想的重要飞跃。中国古代的哲学思想和现代文明的发展理念均与企业社会责任思想不约而合,碰撞出思想的火花。

企业社会责任是企业追求有利于社会长远目标的一种义务。它超越了法律和经济所要求的义务,是企业在当今社会经济环境下获得可持续发展的关键。与此相关的社会责任信息披露是当前会计界研究的一个热点和难点问题,国内外理论界和实务界对此进行了大量探索并取得了丰富的研究成果。但总体而言,国家层面上还没有强制企业披露社会责任信息的法律要求,因而我国企业的社会责任意识不强,信息披露内容存在较大差异,社会责任信息质量不高,企业社会责任信息披露的理论研究也亟待加强。因此,深化企业社会责任信息披露问题研究,健全企业社会责任信息披露机制,对于促进企业切实履行社会责任、实现可持续发展具有重要意义。

该著作依据制度理论研究了中国企业社会责任信息披露的制度动因和披露效率问题,揭示了中国情境中的制度主体复杂性对企业社会责任信息披露动机和行为的影响路径,探究了中国企业社会责任信息披露质量的制度动机和效率水平。本书从分析方法和理论视角两方面对现有的基于经济效率和理性选择理论的研究成果,形成了较好的理论与实证补充,丰富了制度领域和社会责任信息披露领域的研究文献。同时,本书的研究成果也为规范企业社会责任信息披露、提高社会责任信息质量和信息的决策有用性提供了重要的参考依据。

该著作的学术贡献主要体现在:(1)从社会责任信息披露动因、披露效率和披露管理体系三个核心问题出发,依据披露动机、披露水平和治理模式三位一体的理论框架与逻辑路线,全面分析了我国企业社会责任信息披露的相关重大问题。(2)基于当前新兴的制度理论,考察了制度影响企业社会责任信息披露的路径,把制度变量引入社会责任信息披露质量研究,为揭示制度因素与企业社会责任信息披露水平之间的互动机制,提供了有别于既有研究的分析思路和经验证据。(3)针对我国现实的制度环境,分析了影响我国企业社会责任信息披露的多方制度角色,构建了制度压力通过公司特征影响企业社会责任信息披露质量的框架模型,剖析了制度压力、企业特征和企业社会责任信息披露质量的内在关系,扩展了企业特征对企业社会责任信息披露影响的本质动因。(4)通过对实质性标准的界定,考察了我国企业社会责任信息披露效率问题,进一步厘清了制度动因驱使下的社会责任信息的披露效度,明确了企业社会责任信息披露动因和披露效率的逻辑关系。(5)从企业战略管理角度出发,论证了企业社会责任管理体系构建对于社会责任信息披露的支撑作用和重要意义。

该著作系吴丹红博士基于其博士学位论文和其他相关系列研究成果整合而成。作为她的硕士生导师和博士生导师,我们欣慰地看到,她多年来一直孜孜不倦地致力于企业社会责任信息披露问题的研究,而且,部分研究成果已经获得国家社科基金和多项省级科研课题立项,在多种管理学期刊中发表了数篇论文,在赴英国和澳大利亚大学访学交流期间,还积极与该领域学者开展了多项合作研究。吴丹红博士对科研的兴趣和热爱以及锐意进取的科研工作态度和勤勉扎实的工作作风,反映了我国高校普通科研工作者的精神面貌,并被国内外同行高度认可。当然,这本著作还存在一些不足,如对企业社会责任信息披露效率的研究尚属于探索阶段,需要结合我国资本市场予以深化,对社会责任管理体系构建的研究也还需要深入。然而,该著作的研究成果为我国企业社会责任信息披露机制的建立和完善提供了系统的理论支持,也为该领域的后续研究提供了厚重的研究基础。希望此书的出版能如作者希冀的那样能够引发国内外研究者与实践者的共鸣,进一步推动企业社会责任信息披露的理论研究与实践进展,切实促进我国企业的可持续发展。故乐为之序。

教授,博导　唐国平　杨汉明
2018 年 8 月于中南财经政法大学

序 二

近年来,党中央提出落实"科学发展观"、构建"社会主义和谐社会"和"生态文明"等一系列战略性治国政策,企业社会责任开始进入政府、公众、企业、社会团体和媒体的视野,成为日益重要的政治话题和评价企业可持续发展的新指标。企业社会责任信息披露逐渐成为企业重要的沟通交流方式。企业为什么要花费一定代价来披露社会责任信息?为什么企业社会责任信息披露质量存在差异?如何有效提升中国企业社会责任信息披露质量?企业社会责任具有外部性问题,经济动机难以全面解释企业社会责任信息披露现象和行为。在特定的制度环境中,企业行为总是离不开制度供给并倾向于趋利避害以适应制度。企业社会责任信息披露的目标,是基于契约关系的报告管理当局运用企业资源情况和结果的受托责任观?还是属于基于注重信息披露使用者决策需要的决策有用观?抑或是基于缓解制度环境压力的应对压力观?对这些问题的探索将有助于进一步了解企业社会责任信息披露的动因、社会责任信息披露特征表现以及动机和特征表现之间的关联。只有明晰以上问题,才能完善我国企业社会责任信息披露的质量,提高企业社会责任信息披露的参考价值。

信息披露可以缓解市场参与者之间的信息不对称,促进资源有效配置。而信息披露这种作用的发挥很大程度上有赖于信息自身的质量。自2006年国家电网发布我国央企首份社会责任报告后,我国企业社会责任信息披露数量不断增加,但一个不可忽视的事实是,社会责任报告质量的提升远远落后于社会责任报告份数的增长,社会责任信息质量的参考价值较低。在当前越来越多的企业披露社会责任报告的情况下,我们更要批判性审视企业的披露体制及信息是否有效,以及思考如何通过管理体系的构建来促进企业社会责任意识及其信息披露质量提升的问题。

本书采用理论分析和实证分析相结合的研究方法。在理论部分,以制度理论为主要基础理论,分析了我国企业社会责任信息披露的发展历程、制度供给环境及其关键制度角色，构建了制度压力对企业社会责任信息披露质量的影响框架。在实证部分，分析了我国企业社会责任信息披露的特征表现，检验了制度压力对我国企业社会责任信息披露质量的影响，调查了我国企业社会责任报告实质性议题的披露现状和企业社会责任报告效率问题，分析了我国企业社会责任管理机制的构建内容。

  本书是一部全面而系统论述社会责任信息披露特征和效率的著作，连贯性地把社会责任信息披露特征表现、效率程度和如何有效管理三个部分有机串联起来，形成了一个合理完整的分析逻辑框架，其主要创新和贡献体现在：第一，在汗牛充栋、浩如烟海的社会责任信息披露研究领域中，作者独辟蹊径，运用迪马乔和鲍威尔1983年的经典研究，从制度理论的角度，分析制度压力对企业社会责任信息披露质量的影响，并在此基础上，全面分析了我国企业社会责任信息披露的特征和效率问题，扩展了企业社会责任信息披露理论研究基础和研究内容。第二，现有社会责任信息披露研究多基于利益相关者理论或合法性理论，重点关注社会企业社会责任信息披露的概念、特征、绩效等议题，集中于现象驱动的描述性研究。作者则强调了制度动因下导致的企业社会责任信息披露效率问题，明晰了当前我国企业社会责任信息披露效率现象背后更深层次的原因，创见性地提出企业社会责任信息披露的决策有用性的重要性。这种基于效率角度的研究为企业社会责任信息披露研究展示了一个可尝试的新的研究方向。第三，无论是社会责任信息披露特征表现，还是社会责任信息披露效率问题，其程度在于企业是否具有一套科学而有效的社会责任管理体系支撑，来规范企业的社会责任行为和保障社会责任信息披露的持续性。本书基于这个角度，分析了能够建立支撑和落实业社会责任信息披露的有效管理体系的内容和应用方法，为指引企业落实企业社会责任及其信息披露的常态化工作开展提供了有益的参考价值。

  本书是作者多年潜心研究社会责任信息披露相关问题的成果积累。在其写作过程中，作者广泛阅读大量的国内外文献，跟踪国际研究新动态和新话题，对研究内容进行了认真推敲斟酌，几易其稿，终将而成。这本书的出版内容反映了作者多年来的研究轨迹，也反映出作者对企业社会责任领域的研究热情和执着。鲁迅曾言，世上本没有路，走的人多了，便变成了路。社会责任这个话题在我国20世纪90年代刚刚兴起时，大家对其认识仅仅是停留在道德层面的说教之词，然而，随着中国经济的发展和对人们对生态环境、员工利益、慈善义举等话题的日益关注，社会责任及其信息披露已经逐渐被更多的企业所践行，呈星火燎原之势。此书的出版，将进一步丰富企业社会责任信息披露这个新兴而旺盛的研究话题，促使更多的社会群体认知社会责任及其信息披露，从而身体力行地践行企业社会责任，推动我国"生态文明""中国梦"等战略性治国政策的实施。

教授　王德发
2018年8月于湖北工业大学

前　言

随着企业社会责任在全球范围的发展，企业社会责任信息披露逐渐成为当今企业重要的沟通交流方式和评价企业可持续发展的新指标。然而，我国企业社会责任报告仍然存在着披露比例低、内容和形式差异大、决策价值低等质量问题。企业社会责任信息披露质量受到什么因素的影响呢？另外，我国企业披露企业社会责任信息的份数越来越多，但很多披露并没有试图区分决策性信息和非本质的烦琐性日常性信息，社会责任报告的披露页数越来越长，使读者往往很难根据这些庞大的信息判断其真正履行社会责任的程度和效果。在一份几十页乃至一百多页的社会责任报告中，企业披露的实质性社会责任信息披露有多少呢？在现在越来越多的企业开始认同社会责任的趋势下，如果探讨社会责任的管理仍停留在道德层面，则很难给予企业实践的指导。劝导性的社会责任描述如果不能转化成为企业行为，那么社会责任对于企业而言仍是书面文字上的广告营销。所以对于如何构建企业社会责任的管理框架，从管理视角下去重新审视企业社会责任的实施操作的确是一件尝试性、开创性和挑战性的课题，具有广阔的探索空间和评价模式的多样化选择。在当前大量报道、赞扬和鼓励企业披露社会责任信息的状况下，我们要批判性重新审视企业的披露体制及信息是否有效披露，以及如何完善披露体制的管理体系构建问题。

本书采用理论分析和实证分析相结合的研究方法。在理论部分，界定企业社会责任、企业社会责任信息披露质量、制度和制度压力的概念；阐述企业社会责任信息披露的基本理论，以制度理论为主要基础理论，分析我国企业社会责任信息披露的发展历程、制度供给环境及其关键制度影响角色；明晰制度压力对企业社会责任信息披露质量的影响路径。在实证部分，分析我国企业社会责任信息披露的特征表现，包括企业社会责任信息披露的主体和行为特征、质量特征、"同形"特征、利益导向特征；具体检验三大制度压力对我国企业社会责任信息披露质量的影响；调查分析社会责任报告实质性议题的披露质量；

测量和分析社会责任报告中的有效社会责任信息。全书共分三篇，共十一章，各篇章内容如下：

本书导论。从企业社会责任信息披露的全球发展趋势和企业社会责任信息披露的研究质量两部分，介绍本书选题的背景与研究意义；结合本书的研究范围，从企业社会责任信息披露的影响因素研究、企业社会责任信息披露质量研究和企业社会责任信息披露行为研究三个方面评述国内外研究文献；阐述本书的研究目的、内容和方法。

第一篇为企业社会责任信息披露理论基础。本篇共四章，各章内容如下：

第一章为企业社会责任信息披露的基本概念界定。界定企业社会责任、企业社会责任信息披露质量和制度压力的概念；构建我国企业社会责任信息披露质量的衡量标准。

第二章为企业社会责任信息披露的基本理论。分析比较利益相关者理论、合法性理论和制度理论三大理论的核心观点、发展应用以及理论之间的渊源关系，明晰本书的研究理论基础。

第三章为我国企业社会责任信息披露的发展历程和制度背景，从政策法律和企业实践两个方面分析我国企业社会责任信息披露的发展历程；分析我国企业社会责任信息披露发展的制度供给环境；明晰影响我国企业社会责任信息披露质量的关键制度角色；分析我国企业社会责任信息披露的制度环境特征。

第四章为制度压力对我国企业社会责任信息披露质量的影响机理。分析我国企业社会责任信息披露发展过程中面临的制度压力；明晰制度压力对企业社会责任信息披露质量的影响路径；分析制度压力、企业特征和企业社会责任信息披露质量之间的内在联系。

第二篇为我国企业社会责任信息披露质量和特征研究。本篇共三章，各章安排如下：

第五章为我国企业社会责任信息披露的质量。从企业社会责任信息披露的总体分析、具体分析和其他角度和基于湖北省的区域性视角，全面了解我国企业社会责任信息披露的质量。

第六章为我国企业社会责任信息披露的特征。分析我国企业社会责任信息披露所体现出来的主体和行为特征、"同形"特征、利益导向特征。从披露社会责任报告的公司主体特征和"羊群"行为分析我国企业社会责任信息披露的主体和行为特征。从企业社会责任信息披露的模仿、披露水平的相似性和企业机构设置的趋同性三个方面,分析我国企业社会责任信息披露的"同形"特征。从提升企业形象或声誉、提升企业市场价值、改善与投资者的关系、降低资本成本四个方面,分析我国社会责任信息披露的利益导向特征。

第七章为制度压力对企业社会责任信息披露的影响。从强制压力、规范压力和模仿压力检验制度压力对企业社会责任信息披露的影响。分为三个实证部分。实证一:强制压力对企业社会责任信息披露质量的影响。检验政府政策规定和企业国有股比例对企业社会责任信息披露质量的影响。实证二:规范压力对企业社会责任信息披露质量的影响。检验高管职业化背景(高管教育水平和海外背景比例)和企业的社会责任专业化进程(企业社会责任组织会员背景、企业社会责任奖项数量和企业社会责任目标的制定)对企业社会责任信息披露质量的影响。实证三:模仿压力对企业社会责任信息披露质量的影响。检验企业是否模仿市场成功企业、行业成功企业、央企和行业社会责任信息披露的质量水平以及模仿的强弱程度。

第三篇为企业社会责任信息披露效率研究。本篇共两章,各章安排如下:

第八章为社会责任报告实质性议题识别过程的调查分析。以我国2006～2014年连续披露社会责任报告的企业报告为分析样本,分析实质性标准在企业社会责任报告中的应用状况。

第九章为企业社会责任有效信息的测度和分析。以我国2006～2014年连续9年披露社会责任报告的15家企业的135份社会责任报告为研究样本,对企业有效社会责任信息的页数比重进行测度和分析。

第四篇为企业社会责任管理体系研究。本篇共两章,各章安排如下:

第十章为企业社会责任管理体系建设质量研究。从企业社会责任管理体系的国际质量和企业社会责任管理体系的国内质量,分析企业社会责任管理体系建设的总体质量。

第十一章为企业社会责任管理体系建设应用研究。从企业社会责任管理体系建立遵循的原则、绿色管理、考核评价指标、监管体制、保障体系和推进体系方面,分析我国企业社会责任管理机制的建立机制。

通过研究,本书结论如下:

(1)我国企业社会责任信息披露的发展与外部制度供给环境密切相关。企业社会责任具有外部性问题,经济动机难以全面解释企业社会责任信息披露现象和行为。在特定的制度环境中,企业行为总是离不开制度供给并倾向于趋利避害以适应制度。我国企业社会责任信息披露的发展依赖于经济、法律和文化等外部制度的供给。地区的经济发展水平、市场竞争程度和企业经济业绩，在很大程度上影响企业社会责任信息披露水平。政策法规是企业社会责任信息披露的强大推动力量。中国社会倾向遵守规则和法律，中国文化不鼓励自愿性信息披露。在我国企业社会责任信息披露的发展历程中，政府机构、行业组织、新闻媒体、非政府组织和学术机构等制度角色发挥着积极的促进作用。

（2）我国企业社会责任信息披露质量水平在逐渐提升，但整体质量水平仍然偏低。企业社会责任报告数量的增长和质量提升严重不匹配；信息披露质量存在着明显的行业和地区差异；经济发展水平较高的地区报告质量优于经济发展水平较低的地区；上交所公司报告质量优于深交所公司；主板公司的社会责任报告的数量高于中小板和创业板公司，但报告质量差距较小；应规性公司的报告质量优于自愿性公司；在应规性发布模块中，上证金融板块公司报告质量最高，上证治理板块公司报告数量最多。此外，我国企业社会责任信息披露存在行为模仿、质量相似和设置机构相似的"同形"特征现象。

（3）制度压力影响我国企业社会责任信息披露质量的路径为：制度环境→制度压力→公司特征→企业执行力→企业社会责任信息披露质量。制度环境对企业产生制度压力，制度压力通过公司特征得以表达、传递或放大，产生企业执行力，影响企业社会责任信息披露质量水平。同时，企业应对压力的主动性大小体现在公司特征中，影响着企业面对制度压力时所能采取的社会责任策略和行为。

（4）制度压力对我国企业社会责任信息披露质量有显著影响。公司是否为央企公司与企业社会责任信息披露质量显著正相关，公司国有股比例与企业社会责任信息披露质量显著正相关；公司高管学历水平、高管是否有海外背景、公司是否为企业社会责任机构会员、公司社会责任奖项数量、公司是否有社会责任目标与企业社会责任信息披露质量显著正相关；企业社会责任信息披露存在模仿市场成功企业的成果模仿、模仿央企水平的特征模仿以及模仿行业平均水平的从众式模仿；市场成功企业和央企具有明显的社会责任信息披露示范效应；进一步采用 CSAD 法，用横截面绝对偏离度衡量企业社会责任信息披露模仿的强烈程度，发现企业社会责任信息披露模仿行为比较突出，表现为正"U"型库兹涅茨曲线关系。

（5）我国社会责任报告的披露效率整体不高。我国企业对实质性议题进行识别的总体比例较低，识别具体程度因公司不同而有较大差异，识别工作流程具有趋同性。相对于社会责任报告数量和报告篇幅的增长，报告的信息有效度没有太大的改善，不同行业不同公司的差异较大，报告具有独立第三方鉴证的比重较低。企业对社会责任的信息披露更重视数量和篇幅方面，侧重追求内容的多少却不是内容的质量，忽视了信息的实质性。

（6）企业社会责任管理体系的建设过程长、具有阶段性和动态性，需要合理规划，稳步实施。企业社会责任是建立在组织内部管理过程和战略设计上，包括组织结构、程序、过程、监督机制和资源保障等，这个过程需要通过对企业资源的系统规划和整合使用，才能为企业在经济、社会与环境社会责任行为的落实和信息披露的有效沟通提供保障体系。社会责任管理体系的构建是一项需要持之以恒实践和持续改进完善的系统管理工程。企业社会责任对企业价值的渗透影响也需要多年方能显现，因此需要合理确定战略实施的进程安排，即要全面推进，又要稳步实施。

本书结论较好解释了我国企业社会责任信息披露质量目前存在的数量与质量严重不配比、整体水平较低以及信息参考价值低等问题，主要原因是我国上市公司的社会责任报告在很大程度上是企业应对外部制度压力的一种策略手段。在企业社会责任信息以自愿性披露为主和我国尚未有社会责任信息披露质量奖惩机制的情况下，对大多数企业而言，企业发布社会责任信息与否与社会责任信息披露质量两者相比，前者可能比后者更能获得实用、认同和道德等层面的合法性与其制度地位对应的制度收益，从而实现企业经济或政治目的。

本书的主要创新和贡献如下：

（1）从社会责任信息披露动因、披露效率和披露管理体系三个核心问题出发，依据披露动机、披露水平和治理模式三位一体的理论框架与逻辑路线，全面分析了我国企业社会责任信息披露的相关重大问题。（2）运用迪马乔和鲍威尔1983年的经典研究，从制度理论的角度，分析了制度环境对企业社会责任信息披露质量的影响，考察了制度影响企业社会责任信息披露的路径，把制度变量引入社会责任信息披露质量研究，为揭示制度因素与企业社会责任信息披露水平之间的互动机制，提供了有别于既有研究的分析思路和经验证据。（3）强调了制度动因下导致的企业社会责任信息披露效率问题，明晰了当前我国企业社会责任信息披露效率现象背后更层次的原因，明确了企业社会责任信息披露动因和披露效率的逻辑关系，提出企业社会责任信息披露的决策有用性的重要性问题,为企业社会责任信息披露研究展示了一个可尝试性研究方向。(4) 从企业战略管理角度出发,分析了支撑和落实业社会责任信息披露的有效管理体系的内容和应用方法,论证了企业社会责任管理体系构建对于社会责任信息披露的支撑作用和重要意义,为指引企业落实企业社会责任及其信息披露的常态化工作开展提供了有益的参考价值。

在本书的编写和出版过程中,得到了国家社科基金"社会责任信息披露动因及效率研究(编号:13BJY016),湖北工业大学博士科研启动基金(编号:BSQD2016043)的资助。同时,感谢中国财政经济出版社各位编辑同志认真而细致的工作。希望本书的出版有助于推动我国企业社会及其信息披露的理论研究与实践探索。"

吴丹红

2018 年 5 月

目 录

导论 ·· 1
   一、研究背景 ·· 1
   二、研究意义 ·· 5
   三、文献综述 ·· 6

第一篇　企业社会责任信息披露理论基础

第一章　基本概念的界定 ·· 23
   一、企业社会责任 ·· 23
   二、企业社会责任信息披露 ··· 26
   三、制度和制度压力 ··· 39

第二章　企业社会责任信息披露的基本理论 ······························· 44
   一、利益相关者理论 ··· 44
   二、合法性理论 ··· 47
   三、制度理论 ·· 49
   四、理论之间的渊源和融合 ··· 53

第三章　我国企业社会责任信息披露的发展历程和制度背景 ········· 55
   一、我国企业社会责任信息披露的发展历程 ······························ 55
   二、政策法律环境 ·· 56
   三、企业社会责任信息披露实践发展 ······································· 59
   四、我国企业社会责任信息披露发展的制度背景 ······················· 62

五、影响我国企业社会责任信息披露的制度角色 …………………… 67
　　六、我国企业社会责任信息披露发展的制度环境特征 …………… 72

第四章　制度压力对企业社会责任信息披露的影响机理 ………… 75
　　一、影响我国企业社会责任信息披露的制度压力 ………………… 75
　　二、制度压力影响我国企业社会责任信息披露的路径 …………… 79
　　三、影响企业社会责任信息披露的路径分析 ……………………… 83

第二篇　我国企业社会责任信息披露的质量和特征

第五章　我国企业社会责任信息披露的质量 ……………………… 87
　　一、总体分析 ………………………………………………………… 87
　　二、具体分析 ………………………………………………………… 88
　　三、其他角度分析 …………………………………………………… 90
　　四、基于区域性的视角分析 ………………………………………… 97

第六章　我国企业社会责任信息披露的特征表现 ………………… 107
　　一、企业社会责任信息披露的主体特征 …………………………… 107
　　二、企业社会责任信息披露的行为特征 …………………………… 111
　　三、企业社会责任信息披露的"同形"特征 ……………………… 119
　　四、企业社会责任信息披露的利益导向特征 ……………………… 121

第七章　制度压力对企业社会责任信息披露影响的实证分析 …… 127
　　一、变量说明 ………………………………………………………… 127
　　二、强制压力的影响 ………………………………………………… 128
　　三、规范压力的影响 ………………………………………………… 140
　　四、模仿压力的影响 ………………………………………………… 153

第三篇　我国企业社会责任信息披露的效率

第八章　企业社会责任报告实质性议题识别过程的调查分析 …………… 173
　　一、实质性标准 ……………………………………………………… 173
　　二、我国企业社会责任实质性信息披露现状 ……………………… 174
　　三、社会责任实质性议题识别的调查分析 ………………………… 175
　　四、结论和思考 ……………………………………………………… 181

第九章　企业社会责任报告有效信息的测度及分析 …………………… 183
　　一、信息披露效率的定义 …………………………………………… 183
　　二、社会责任报告有效信息的界定 ………………………………… 184
　　三、企业社会责任信息有效度的分析 ……………………………… 188
　　四、结论和思考 ……………………………………………………… 193

第四篇　企业社会责任管理体系建设研究

第十章　企业社会责任管理体系现状分析 ……………………………… 197
　　一、企业社会责任管理体系的内容 ………………………………… 200
　　二、企业社会责任管理体系建设——国际的视野 ………………… 202
　　三、企业社会责任管理体系建设——中国的视野 ………………… 205

第十一章　企业社会责任管理体系构建程序 …………………………… 211
　　一、企业社会责任管理体系建立遵循的原则 ……………………… 211
　　二、企业社会责任组织结构的绿色管理 …………………………… 212
　　三、企业社会责任考核评价指标的建立 …………………………… 213
　　四、企业社会责任信息披露监管体制的建立 ……………………… 215
　　五、企业社会责任管理体系的监控措施 …………………………… 220
　　六、企业社会责任管理体系的保障 ………………………………… 221

七、企业社会责任管理体系的推进措施 …………………………… 222

研究结论与政策建议 ……………………………………………… 224
　　一、研究结论 …………………………………………………… 224
　　二、政策建议 …………………………………………………… 227
　　三、创新与局限 ………………………………………………… 231

附录 ………………………………………………………………… 233
　　附录 A　本书样本企业社会责任报告中披露的社会责任奖项（共72项）……… 233
　　附录 B　本书样本企业社会责任报告里的企业社会责任目标陈述范式 ………… 236

参 考 文 献 ………………………………………………………… 239

导　论

一、研究背景

（一）企业社会责任信息披露的全球发展趋势背景

从国外来看，20世纪60年代前，企业经营行为的唯一目标是利润最大化。这种狭窄的企业目标带来一系列环境恶化、消费者利益受到损害、雇员安全和健康得不到保障、贫富差距加大等各种问题，人们开始质疑企业利润最大化的经营目标是否合理，开始思考企业除了追求经济利润之外，还应该承担什么样的责任的问题。到了20世纪末，科学技术发展日新月异，人们环境改造的能力不断提高，跨国资本在全球快速扩张，消费者保护运动、环保运动、劳工保护运动日益高涨，社会责任运动快速发展。进入21世纪以后，经济全球化的日益深入、社会的发展进步以及消费者意识的提高，进一步促进环境污染、产品质量、生产安全等社会责任问题得到广泛重视。企业逐渐改变利益实现机制，以利润为导向的企业单一目标逐步发展为包含环境、员工、社区等社会责任在内的多元目标。许多公司已经意识到，社会责任活动会给企业带来声誉、商机和合作伙伴，开始自愿披露环境业绩、社会业绩等非财务信息。企业社会责任信息披露已成为各国密切关注的重要问题，披露企业社会责任信息已成为许多企业的理性选择。毕马威公司发布的《全球企业社会责任调查报告2013》[①]数据表明，世界前250大企业中已有93%的公司披露了企业社会责任

---

① 自1993年以来，毕马威每三年进行一次全球性调研，分析全球CSR报告的质量及最新趋势。截至2013年，毕马威CSR报告调查已经开展20年，其调查范围也由第一份报告涵盖的10个国家扩展到2013年报告涵盖的41个国家。《全球企业社会责任调查报告2013》报告具体网址为：http://www.docin.com/p-992611234.html。

报告。美国有76%的公司发布社会责任报告,成为发布社会责任报告最多的地区,欧洲为73%,亚太地区为71%。与2011年相比,全球报告发布增幅最快的国家和地区分别是印度(53%)、智利(46%)、新加坡(37%)、澳大利亚(25%)和中国(16%)。可见,在全球范围内,企业社会责任报告已成为现代企业获得市场竞争优势的一种新兴主流方式。

从国内来看,近年来,党中央提出落实"科学发展观"、构建"社会主义和谐社会"和"生态文明"等一系列战略性治国政策,企业社会责任开始进入政府、公众、企业、社会团体和媒体的视野,成为日益重要的政治话题和评价企业可持续发展的新指标。为了推进、规制和监督企业社会责任信息披露的发展,国资委、证监会、银监会纷纷出台了相关文件①。2015年6月2号,我国第一份国家级社会责任标准文件,GB/T 36000-2015《社会责任指南》、GB/T 36001-2015《社会责任报告编写指南》和 GB/T 36002-2015《社会责任绩效分类指引》的出台,标志着我国社会责任从起步阶段走向实质性的深入阶段。除此之外,一些国际或民间组织也在积极推动中国企业社会责任信息披露的发展。如欧盟商会及其社会责任工作组,于2006年发布了中国企业社会责任的商业指南——《企业为人民还是人民为企业?创造和谐与可持续发展的社会》。国内面向全国中外资企业开展的社会责任理念与实践的大型调查"中国企业社会责任调查"于2006年启动。中国企业联合会全球契约推进办公室于2011年建立了"联合国全球契约中国网络",以推动全球契约和企业社会责任工作在中国的开展。2006~2013年,我国各类以"企业社会责任"为话题的活动纷纷展开,对企业社会责任相关问题从多方位、多角度和多领域进行了热烈的讨论②。这些积极举措极大促进了中国的企业社会责任报告数量近十年的飞速发展。越来越多的企业逐渐重视社会责任沟通,开始在社会责任及其信息披露方面进行富有探索性的建设,将社会责任管理作为实现管理提升

---

① 这些文件包括《中华人民共和国公司法》第五条、《关于中央企业履行社会责任的指导意见》(国资委,2008)、《上市公司社会责任指引》(深交所,2006)、《上市公司社会责任信息披露指引》(深交所,2006)、《关于加强上市公司社会责任承担工作的通知》(上交所,2008)、《上海证券交易所上市公司环境信息披露指引》(上交所,2008)、《关于做好上市公司2008年年度报告工作的通知》(上交所,2008)、《中国银监会办公厅关于加强银行业金融机构社会责任的意见》(银监会,2007)和《绿色信贷指引》(银监会,2012)等。

② 这些活动包括中国企业社会责任报告国际研讨会、中国企业社会责任年会、中国企业社会责任高峰论坛、中国企业社会责任峰会、中国企业社会责任论坛等。

的新引擎。2012年，国内共发布1705份社会责任报告，报告数量较2011年增长70%。而2006年中国只有数家企业发布社会责任报告①。毕马威公司发布的《全球企业社会责任调查报告2013》显示，2013年，接受调研的100家中国企业中有75%发布了企业责任报告，而2011年为59%。可见，企业社会责任报告，正在成为中国资本市场一种逐渐被认可的新兴信息披露现象，代表着企业一种先进的公司责任理念、高度开放性和透明度。

(二) 企业社会责任信息披露的研究质量背景

企业社会责任信息披露研究主要集中在影响因素研究、经济后果研究和质量研究三个方向，另外还涉及中西方披露对比、企业社会责任审计、指标体系构建等其他研究。企业为什么要花费一定代价来披露社会责任信息？为什么企业社会责任信息披露质量存在差异？如何有效提升中国企业社会责任信息披露质量？对于上述问题，大量学者进行了孜孜不倦的研究。中国知网优秀博士论文库的数据显示，2006~2015年，博士论文标题中含"社会责任信息披露"或"社会责任报告"的论文共17篇，其中影响因素研究多达11篇论文，经济后果研究为3篇。在我国管理类或财经类学术期刊中，众多学者从公司特征角度来考察公司规模、经营业绩、股权结构或比例、董事会特征、行业特性等对企业社会责任信息披露的影响，发现企业社会责任信息披露水平多与企业规模、盈利能力、压力集团、重污染行业等因素正相关。

理论的框架影响着人们对企业社会责任信息披露概念、动机以及其变化或差异的认知。然而我国大部分企业社会责任信息披露研究仍囿于利益相关者理论和合法性理论。在上述的17篇博士论文中，有13篇论文采用利益相关者理论、合法性理论或两种理论兼有。经济学家吴宣恭教授认为，利益相关者理论在我国引入和结合的过程中，仍然存在着不同性质利益相关者之间的关系处理问题，以及不同所有制条件下该理论与我国经济社会的特征结合应用问题等。我国上市公司利益相关者治理水平很低，还不足以对企业业绩和企业价值产生显著影响（李维安、唐跃军，2005）。合法性理论脱离了企业环境背景，忽视或者缩小企业的关键制度因素发挥的规则作用和功能，仅部分解释了企业的社会责任报告行为（Gray，2008）。在我国现行转轨经济的政治体制和经济体制

---

① 数据来源：商道纵横《中国企业社会责任报告研究（2012~2013）》。

下，企业社会责任信息披露不单纯是企业从合法性的角度考虑的决策，也并非企业考虑各利益相关者利益后的一种慈善的、伦理行为（黎文婧，2012）。Gray 等（2010）指出"有一系列无限可能的理论来分析社会科学研究，尤其是社会会计"。企业社会责任信息披露的理论之间不一定是竞争关系，在正确分析的基础上，它们之间可以相互补充和替代（Gray et al., 1995a）。与其他学科相比，企业社会责任会计尚属于会计学科里年轻的新兴分支，有待一套系统而全面的理论来进行指导和支撑。企业社会责任信息披露具有多面性，跨及会计学、企业伦理、行为学、经济学等多门学科，应融合多种理论来解释企业社会责任信息披露的一些现象或行为。因此进一步丰富和扩展现有理论，深入研究中国社会责任信息披露相关问题是很有必要而有意义的。

其次，企业社会责任信息披露的研究仍然有待深入。近十年来，我国企业社会责任信息披露数量不断增加，但数量增长和质量提升严重不匹配，社会责任信息质量的参考价值较低。我国企业社会责任信息披露质量主要存在以下问题：（1）重形式疏实质，宣传作秀味道浓厚，粉饰信息、选择性披露等印象管理行为较为普遍。（2）披露内容不统一，披露方式不规范，行业差异和地区差异大。（3）信息披露独立审计比例较低，其真实性、完整性和公正性受到质疑。（4）企业社会责任信息披露的有效性和价值性较低，缺乏实用性。（5）缺乏统一的报告框架和指标体系，信息可比性较低。企业社会责任信息发挥着降低信息不对称，改进资源配置效率的意义，其质量的高低在某种程度上，决定着资本市场的有效程度和社会资源配置效率（林钟高、吴利娟，2004），影响到投资者对企业的社会责任行为是否真诚的判断，进而影响市场反应（江炎骏等，2011）。然而现有研究对以上问题的产生根源和解决方案尚不深入，一些研究或描述性统计社会责任信息披露的质量，或重复他人的经验研究，或提出简单的对策建议，较少涉及社会责任信息披露更深层次的研究，缺乏经验证据支撑。只有明晰以上问题，才能完善我国企业社会责任信息披露，提高社会责任信息披露的参考价值。

企业社会责任问题具有外部性问题，经济动机难以全面解释企业的社会责任信息披露行为。Gray 等（1995）指出不能忽视经济发展所称的政治、社会和制度环境，孤立地研究经济领域，政治和社会要素都会影响企业社会责任信息披露。一个国家的政治制度、市场制度和社会制度形成的社会经济活动环境，决定着组织生存和发展的制度环境。在特定的制度环境中，企业行为总是倾向于趋利避害以适应所处环境。企业社会责任信息披露的目标，是基于契约关系的受托责任观，以报告管理当局运用企业资源的情况和结果？还是基于注重信息披露使用者决策需要的决策有用观？还是基于缓解制度环境压力的应对压力观？对这些问题的探索，将有助于进一步了解企业社会责任信息披露的动因、社会责任信息披露特征表现以及动机和特征、信息披露效率之间的关联。

二、研究意义

我国正处于经济转轨的关键发展阶段，政府高度重视社会责任建设，提出要落实全面、协调、可持续发展的科学发展观，构建物质文明、政治文明和生态文明三位一体的和谐社会以及构建人与自然、人与人、人与社会和谐共生、良性循环、全面发展、持续繁荣的生态文明。党的十八大进一步提出实现国家富强、民族振兴、人民幸福的"中国梦"。"美丽中国"的生态文明建设目标在党的十八大第一次被写进了政治报告。2017年的党的十九大报告明确提出，2020~2035年，"基本实现社会主义现代化"，其中，"生态环境根本好转，美丽中国目标基本实现"；从2035年到21世纪中叶，"把我国建成富强民主文明和谐美丽的社会主义现代化强国"。在这些强国富民的宏伟蓝图下，绿色低碳、生态文明、幸福和谐等社会责任关键词，备受社会空前关注。企业社会责任管理已经成为一种全新的企业发展模式、竞争方式和管理策略。

从理论意义上来看，本书研究将进一步扩展企业社会责任信息披露理论研究基础。企业社会责任信息披露质量是国内外会计界和实务界密切关注的热点问题。迄今为止，全球已经有大约50个国家和地区的企业不同程度地披露社会责任信息。然而，我国企业社会责任的战略研究主要依赖于产业竞争和资源基础观视角，很少关注能够揭示转型经济环境中企业战略特征的制度理论（徐二明、奚艳燕，2011）。本书结合制度理论和中国的制度背景，分析我国企业社会责任信息披露在近二十年的发展历程中所呈现出来的现象和特征，分析这些现象和特征背后的制度供给环境及其关键制度影响角色，明晰制度压力对企业社会责任信息披露质量的影响路径，检验制度压力对我国企业社会责任信息披露质量的影响，分析现有制度供给环境下我国企业社会责任信息披露的效率，构建我国企业社会责任信息披露管理体系。本书将企业社会责任信息披露研究,从利益相关者理论和合法性理论扩展到制度理论,其研究视角和研究结论丰富了我国社会责任信息披露研究。

从现实意义上来看,本书研究将促进我国企业社会责任信息披露规范机制的健全。我国企业社会责任报告数量和质量在不断进步与完善,但仍然存在着选择性披露、公关式报告、内容形式差异大、决策价值低等质量问题。社会责任报告质量影响着资本市场的有效程度和社会资源配置效率。对企业社会责任信息披露展开进一步的理论研究和经验研究,可以更好地为企业披露社会责任信息提供规范指引。本书研究结论有助于有关部门规范企业社会责任信息披露质量和行为,为有关部门制定合理的社会责任信息披露法规或投资战略提供理论依据及经验依据,从而力图改变当前较为普遍的社会责任信息披露"形式重于实质"的现象,提高社会责任报告的决策有用性,促进对我国会计实务的发展。

三、文献综述

(一) 企业社会责任信息披露影响因素研究

从现有研究文献来看,一般认为,企业社会责任信息披露受到外部与内部制度影响。外部因素是国家与相关机构对信息披露的各种规定,内部因素是公司特征和公司治理对信息披露的制度要求(田昆儒,2001)。外部动因包括政府或组织监管、社会舆论监督、经理人市场约束等,内部动因包括公司特征、内部治理和企业家特征等(何华,2012)。

1. 外部影响因素

一些学者认为,外部利益相关者压力是促使企业披露社会责任信息的主要动因。非股东利益团体、非政府组织等外部利益相关者构成了影响企业社会责任信息披露的压力集团,迫使企业提供有关社会责任信息(丁美芹,2012)。企业通过社会责任信息披露以满足社会政治需求,维持社会中特定压力集团的支持(Guthurie and Parker,1989)。Van der Laan Smith 等(2005)得出结论认为,非财务报告是企业回应利益相关者压力的一种方式。

(1) 法律法规。

Epstein 和 Freedman(1994)提出公司社会责任信息披露的主要动因之一是遵守社会责任信息披露的相关法律规定。法律的存在影响着组织的行为和结构。Campbell（2007）指出，在政府规制较为强势、非营利组织等对企业责任的监督更为明显的制度环境条件下，企业会体现出较好的社会责任绩效，企业披露社会责任信息的关键因素在于有强大有效的国家法律、运行高效的行业自律协会、独立的第三方机构以及制度化的相关规则。Shi 等（2012）发现交叉上市的公司自愿性信息披露的可能性与其母国法律体制的强度正相关。杜剑（2011）指出我国企业社会责任信息披露主要受法律法规、政府部门规章等外部约束的推动。蔡刚、干胜道（2010）发现遵守信息披露法规与证交所监管是企业披露社会责任信息的主要原因。左乃键（2012）发现政治因素、法律因素及文化因素等是企业社会责任信息披露的重要外部推动因素，沪深两市交易所和证监会的强制发布要求以及指导意见，是上市公司社会责任报告的发布的主要推动力。

（2）媒体监督。

媒体舆论会逐渐形成社会规范、道德准则等规范性制度，因此，媒体对企业经营行为的监督治理作用一直备受学者的关注。Patten（2002）发现，当企业面临环境污染、资源浪费、法律诉讼等困境时，环境保护等社会责任投入的对外披露数量大量增多。Poter 和 Kramer（2006）认为，媒体和政府及社会活动家一起是迫使企业对其经营活动的社会影响和后果负责的重要驱动力或压力源。陶文杰、金占明（2012）验证了媒体关注度在社会责任信息披露与财务绩效之间存在中介效应。媒体的负面报道，可能会引起行政介入与法律诉讼，惩治和判决公司及其相关高管责任人（李培功、沈艺峰，2010）。沈洪涛、冯杰（2012）的研究表明，媒体报道和地方政府监管能有效促进企业的环境信息披露。较高的媒体关注度会引发公众的广泛讨论和政府严密监管，而媒体倾向性的报道内容所体现的舆论监督将会直接构成企业的合法性压力。陈共荣、曾熙文（2013）指出媒体所掌握的舆论导向会给企业带来高曝光率和政府监管的合法性压力，在受到媒体关注的合法性压力的情况下，企业倾向于披露更多的社会责任信息。殷红（2015）通过实证研究发现，充分发挥新闻媒体的舆论监督作用能够改善企业的社会责任信息披露水平。

2. 内部影响因素

（1）公司特征。

企业社会责任信息披露影响因素研究多以实证研究为主，多从公司规模、财务绩效、股权结构、所属行业等内部公司特征方面进行探讨。

①公司规模。

很多实证研究认为,在众多影响社会责任信息披露的可能性因素中,公司规模是一个高度相关的变量。公司规模与社会责任信息披露程度有着显著正向关系,尤其在环境敏感性行业中更加明显(Deegan and Gordon,1996)。很多大公司包括跨国集团、国有大型企业日益意识到社会责任及其信息披露的重要性和价值效益,倾向拥有更大的社会责任影响(Cowen et al.,1987)。Cowen(1987)指出公司规模、盈利能力、公司所在地行业以及公司是否存在社会责任委员会与企业社会责任信息披露正相关。企业社会责任信息披露与企业规模、盈利能力、压力集团、重污染行业等变量正相关(李乾杰、尹士,2014;邢雅林、张建英,2014;孙文博、霍少云,2014;朱雅琴,2015;潘临,2015;胡静丽,2015;张正勇、吉利、毛洪涛,2015。等)。从理论上分析,规模大的公司具有经济规模效应、较低的披露成本和分散的股权。代理成本也使得依赖外源资本的大公司更主动地披露信息(Jensen and Meckling,1978),以降低因股权分散产生的高代理成本(Meek et al.,1995)。其次,从公众压力和关注度来看,大企业面临多的社会关注度,披露社会责任信息的动力一般要高于中小企业。从企业内部的资源和能力来看,规模较大的企业拥有较高的可支配资源,使企业具有经济基础可以实施社会责任活动及其信息披露等企业多重战略目标。

②财务绩效。

根据 Margolis 和 Walsh(2001)的研究,1971~2001 年,检验社会责任和财务绩效两者关系的有 122 篇文章,分为两类:其一,用事件研究法检验从事社会责任和不从事社会责任对公司短期绩效的影响。其二,通过对企业财务绩效指标的设置检验企业社会绩效和长期财务绩效的关系。然而两类研究未有统一结论,正如 Arlow 和 Gannon(1982)指出,"经济业绩与社会反应之间并无直接关系,无论是正向或负向关系"。企业社会责任信息披露与财务绩效关系研究的主要有正相关、负相关、无相关结论,其中支持正相关关系的文献居多。第一,正相关关系研究。该观点认为社会责任信息披露可以为企业树立积极的社会形象,获得更多组织支持和投资,降低商业风险,更能满足不同利益相关者的期望,促进企业获得比较高的财务绩效。Bebbington 等(2008)提出社会责任报告是企业声誉管理的一部分。Lai 等(2010)认为社会责任报告可成为公司声誉风险管理、建立品牌效应的有效工具。(2)负相关或非相关关系。该观点认为企业履行社会责任导致额外费用支出，降低企业盈利能力。企业从事社会责任活动会增加公司费用，投机性管理人员为了提升自身社会地位，可能会以社会责任的名义滥用投资者投入的资金（Friedman，1962）。Brammer 和 Millington（2008）也认为社会责任活动资源的耗用将产生管理层利益，而不是股东的经济利益。（3）无相关关系。其他学者如 Hackston 和 Milne（1996）、Patten（2002）、Clarkson 等（2008）发现企业本期财务业绩和企业社会责任正相关关系不显著。社会责任信息披露与企业绩效之间没有关系（Aragon and Lopez，2007；Brine et al.，2007）或负相关（Wagner et al.，2002）。

③所有权性质。

企业所有权性质是企业行为动因的一个重要考虑因素。毕马威国际会计公司 2011 年的国际调研指出："公司所有权结构直接影响公司公布企业责任活动的倾向，公开股票上市公司往往在企业责任报告上比其他类型的所有权结构的公司更为先进"。在东亚地区，一些学者对家族控股模式盛行的新加坡和马来西亚以及中国香港特别行政区进行研究，发现所有权结构和自愿性信息披露有着一定联系（Chau，2002；Eng and Mak，2003；Ghazali and Weetman，2006；Haniffa and Cooke，2002）。这些公司对外保守消息的文化痼疾阻碍着政府试图改革公司信息可验证性和透明度的力度，其自愿性披露意愿较低。中国在经济转轨过程中，政府对企业资源的控制和供给起着重要作用。政治关系对企业慈善捐赠行为有显著影响（李四年，2010；贾明，2010），产权性质会影响政治关联动因（刘慧龙等，2010）。孙烨等（2009）发现所有权性质不同的企业在信息披露上存在显著差异。张正勇、陈良（2012）发现国有控股公司和民营控股公司的社会责任报告自愿披露动机具有一定差异性。黎文靖（2012）认为我国公司社会责任信息披露是新兴市场中政府政治干预下企业的政治寻租行为，企业所有权结构对其有影响作用。张正勇、吉利、毛洪涛（2015）研究发现，产权性质是影响上市公司社会责任报告披露动机的一个重要因素。

④行业属性。

行业属性对企业社会责任信息披露有着重要的影响。同一行业的公司往往会遵循相同的策略（Sanchez and Heene，2004）。这些相似政策之所以存在是因为同一行业的企业倾向于与行业特质保持一致性，如政治脆弱性或多元化程度（Craven and Marston，1999）。Wallace 和 Naser（1995）发现领导型企业的社会责任和环境信息披露影响着该行业其他小公司的信息披露程度。逆向选择理论指出如果某一企业与该行业的普遍实践保持不一致，则意味着该企业隐藏了坏消息（Craven and Marston，1999）。Waddock 和 Graves（1997）发现社会责任信息披露因行业不同而存在较大差异。Boutin-Dufresne 和 Sacaris（2004）进一步指出某些特定行业受其经营天然性质的影响，会自然具有更强的社会责任举措。另外，环境影响较大等行业则倾向披露更多的环境信息。我国学者也得出类似结论。李正（2006）发现重污染行业与企业履行社会责任正相关。马连福、赵颖（2007）指出行业属性是我国上市公司社会责任信息披露的重要影响因素。孙清亮、张天楠（2011），潘临（2015），张正勇等（2015）等发现重污染行业企业披露更多的社会责任信息。

（2）公司治理。

公司治理的规范性和完善性对企业经营目标、经济效应和社会责任管理有着重要影响作用。只有在公司治理上取得成功，社会责任才能成功（Akerstrom，2009）。两者在责任性、透明度和诚信方面有一定重合度（Jamali et al.，2008）。Van der Laan Smith 等（2005）认为国别之间的制度差异，尤其是公司治理和所有权结构影响着公司的作用。

①股权结构。

股权结构研究主要考察不同股权集中类型对社会责任信息披露影响，如高管持股比例对产品质量和环境保护的影响（Johnson，1999），法人股比例与社会责任信息披露（毛小敏，2008）、国有股持股比例与社会责任信息披露（卓敏、胡勇，2012；于晓谦、程浩，2010）、公司内部人员持股比例与社会责任披露关系（Abrahamson and Amir，2006；Nazli，2007）以及外资持股比例与社会责任信息披露等（Barako et al.，2006）。Barako 等（2006）发现外资股东的持股比例越高，企业社会责任信息披露程度越高。毛小敏（2008）发现法人股比例与社会责任信息披露负相关。张萍、马忠（2008），孙文博、霍少云（2014）发现企业股权集中度影响着企业社会责任信息披露，两者呈呈负相关关系。尹开国、汪莹莹（2013）发现，除外向型产业外，高管持股对于企业社会责任披露具有负向相关作用。刘小芹（2014）发现管理层持股比例与社会责任信息披露水平正相关，并且因产权性质的不同对企业社会责任信息披露有不同影响。王海妹、吕晓静、林晚发（2014）认为股权结构是影响企业社会责任的一个重要公司治理因素，高管持股对企业社会责任有显著负影响，外资参股和机构持股对企业社会责任有显著正影响。

②董事会特征。

Robert（1992）、Chen 和 Jaggi（2000）的研究发现，外部董事比例和独立董事比例越高，企业社会责任信息披露越好。杨立霈（2009）认为企业独立董事所占的比例对企业披露相关信息产生一定影响，董事会中独立董事所占比例对企业披露社会责任信息的水平有显著正面影响。卓敏、胡勇（2012）发现董事会人数、独立董事比例与社会责任信息披露显著正相关关系。朱晋伟、李冰欣（2012）研究发现，独立董事比例高的公司披露更多的社会责任信息，其他得出类似研究的有胡静丽（2015）、朱雅琴（2015）等。于晓谦等（2010）研究表明，企业独立董事比例与企业社会责任信息披露呈不显著的负相关关系。而谭宏琳等（2009）、潘临（2015）的研究发现，企业独立董事比例与企业社会责任之间没有显著相关性。马连福、赵颖（2007）发现两职合一对社会责任信息披露的无显著影响。朱雅琴（2015）发现上市公司的社会责任信息披露水平与董事长、总经理两职合一显著负相关。潘临（2015）研究结果表明社会责任信息披露与两职合一关系不显著。

可见，以上不同的研究角度、指标变量或样本选取会导致结论有很大差异。从宏观上来看，各国政治、经济、社会环境、历史文化和发展水平存在差异，其公司治理模式也会存在差异，如英美法系公司治理模式、大陆法系公司治理模式和韩国、东南亚的家族公司治理模式。从微观来看，公司在不同的发展阶段往往也会采取不同的公司治理方式。

（二）企业社会责任信息披露质量研究

企业社会责任信息披露质量的研究一直是学术界的研究热点，文献十分丰富，如涉及某一行业的研究（如沈洪涛等，2006；肖文娟等，2010；陈辉，2010；郭炜等，2011；詹长杰，2012；王勇等，2012；聂宝平，2013；刘刚，2013等），涵盖石油、煤炭业、银行业、塑胶和塑料业、化学、农业、食品饮料业、制药业、旅游业、零售业等行业；选择某一地域的研究（如刘敏，2011；胡北忠等，2011；李莉，2011；舒岳，2013；王旭鸽，2013；武芳等，2014等），涉及辽宁省、山西省、河南省、吉林省、贵州省、安徽省、甘肃省、浙江省、内蒙古自治区、北京市、天津市、南京市等省区市；选择某证券交易所地点的研究（如李正等，2007；马连福等，2007；万寿义等，2011；杨新利等，2012；王青云等，2012）；选择某股票板块的研究（如罗晶，2011；谢建等，2012等）；还有部分学者选取某类公司的研究，如央企（许家林等，2010；耿建新、李志坚，2012；吴勋、姚瑞，2013）、上市公司100强企业（杨亚娥等，2007；郭永竹，2014）等。总体而言，以2006为报告元年①，我国企业社会责任信息披露质量的研究大致可以分为两个阶段。

1. 企业社会责任信息披露质量水平——总体的角度

（1）较早的研究（2006~2010年）。

企业社会责任报告为学者研究提供了较为丰富的素材。较早的研究以黎精明、陈玉清、马丽丽、刘长翠、孔晓婷等学者为代表，认为我国社会责任会计信息披露内容分散，缺乏对企业社会责任信息进行独立报告意识（黎精明，2004），企业社会责任信息披露数量少且零散而不全面，披露的连续性差，披露的信息以定性文字描述为主（陈玉清、马丽丽，2005），上市公司社会责任信息披露仅停留在自发原始阶段，既不规范又不完整，披露也无规律可循（刘长翠，孔晓婷，2006）。社会责任信息披露在规模和盈利能力上存在显著差异，在披露内容和披露方式上有很大的随意性，在数量提高的同时质量并没有得到相应提高（沈洪涛、金婷婷，2006），有意识披露社会责任信息的公司少，真正自愿披露的企业更少；个别企业有连续披露的发展趋势且披露逐年详尽，社会责任信息披露的内容差异大（杨亚娥、刘建红，2007）。企业社会责任信息披露存在披露不充分、披露形式简单，缺乏会计核算基础、行业披露水平有明晰差异，各行业披露的重点不同等问题（钱红光、邓杰，2010）。从数量上看，自愿披露社会责任信息的上司公司较少；从时间上，信息披露连续性较差；从内容上看，信息披露不统一；从质量上看，信息的有效性和价值性较低（王铮，2010），公司选择正面影响作用的信息披露，披露简单不详细（孔龙、刘静，2010）。

（2）近期的研究（2011~2014年）。

从2011年中国社科院发布的《中国企业社会责任报告》来看，中国企业社会责任整体水平仍为起步阶段。从披露水平来看，中央企业遥遥领先，从披露主体来看，上市公司首当其冲（肖曼、许家林，2011）。《中国上市公司社

---

① 由于2006年国家电网发布了央企首份社会责任报告，国内大部分研究把2006年作为我国企业社会责任报告元年。

会责任信息披露研究报告（2014）》①对2014年上市公司社会责任信息披露水平进行了综合评价，发现我国社会责任报告数量稳步增长，社会责任信息披露水平有了显著提升，沪市上市公司社会责任信息披露水平整体优于深市公司。然而，大部分研究指出，披露内容表述仍然过于概括和笼统，格式化强，实质性弱，企业社会责任信息披露质量水平仍然提升缓慢，披露水平差异较大，总体水平欠佳。社会责任信息独立审计缺乏的现象突出（雪雁，2011；李飞等，2012；阚京华、孙丰云、刘婷婷，2012）；上司公司民营企业发布社会责任信息披露过少（肖曼、许家林，2011；孙丰云、刘婷婷，2012）；药品行业社会责任信息披露水平总体不高，披露内容随意，方式不统一（詹长杰，2012）、煤炭企业社会责任信息披露质量差异大，定量披露少，披露模式各异，审验少（唐健、张敏，2011）；零售企业报告发布率低，负面信息披露少，缺乏纵向比较和同行业比较（王勇、刘文纲，2012）。

2. 企业社会责任信息披露质量的衡量——内容的角度

(1) 国外研究。

从国外研究来看，社会责任信息披露的内容按详细程度标准可分为基本内容分类和详细内容分类。在基本内容分类上，Carroll（1979）认为企业社会责任包括经济责任、伦理责任、法律责任和自愿责任。Gray 和 Lavers（1995a）认为企业社会责任信息披露应分为环境信息和社会信息，环境信息披露是指披露自然环境、环境保护和资源使用方面的信息；社会信息披露是指披露公司与社区、员工和社会等方面关系的信息。Brammer 和 Pavelin（2004）把社会责任信息的界定为员工、环境和社区三项内容。在详细内容分类上，Ernst 和 Ernst（1971）把社会责任信息披露分为环境、能源、公平雇佣、人力资源、社区参与、产品、其他等7类。Trotman 和 Bradley（1981）分为环境、能源、人力资源、产品和社区参与6个内容。Epstein 和 Freedman（1994）把社会责任信息归纳为公司对环境影响（污染）的数据信息；与消费者的关系；人力资源（例如，平等的工作机会）；能源保护；工人安全和健康；产品安全（包括生产的危险或者不健康产品）；受政府强迫的交易信息等7大类信息。Gray 和

---

① 中国上市公司协会、证券时报社和中国上市公司社会责任研究中心成立的课题组构建了中国上市公司社会责任信息披露评价模型，从公司社会责任报告和官方网站两方面，对2014年年报披露期内发布社会责任报告的上市公司社会责任信息披露水平进行了综合评价。

Lavers（1995b）提出企业社会责任信息包括环境、消费者、能源、社区、慈善和政治捐赠、雇员数据、养老数据、向雇员咨询、南非雇佣问题、残疾人雇佣问题、增值表类、健康与安全、雇佣持股计划类、其他雇佣问题、其他类等15种详细的内容。

（2）国内研究。

从国内研究来看，社会责任信息披露的内容分类基本与国外研究观点一致。李正、向锐（2007）认为企业社会责任信息内涵包括法律规定的活动和企业自愿从事的活动。外延包括环境、员工、社区、一般社会问题、消费者及其他类。沈洪涛、杨熠（2008）把公司年报企业社会责任信息披露内容分为环境、员工、产品、社区和其他利益相关者。刘文纲、唐立军（2009）认为企业社会责任信息披露的内容可包括经济责任、法律责任、环境责任、文化伦理责任和社会公益责任五大类共29小项。万里霜（2010）结合我国电力行业的特点，认为社会责任应强调产品质量保证和服务意识、资源利用和环保和企业对社会及社区的责任。博小青、朱文莉（2010）将社会责任绩效指标分为环境类、员工类、社会类、消费类、其他类、关键绩效表和意见反馈表7大类。杨敏敏（2012）把上市公司的社会责任报告内容分为社区类、环境类、股东类、员工类和客户类五大类共包括20个小类信息。詹长杰（2012）将社会责任信息披露的内容分为环境问题类、员工问题类、一般社会问题类、消费者类、其他类等5个一级指标，下分15个二级指标。薛琴（2012）将企业社会责任信息分为股东权益类（股东权益）、员工问题类、环境问题类、公共关系类、产品服务类、其他类共计6大类15小类。

（三）企业社会责任信息披露行为研究

1. 自愿性信息披露行为

大多数西方学者的文献从信息不对称角度认为，自愿性信息披露是经济主体的理性行为选择。Healy和Palepu（2001）从资产定价与投资者保护之间关系出发，认为外部投资者与经理层之间的信息不对称构成上市公司信息披露的内在驱动原因。上市公司自愿披露决策的主要影响因素包括管理层股票报酬计划动机、资本成本动机、公司控制权市场动机、诉讼成本动机、管理者才能信号传递动机和竞争劣势成本动机（Healy and Palipu，2002）。Newson和Deegan（2002）通过欧美等国150个机构投资者对澳大利亚、新加坡、韩国三国的跨国公司调查显示，上市公司自愿信息披露的主要目的是体现公司核心能力和全球竞争化策略。从国内文献看，张宗新等（2004）认为上市公司竞争环境对主动信息披露行为具有显著性影响。向凯（2004）指出自愿性信息披露行为动因包括代理契约动因、筹措资金动因、降低资本成本动因、获得比较优势动因、市场信誉动因、降低交易成本动因、规避诉讼风险动因，并建议政府适度的强制性信息披露可以改善上市公司虚假披露。张宗新等（2005）的理论模型表明，中国上市公司自愿信息披露的动机主要有揭示公司价值需要、再融资最大化需要和控制权安排需要。张宗新、张晓荣、廖士光（2005）通过检验自愿性信息披露行为的有效性程度，发现规模大、效益好的上市公司更倾向于实施自愿性信息披露；公司治理指标对自愿性信息披露的解释效果并不显著；具有外资股的上市公司自愿性信息披露动机明显较强。陆钦、檀叙（2008）指出在同业竞争、市场与外界监督约束机制存在的情况下，上市公司的信息披露自愿性行为随着约束条件变化而不同。

2. 信息披露模仿行为

公司的自愿性披露会促使其他竞争对手或同行企业相应地做出类似披露选择。这种资本市场竞争环境中上市公司表现出来的"羊群行为"日益受到学者的关注。最被广泛接受的"羊群行为"测度模型为 Lakonishok 等（1992）提出的 LSV 模型。近年来许多学者几乎都是采用 LSV 法或采用 CSSD 法对我国开放式基金投资股票市场的"羊群行为"进行研究。在信息披露模仿行为研究方面，Brown 等（2006）提出同行业或同类型自愿性信息披露行为存在"羊群效应"，尤其是在高竞争行业中。"羊群效应"产生原因可能在于受同类公司前期自愿披露的具体信息内容的影响（信息"羊群效应"）和管理者们对于他们声誉的考虑（声誉"羊群效应"）。梁飞媛（2010）发现我国上市公司在自愿性资本性支出预告披露方面存在"羊群行为"，公司披露的概率与同行业中已经披露的公司比率成正相关关系。罗烨（2012）指出自愿性信息披露"羊群行为"的外部原因有同行业公司信息披露状况、证券市场有效性、证券制度激励，内部原因有公司规模、股权性质、公司盈利状况和管理者的声誉顾虑，这些都会促使上市公司在自愿信息披露决策中出现"羊群行为"。

在浩如烟海的社会责任信息披露研究文献中，从行为角度研究社会责任信息披露的文献非常少。杨汉明等（2012）以 2006~2010 年为研究时间段，选取央企、邮电通信业企业和沪市上市公司，以企业每年发布的社会责任报告总数量和比例增长，连续发布社会责任报告的企业数量和只发布一次社会责任报告的企业数量对比，分析和验证我国社会责任信息披露"羊群效应"，认为我国适度存在企业社会责任信息披露的"羊群效应"，总体表现为以某一企业的理性行为开端，通过其传染效应，其他企业渐渐表现出非理性倾向和社会责任报告数量的整体"非理性繁荣"，具体表现为披露社会责任信息的公司数量虽然逐年增长，但增长幅度具有一定波动性，报告持续性较弱。沈洪涛和苏亮德（2012）发现我国企业环境信息披露存在同形性和模仿行为，企业模仿其他企业环境信息披露平均水平。杨涛（2013）得出类似结论，认为环境信息披露"羊群效应"其产生的原因主要有资本市场的竞争性和传递信号的需要、基于委托代理人名誉的考虑和环境信息缺少法律规范。沈薇（2015）采用新制度理论，发现我国企业社会责任信息披露存在模仿行为，主要是模仿同行业其它平均水平的频率模仿。在治理环境较好的地区，社会责任信息披露模仿程度会上升。安玉琢、惠一菲（2018）以制度理论和组织学习理论为基础，探讨了组织间模仿对企业社会责任信息披露过程的影响，发现企业社会责任信息披露存在模仿行为，并且模仿类型不同，当企业面临外部环境不确定性以及合法性压力时，存在模仿市场水平的频率模仿和模仿市场领先者的特征模仿。

3. 印象管理行为

印象管理假定一种弱式的市场有效，在短期内投资者无法获知足够信息评判管理层偏见，因此管理层可以通过印象管理影响公司股价，最终影响资本配置，提高管理层薪酬（Rutherford，2003；Courtis，2004；Merkl-Davies and Brennan，2007）。Clatworthy 和 Jones（2001）和 Yuthas 等（2002）提出印象管理控制和操纵呈现给信息用户的印象，从而可战略性地管理其感知印象。Healy 和 Wahlen（1999）认为这种行为可操纵信息披露内容和展现方式，改变用户对公司经营业绩的认知。Cho，Robert 和 Pattern（2009）发现多米尼和社会责任指数评级较低的公司采用印象管理手段，包括高调披露利好消息而隐藏利坏消息，或者把积极业绩归属于公司内部因素，指出上司公司印象管理行为主要表现为自利性归因、操纵可读性和设计财务报告的内容、语言、封面、图片、颜色、段落、字体等方式。孙蔓莉（2004）对印象管理行为的概念及其内容进行了阐述，指出印象管理演变为上市公司和管理层的经济利益和政治利益，印象管理行为的表现形式有自利性归因和操纵年报可读性两个方面。赵敏（2007）指出自愿性信息披露中公司运用综合信息传递策略，采用一切尽可能手段弱化财务业绩下降的不良信息的传递策略。梅跃碧（2009）认为公司通过打造语言特色、选择性披露和操纵信息可读性等构建公司形象，导致社会责任信息披露与公司价值相关性不大。李红等（2009）指出印象管理行为对社会责任信息披露的可靠性、相关性、可比性方面产生影响。吉利等（2010）指出组织印象管理会影响社会责任报告的平衡性和可靠性。李娟（2012）指出印象管理影响社会责任信息的可靠性、相关性、清晰性和可比性，可通过法律法规的完善和外部监督机制的建立来规范印象管理和提高披露质量。尹开国、刘小芹、李晖明（2013）认为我国上市公司社会责任信息披露质量低下，印象管理盛行。陈思琴、尹开国、汪莹莹（2013）认为我国社会责任信息披露中普遍存在印象管理行为，表现在披露内容、披露程度、披露方式和披露时机等方面。

（四）企业社会责任信息披露监管研究

从我国企业社会责任研究文献中可以看出，大部分学者提出了具体的信息披露监督或管制建议，以提升企业社会责任信息质量，因此，社会责任信息披露监管机制研究成为社会责任信息披露应用研究中的重点。从披露监管主体来看，可以归纳为政府监管、社会监管两个研究方面。

从政府监管来看，为了规制企业的行为，各国政府和很多组织纷纷建立社会责任守则，通过法律或法规形式要求企业履行社会责任并披露社会责任信息。Campbell（2007）研究发现，政府及非政府组织对公司行为的监管、制度化规范都会影响社会责任信息披露，而且有效的国家法律、运行高效的行业自律协会、独立的第三方机构以及制度化的相关规则是促使企业披露社会责任信息的关键。Patten（1991）和 Gray 等（1995）的研究发现，当公司所在行业面临环境污染、违反人权、法律诉讼等困境时，会有更多的信息披露，证明了法律监管对信息披露有促进作用。Patten 和 Crampton（2004）以及 Deephouse 和 Carter（2005）的研究也同样证明了这一观点。张惠忠、冯歆（2009）指出政府早日出台完善的社会责任信息披露制度，可为社会责任信息披露的范围、具体内容和披露方式提供可操作性指导和监督信息披露行为，完整独立的社会责任报告体系可监控社会责任信息的披露。赵馨燕（2011）提出要将社会责任会计信息披露的监管情况纳入地方政府的绩效考核范围，并对企业社会责任会计信息披露的监管建立严格的事后惩戒机制和责任追究制度，并提出要发挥政府在信息披露中的主导作用（邓启稳，2011）。

在社会监管方面，俞红莲、吴健辉（2011）提倡非政府组织的包括宣言、决议、守则、准则、标准等虽然没有法律约束但有有实际效力的行为规则的"软法"监管，如全球契约、GRI标准、ISO标准、SA8000标准等。而更多学者（刘长翠，2007；方朔川2010；周霞，2009；吕玉芹，2009；方文彬，2012；周耀光，2011；邹相熠，2011；方堃，2009；黎友焕，2010等）则强烈建议从第三方独立审计的角度，建立社会责任会计信息披露审计监管体系，明确社会责任报告审计的对象、审计范围和审计主体、社会责任报告审计方法、程序和主要形式，来保证企业对外披露社会责任信息的真实性与公允性，邓启稳（2011）提出，实施企业绿色审计，由专门的审计机构和组织依据相关法律规范及会计审计准则，对绿色会计信息的真实性、公允性、合理性、合法性进行独立审查、鉴证和评价，引导和监督企业履行好环境责任，正确处理好经济责任、环境责任和社会责任之间的关系。另外，还要加强证券监督管理委员会、证券交易所、会计准则委员会、注册会计师协会等中介机构的监督作用（刘秋顺，2010）。媒体正面的报道可提高企业的知名度并树立企业的正面形象，使公众的关注和监督更加认真，负面报道可激发外部利益相关者采取激烈行动惩罚企业及管理层，以维护自身利益不受损害，如利益相关者针对自己已受的损失积极诉讼寻求赔偿（高广波，2011）。此外，证券市场的发达程度和市场监管力度对上市公司自愿披露质量有着显著影响。Gigler和Hemmer（1998）的研究结论显示，强制披露制度的完善与相应的市场监管对自愿信息披露有着两个作用：较多的强制性披露增加自愿披露成本；公司增加自愿披露可获取信号传递效果。

(五) 研究述评

1. 研究成果丰富，但主流期刊关注不足

近百年来，人类从未停止思考企业的社会责任问题，特别是在当今自然环境的不断恶化引发人类社会对环境污染问题的思考，人权运动的发展促使人类注重对员工权利的尊重和保护，和谐社会的发展要求企业处理与社区、社会关系的背景下，学者们进行了大量的企业社会责任信息披露的研究，取得了丰硕成果。专著、论文数量日渐增多，观点逐渐独特和成熟，这些研究带来的新思维、新概念和所运用的新手段和新方法，不仅丰富了企业社会责任信息披露的理论基础，也为政府政策的制定和企业的实务操作提供了很好的启示和参考依据。

然而，近5年来，在以实证主义为核心的美国会计界，如美国著名会计期刊《会计评论》《会计和经济杂志》和《会计研究杂志》等对社会和环境会计研究文章发布数量极少，反而在 Accounting, Auditing and Accountability Journal, Accounting Forum, Accounting and Business Research, Journal of Business Fiance & Accounting, Accounting 以及 Organizaitions and Society 等外文期刊发布了大量关于社会责任信息披露的文章。2012年，美国《会计评论》第87期的"社会责任"专题论坛发表了3篇相关文章，使社会责任信息披露这一话题重新回归人们视线，相信这将进一步推动社会责任信息披露研究。从国内来看，本书通过搜索 2005~2013 年间标题中含有"社会责任"的文章，对我国权威期刊《会计研究》《管理世界》《经济研究》中的文献进行分析研究，发现《会计研究》共发表社会责任论文 26 篇，其中有关社会责任信息披露（报告）的论文 10 篇，《管理世界》共发表社会责任论文 16 篇，有关社会责任信息披露（报告）的论文 2 篇。可见，虽然近年来企业社会责任信息披露的研究异军突起，但是与其他领域的研究相比而言，权威级期刊文章屈指可数，主流期刊关注不足。

2. 研究理论、结论和视角仍需统一、扩展和深化

企业社会责任信息披露领域的研究还存在一些问题：选取样本的差异或统计方式选用的不同，导致同一主题的研究结论不一致；创造性成果少，具有实质性突破或前瞻性的文章并不多见；大多数研究偏规范性研究，并且内容和角度重复，观点大同小异；研究方法或思路借鉴或引用国外观点和成果；在理论基础上，多局限于合法性理论或利益相关者理论；研究侧重借鉴西方研究成果，较少考虑我国的制度背景。在研究视角上，多从公司微观层面来分析公司特征对企业社会责任信息披露的影响，忽视行业或制度层面因素对企业社会责任信息披露的作用机理。美国、澳大利亚、英国等国已经有制度因素和环境政策对社会责任信息披露的影响的研究，但我国大多数研究仍停留在社会责任信息披露基本理论和质量分析等层面，忽略了资源利用和环境决策对企业行为和变革的影响。近期虽然有部分文献开始涉及制度理论的视角，但研究主题多为环境信息或企业社会责任，少有制度理论和企业社会责任信息披露的结合研究；多从我国区域制度环境，如市场化进程、政府的干预程度、法律环境的完

善程度、要素市场的发育程度等,分析区域政治制度环境对企业社会责任信息披露的影响,少有具体制度层面的深入解析。总体而言,现有社会责任信息披露理论研究还有一定的局限性,实证研究更是比较匮乏,需要更多地从补充、新颖或全面的角度去丰富社会责任信息披露的研究。

3. 中国的制度背景和新兴事物为未来研究提供了巨大机会

21世纪以来,中国在经济社会发展方面取得了巨大的成就,与经济发展相伴随的环境污染、生态退化、食品卫生和劳工保护等企业社会责任问题也随之而来。在经济全球化和一体化的过程中,很多企业意识到企业的可持续发展更多地需要依赖于除货币资本之外的多种资源的相互耦合与共生,趋向于建立一个良好的社会责任履行者的形象。越来越多的企业开始在社会责任及其信息披露方面进行富有探索性的建设。与此同时,社会各界也在逐步提高对企业履行社会责任及其披露社会责任的透明度和问责制的普遍要求。在当前我国政府强调科学发展观、企业可持续发展和节能减排的大政策环境下,企业社会责任及其信息披露的建设日益重要和紧迫。以中国为代表的新兴市场国家,政治、经济、文化、法律体制与西方体制不仅有着很大的差异,而且中国的制度背景和新兴事物的层出不穷,为思考企业社会责任信息披露的质量和未来铺垫了良好的现实基础,为考虑新兴市场国家特有的制度背景对企业经济运行和企业决策的影响提供了研究契机。这些均有待会计理论界和实务界的进一步的研究、探索和实践。

第一篇
企业社会责任信息披露理论基础

选择合适的理论来研究社会责任信息披露问题至关重要,理论框架影响着人们对社会责任信息披露概念、动机以及其变化/差异的认知。从现有文献来看,国内外多以社会政治理论中的利益相关者理论和合法性理论探讨社会责任信息披露相关问题,近期则有学者尝试从制度理论角度进行研究。了解这些理论的核心观点及它们之间的渊源关系,有助于进一步清晰未来研究可以采用的适合于我国国情的理论基础[①]。本篇共有四章。第一章是对相关基本概念的界定,重点界定企业社会责任、企业社会责任信息披露、制度和制度压力的概念。第二章主要阐述利益相关者理论、合法性理论和制度理论的核心观点、发展及其应用;对三大理论之间的渊源关系进行梳理,明晰研究的理论基础。第三章梳理我国企业社会责任信息披露发展历程和制度背景,分析我国企业社会责任披露的发展过程,分析我国企业社会责任信息披露的制度供给和影响我国企业社会责任信息披露的制度角色,剖析企业社会责任信息披露的制度背景。第四章分析制度压力对企业社会责任信息披露的影响机理,从强制压力、规范压力、模仿压力分析影响我国企业社会责任信息披露的制度压力,分析制度压力影响我国企业社会责任信息披露的路径过程。

---

① Thompson(2007)总结出可持续发展理论、社会契约理论和资源依赖理论、代理成本理论等三十多个在社会责任信息披露研究中被应用的理论。本书仅探讨文献研究中应用最为广泛的企业社会责任信息披露三大主流理论。

第一章

基本概念的界定

一、企业社会责任

"企业社会责任（corporate social responsibility，CSR）"概念由 Oliver Sheldon 在《管理的哲学》一书中首次提出。1953 年，企业社会责任领域的开拓者、企业社会责任之父——H. R. Bowen 在《商人的社会责任》提出"商人应该为社会承担什么责任"的问题，给出了企业社会责任的最早定义，认为"商人有义务遵循政策来做出决策，或遵循社会价值和目标所期望的行为规则。"自企业社会责任概念被提出以来，西方学术界展开了跨越半个多世纪的热烈讨论。其中对学术界产生深远影响的有 20 世纪 50 年代的著名的 Berle 和 Dodd 哈佛之辩[①]、60 年代的 Berle 和 Manne 之辩[②]，以 Friedman 和 Manne 为代表的企业社会责任反对派和以 Samuelson 和 Carroll 为代表的企业社会责任主张派的学术辩论。至今为止，企业社会责任的定义仍然未达成统一定论，其内容也因不同利益相关者而有不同的变化（Arlow and Gannon，1982）。国外研究学者给出的企业社会责任定义主要如下：

Carroll（1979）认为企业社会责任包括经济责任、法律责任、伦理责任和

[①] 1932 年，美国哥伦比亚大学的法学教授 Berle 与哈佛大学法学教授 Dodd 在《哈佛法学评论》就公司应该承担何种目标展开了辩论。Berle 认为企业管理者仅受托于企业股东，法律应该保护股东利益。Dodd 认为企业管理者不仅受托于企业股东，还受托于员工、客户和社会公众。后来双方逐渐认同对方观点。

[②] 1962 年，Manne 反对 Berle 关于公司需要承担社会责任的观点，认为公司不可能从事大量的非利润最大化的活动，否则公司无法生存，公司如果承担社会责任就会危及自由市场。双方尖锐的辩论极大推动了企业社会责任概念的发展。

自觉责任四个方面的内容,并于1991年提出经典的由低到高的经济责任、法律责任、道德责任和慈善责任四个层次构成的企业社会责任模型。Friedman（1970；1989；2005）则认为企业社会责任就是增加利润。企业有且只有一种社会责任,即在法律和规章制度许可的范围之内,增加企业利润。企业为了自身目的和利润需要和社区保持良好的关系。Pratley（1999）认为企业社会责任是指企业必须承担的三种最低限度的责任：对消费者的关心、对环境的关心和对最低工作条件的关心。Enderle（2002）认为,企业的责任范围包括经济、社会和环境责任,每个责任又分为"最低限度的道德要求""超出最低限度的积极义务"和"理想的道德要求"三个层次。Hopkins（2004）认为企业社会责任是指企业按照文明社会被认可有道德的或以一种负责的方式来对待企业的利益相关者。

此外,西方一些组织机构也给出了自己的见解。美国经济开发委员会（1971）提出社会责任三同心圆模型,内圆是企业经济责任,中间圆是法律责任和道德责任,外圆是新出现的尚不明确的其他责任。欧洲共同体委员会（2002）认为企业社会责任是企业为了创造一个更美好的社会和清洁的环境而自愿做出的贡献。美国商业与社会责任协会（2000）认为,企业社会责任是指公司在考虑道德价值、遵守法律规定、尊重公众、社区和环境的情况下开展经营活动,企业通过尊崇伦理价值以及尊重人、社区和自然环境而实现成功。国外机构对于企业的社会责任定义,主要观点见表1-1。

表1-1　　　　　　主要国际机构的企业社会责任定义

机构名称	企业社会责任定义
世界银行	是指企业与关键利益相关者的关系、价值观、遵纪守法以及尊重人、社区和环境有关的政策和实践的集合,是企业为改善利益相关者的生活质量而贡献于可持续发展的一种承诺
欧盟	是指公司在资源的基础上,把社会和环境密切整合到它们的经营运作以及与其利益相关者的互动中
世界经济论坛	作为企业公民的社会责任包括四个方面：好的公司治理和道德标准、对人的责任、对环境的责任、对社会发展的广义贡献
美国商业社会责任协会	是指通过尊崇伦理价值以及对人、社区和自然环境的尊重,实现商业的成功

续表

机构名称	企业社会责任定义
世界企业永续发展协会	是指企业对社会合于道德的行为，特别是指企业在经营上须对所有的利益相关人负责，而不是只对股东负责。企业承诺持续遵守道德规范，为经济发展做出贡献，并且改善员工及其家庭、当地整体社区、社会的生活品质
美国波士顿学院	是指公司将社会基本价值与日常商业实践、运作和政策相整合的行为方式。企业公民认为公司的成功与社会健康和福利密切相关，因此，它会全面考虑公司对所有利益相关人的影响，包括雇员、客户、社区、供应商和自然环境

从表1-1可以看出，尽管不同机构对企业社会责任有多种表述，但其基本内涵和外延基本一致，即企业社会责任是企业除了为股东追求利润外，企业应该承担相应的社会责任，企业要考虑相关利益者各方利益需求和追求社会利益，关注企业和社会的持续发展、员工职业生涯规划和工作条件等。

我国对企业社会责任的研究主要是20世纪90年代以后开始。仲大军（2002）的《当前中国企业的社会责任》较全面地分析了当时我国企业存在的问题，这是国内第一篇系统的研究企业责任的文章。常凯（2003）最早对企业的社会责任进行了深入的研究，其文章《经济全球化与企业社会责任运动》对企业社会责任运动发起的缘由、性质、社会意义以及我国对于这一运动应该采取的对策等作了初步的研究和分析。候若石（2004）从全球生产组织方式的变化的背景出发，提出企业社会责任是一种新型的治理模式，是全球生产价值网络治理的客观要求。国内一些学者的主要代表性观点如下：

袁家方（1990）最早给出我国企业社会责任的定义：企业社会责任是企业在争取自身的生存与发展的同时，面对社会需要和各种社会问题，为维护国家、社会和人类的根本利益必须承担的义务。但此概念过于概括和抽象。20世纪90年代末，法学界开始对企业社会责任进行了比较系统的研究。刘俊海（1999）和卢代富（2004）均认为，企业社会责任是企业在谋求股东利润最大化之外所承担的维护和增进社会利益的义务，公司除了应该要增进股东利益之外，应该最大限度地增进雇员、中小竞争者、消费者、社会弱者、当地社区、环境利益，以及对社区经济发展的责任和对社会福利和公益事业的责任。王汇杰（2010）认为，企业社会责任是处理企业与社会之间利益关系的道德原则和法律原则的综合。此外，其他学者从不同的理论视角给出企业社会责任的定义。在利益相关者理论方面,周祖城(2007)认为企业社会责任是指企业应该承担的,以利益相关者为对象,包含经济责任、法律责任和道德责任在内的一种综合责任。在社会契约理论方面,李丰团(2008)认为,企业社会责任的本质是一组契约,是企业复杂契约系统中的一部分,企业社会责任本身是一种"契约责任",其中既包括显性契约,也包括隐性契约。在社会学视角方面,黎友焕(2007)提出"三层次四核心"企业社会责任模型,把经济责任和法规责任作为第一层次责任,把伦理责任作为第二层次责任,自愿性慈善责任作为第三层次责任。其他学者也都各自阐述了对企业社会责任的认识和理解,如李鸿贵(1995),张兰霞(1999),陈炳富、张士元(2001),郑孟状、潘霞蓉(2003),屈晓华(2003),王林(2005),高尚全(2004),雍兰利(2005),刘长喜(2005),田虹(2006),徐雪琴(2007),李淑英(2007),王汇杰(2010)等。

综合以上研究,可以看出,企业社会责任是一个超出了法律规定范围的复杂的伦理问题,其内涵随着企业与社会相互关系的动态发展而不断发展变化。不同时期、不同的学者或机构对其有不同的认识和分类。上述定义普遍都认为,企业需要摒弃和超越利润最大化的传统理念,在再生产过程中需要关注人的价值,对消费者、环境和社会做出贡献。因此,本书界定企业社会责任包括经济、社会、环境责任三个内容,企业在创造经济利润的基础上,还需要承担对社会的责任,包括对员工、消费者、债权人、社区和社会等的责任和对生态环境的责任,以实现经济、社会和环境的可持续协调发展。

二、企业社会责任信息披露

(一)企业社会责任信息披露的界定

在外部压力和内部利益的驱动下,企业将自身的社会责任活动对外报告形成了企业社会责任信息披露。Parker(1986)认为企业社会责任信息披露是指企业披露企业的经营行为对社会的影响,以及企业社会责任活动的有效性,是企业对社会资源的一种受托管理和监督以及解脱社会责任的一种方式。世界可持续发展工商理事会(1999)认为企业社会责任信息披露是指企业通过采取有道德的行为形成的一种持续性贡献的报告。这种贡献不仅体现在对经济发展的贡献,也体现在企业提高员工及其家人生活质量乃至到当地社区和整个社会的贡献。Deegan（2007）认为企业社会责任信息披露是企业提供社会责任信息的过程，是管理层用来与外部进行沟通以影响其对企业看法的一种手段，其目的在于提供信息以证明其行为的合法性，影响利益相关者和社会对企业的看法。

从企业社会责任信息披露的发展过程来看，经历了一个从分散披露形式到独立报告的过程。早期的企业社会责任信息一般被分散地披露在企业财务年报中，而现在的企业社会责任信息更多以独立的企业社会责任报告的形式出现。企业社会责任报告又可分为综合性社会责任报告和单独性社会责任报告。综合性社会责任报告是指以正式形式反映企业承担社会责任的某一个方面或若干个方面的信息的报告类型，包括雇员报告、环境报告、环境健康安全报告、慈善报告等单项报告，以及集经济、环境、社会责任一体的综合性报告。综合性企业社会责任报告"以多样化的形式存在，并且有多重表达称谓"（Gray，2002），如三重底线报告（Elkington，1997）、企业社会责任报告（Gray et al.，1996）、社会责任会计（Mathews，1993）、可持续发展报告（Bebbington，1997）、社会和环境会计报告（Gray et al.，1987）、企业公民报告等。综合性社会责任报告是20世纪70年代的单项雇员报告、90年代的单项环境报告、90年代末的健康安全环境（HSE）报告到21世纪初的综合性报告的发展过程的最终结果。

单独性社会责任报告是一种狭义的定义理解，是指企业将其履行社会责任的理念、战略、方式及公司的经济、环境和社会绩效等非财务信息进行系统梳理和归纳，以独立的正式报告的形式向利益相关方进行真实、客观、全面和及时的披露（张正勇，2011），是向内部和外部利益相关方描述企业在经济、环境和社会方面的状况与活动的企业非财务报告（吉利、杨慧，2010）。中国社科院企业社会责任研究中心界定企业社会责任报告是企业就其履行社会责任的理念、内容、方式和绩效所进行的系统信息披露，是企业与利益相关方进行全面沟通交流的重要载体。中国工业企业及工业协会社会责任指南（2008）认为，企业社会责任报告是企业就其决策和活动产生的经济、社会和环境影响所进行的系统性信息披露，是组织与利益相关方进行全面沟通交流的重要过程和载体，也是组织履行社会责任的理念、行动、绩效和未来计划的综合反映。可见，单独性社会责任报告是独立反映企业经济、社会和环境责任的报告。

我国最新且最权威的关于企业社会责任报告的定义，于2015年6月由国家质检总局和国家标准委在联合发布的社会责任系列国家标准中的《社会责任报告编写指南》（2015）给出："社会责任报告是基于与利益相关方进行社会责任沟通的需要，组织定期或不定期对外公开发布的一种展示其社会责任理念和认识，并系统披露其社会责任活动及其绩效信息的特定报告"。根据以上研究，本书界定企业社会责任信息披露为企业向外界披露企业履行社会责任的价值理念、战略方针及企业的经济、社会、员工和环境绩效等信息的一种正式的独立报告，其报告具体内容包括如下：

1. 企业在改善生态环境方面的贡献

我国的经济是粗放型经济，是以外部生态自然环境为代价的，其负面影响后果为自然资源日益枯竭，环境严重污染，包括大气污染、水体污染、噪音污染等。另外还有酸雨、臭氧层空洞、地球温室效应、物种灭绝等其他环境破坏情况，治理污染的环境是企业义不容辞的责任。因此，企业在报告传统会计信息时，也要披露生产经营中消耗的资源耗料以及企业在节能节耗、循环利用、环境影响等方面所采取的措施和效果。在这方面，企业应披露的内容主要包括：（1）环境保护的历史行为与现实计划；（2）环境保护设备的投入情况；（3）有关环境保护和治理方面的研究费用支出；（4）减少使用稀有资源等所支付的相关费用；（5）企业对环境治理方面提供的产品和服务。

2. 企业对社会福利的贡献

由于企业占有并消耗有限的社会资源，因此企业有责任给予社会必要的捐赠和帮助。在这方面，企业应披露的内容主要包括：（1）为发展公共交通、医疗保健服务、市政建设、娱乐设施等方面提供的人、财、物支持；（2）对文化、教育、体育及公益活动的捐赠，如企业对希望工程的捐款；（3）提供平等就业机会，特别是对失业者、妇女、残疾人等就业方面提供的优先便利；（4）按规定及时缴纳税款。

3. 企业在人力资源方面的贡献

企业在人力资源方面的投入不仅可以为企业带来巨大的经济利益，而且会由于人的素质和生活条件的改善而间接对社会发展作出贡献。在这方面，企业应披露的内容主要包括：（1）企业职工人数、平均工资；（2）职工的招募、培训、职务轮换和提薪制度等；（3）工作场所的安全防护措施；（4）企业环境美化、与员工交流等方面。

4. 企业在提供令顾客满意产品和服务方面的贡献

企业向顾客提供的产品和服务涉及企业和顾客之间的关系，即产品或服务所造成的社会影响。在这方面，企业应披露的内容主要包括：（1）产品在性能及安全性方面的保证；（2）对消费者提供的社会咨询服务；（3）产品的售后服务及顾客的满意程度；（4）对消费者的忠实程度，如有无采用欺瞒手段销售商品情况。

5. 企业经济收益方面的贡献

企业的社会责任首先表现为企业的生产经营目的，在计划经济条件下，企业是以完成政府的计划作为经营目的，市场经济条件下是以怎样满足市场需求、把好产品质量关以及为股东谋取最大利益为经营目的。对企业来说，生存是其最基本的社会责任，企业只有解决了生存问题才能向社会提供产品、向国家缴纳税金、为社会提供就业机会。总之，企业只有在获得财务盈余的基础上，才有可能履行社会责任。

此外，企业还可以根据自己的实际情况灵活选择其他一些信息自愿披露。

（二）企业社会责任信息披露、传统会计信息和环境信息的比较

企业社会责任信息披露是一种新生事物，与传统的会计信息和环境信息均有一定的区别。总体来看，传统的会计信息反映和监督企业再生产过程中的资金运动，主要向投资者和债权人提供企业的经营能力、盈利能力和偿债能力等财务指标。环境信息反映和监督企业活动对环境产生的影响，主要从企业角度分析和控制企业的环境成本费用，向环保部门和社会公众等提供企业的环境成本和环境收益等指标。社会责任信息反映和监督企业的经济、社会和环保履行情况，向利益相关方提供社会贡献率和社会积累率等社会责任指标。具体来看，企业社会责任信息披露与会计信息披露、环境信息披露在披露主体、对象、内容、依据、意愿性、审计要求和计量单位等方面有着不同，详见表1-2。

表1-2　　　　　企业社会责任信息与会计信息、环境信息的比较

比较点	企业社会责任信息	会计信息	环境信息
披露主体	企业、行政事业单位、非营利机构等	企业	企业
披露对象	各利益相关者	投资者、债权人等	政府、社会公众等
披露内容	经济、社会和环境活动	经济活动	环境活动

续表

比较点	企业社会责任信息	会计信息	环境信息
披露依据	GRI、证监会、行业指南等	会计准则	环保部门、证监会等
披露意愿	自愿披露	强制披露	自愿披露
审计要求	自愿	强制	自愿
计量单位	非货币信息为主和货币信息	货币信息为主	非货币信息为主和货币信息

从表1-2可见，企业社会责任信息披露、传统会计信息和环境信息主要在以下方面存在不同。

1. 反映对象不同

企业会计反映和监督企业再生产经营过程中的资金运动，会计主体是企业，属于微观会计的范畴。环境会计主要是以企业为会计主体，反映并核算企业资源环境以及与资源环境有关的生产经营活动，反映和控制企业的经济活动对环境的影响，以及所做出的补偿或获得的收益等。而社会责任会计是反映和监督企业的社会责任及其履行情况，会计主体也是企业，但属于宏观会计的范畴。

2. 分析与控制模式不同

企业会计是站在企业角度，来分析与控制企业的生产经营成本费用，向投资者和债权人提供企业的生产经营能力、盈利能力和偿债能力等财务指标。其指标分析体系有：销售利润率、总资产报酬率、资本收益率、资本保值增值率、资产负债率、流动比率和速动比率、应收账款周转率、存货周转率等指标。环境会计是从社会利益角度计量和报告企业、事业机关等单位的社会活动对环境的影响及管理情况，分析和控制企业对环境资源的损耗和补偿。其指标分析体系包括环境污染排放指标、资源消耗指标、环境治理资金投放及耗费指标、环境收益情况指标等。社会责任会计是站在社会角度来分析与控制企业的社会成本，向政府及公民等提供社会成本、社会收益和社会净贡献等指标。其指标分析体系除社会贡献率①和社会积累率②两个企业经济效益评价指标外，

---

① 社会贡献率=社会贡献总额/平均资产总额。社会贡献总额包括工资、劳保退休统筹及其他社会福利支出、利息净支出额、应交增值税、营业税、消费税、所得税等各种税金及附加费和上缴净利润。

② 社会积累率=上交国家财政总额÷企业社会贡献总额×100%。上交的财政收入总额包括企业依法向财政交纳的各项税款，如：增值税、所得税、产品销售税金及附加、其他税款等。

还应包括反映企业履行社会责任情况的指标：资本增值率、销售增值率、职工所得率、债权人所得率、股东所得率和企业所得率等。

3. 计量方式不同

企业会计反映企业的经济活动，以货币作为主要计量单位，这是因为传统会计中的六要素是以可计量、可核算的物质资料为基础的。环境会计是以综合货币计量和实物量计量为主要计量单位，以有关环境资源的法律、法规和国际公认准则为依据。社会责任会计是多种计量单位并存，社会责任会计中的部分内容无法用货币计量，如企业投资环保事业、对社会良好秩序的贡献和对社会道德风尚的影响等，一般以文字附注的方式在报表上予以披露。

4. 审验要求

传统会计要求有独立第三方审验机构出具审计报告，并且审验过程也有一套完善的审计准则予以指导和规范。环境会计和社会责任会计类似，并不被要求有独立第三方审验机构出具审计报告，其相关审验标准的发展更是缓慢。在现有社会责任信息披露审验标准中，运用较为广泛、影响力较大的标准是国际审计与鉴证准则委员会发布的 ISAE3000 和社会和伦理责任协会发布的 AA1000 审验标准。

（三）企业社会责任信息披露质量特征和度量

我国企业社会责任信息披露应该具备什么质量特征？用什么方法来度量社会责任信息披露质量？不同的度量方法将对研究结果有不同的影响。因此，明晰企业社会责任信息披露质量特征及其度量方法，是企业社会责任信息披露质量研究的首要问题。

1. 会计信息披露质量特征

会计信息披露质量是企业按照准则、方法或惯例将企业相关的业务信息进行加工，从而形成的对披露的信息内容的一种客观评价要求。与产品质量可以通过技术手段来衡量的特点相比，会计信息披露的质量一般较难用技术手段予以量化。会计信息披露的质量高低对投资者的投资决策和证券市场运作的透明度，以及投资者利益和资源配置有着重要影响。如何度量会计信息披露质量是一个关键性问题。不同国家或机构对会计信息质量特征进行了持之不断的探索，见表 1-3。

表1-3　　　　　　　一些机构的会计信息质量特征标准

机构名称	会计信息质量标准
FASB的第2号概念公告《会计信息的质量特征》（1980）	相关性（预测价值、反馈价值和及时性）和可靠性（可证实性、中立性和如实性）
加拿大特许会计师协会的财务报告概念手册（1988）	可理解性、相关性、可靠性和可比性
澳大利亚的第3号会计概念公告（1990）	可比性、重要性、相关性、可靠性和可理解性
美国SEC（1996）	高质量的信息披露具有可比性、高透明度和充分披露性
英国会计准则委员会的《财务报告原则公告》（1999）	可靠性（如实反映、稳健性、完整性）、相关性（预测性、可证实性）、可理解性、可比性、一改性、及时性
国际会计准则委员会的《编制和财务报表的框架》（1989）	相关性、可靠性、可比性、可理解性、及时性、收益大于成本
巴塞尔银行监管委员会的《增强银行透明度》（1998）	透明的信息披露具有全面性、相关性、及时性、真实性、可比性、重要性
中国新会计准则（2006）	可靠性、相关性、可比性、可理解性、重要性、及时性、谨慎性、实质重于形式

由表1-3可见，在上述机构给出的会计信息质量特征中，虽然不同机构对会计信息质量特征表述不一，但本质意思基本相同。可靠性、相关性、可比性基本上被所有机构提及，可理解性被5个机构提及，重要性被3个机构提及。

2. 企业社会责任信息披露质量特征

社会责任信息是否具有决策有用性，很大程度上取决于信息是否具备质量特征。一些重要机构或指南的社会责任报告评估标准中涉及到社会责任信息披露质量标准，见表1-4。

表1-4　　　　重要机构或指南的社会责任信息质量标准

评估机构名称	社会责任报告质量标准
全球报告倡议组织《可持续发展报告指南》G4（2013）	平衡性、可比性、准确性、时效性、清晰性、可靠性
《社会责任报告编写指南》（国家质检总局和国家标准委于2015年联合发布）的报告编写原则	完整全面、客观准确、明确回应、及时可比、易读易懂、获取方便

续表

评估机构名称	社会责任报告质量标准
社科院企业社会责任研究中心社会责任报告评级标准（2014）	完整性、实质性、平衡性、可比性、可读性、创新性和过程性
金蜜蜂企业发展研究中心发布的《金蜜蜂中国企业社会责任报告2011》	完整性、可信性、可读性、可比性、创新性、实质性
润灵企业社会责任报告评级手册（2010-1.1版）	战略有效性、相关方参与性、内容平衡性、信息可比性、整体创新性、可信度与透明度
安永国际会计公司（2007）	平衡性、可比性、易读性、可靠性
挪威船级社（2007）	完整性、可靠性、准确性、中立性、可比性、响应性
毕马威《全球企业社会责任调查报告2013》	战略、风险和机会、重要性、目标和指标、供应商和价值链、利益相关者参与、社会责任治理；透明性和平衡性

从表1-4可见，虽然一些机构对社会责任报告质量标准的表述存在差异，但其含义是相同的。可比性被7个机构或指南提及，平衡性被5个机构或指南提及，完整性和易读性被4个机构或指南提及，可靠性、实质性和准确性被3个机构或指南提及。与强制性会计信息显著不同是，企业社会责任信息披露最大的特点是自愿性信息披露和描述性定性披露，从而导致社会责任信息披露印象管理现象较为普遍。综合上述机构给出的会计信息质量特征和社会责任信息披露质量特征，现阶段我国企业社会责任信息披露质量的首要特征应该为可比性、平衡性、完整性、可靠性和实质性。

本书所界定的企业社会责任信息披露质量标准，主要是对当前阶段我国企业披露的经济、社会、员工和环境绩效等社会责任内容信息质量的一种衡量，从而为信息用户提供决策价值和参考价值。企业社会责任报告还会涉及美工设计、排版、图表化程度、语言、报告编写规范、创新性、易读性和准确性等其他标准的衡量，但这些标准可能更侧重于技术性指标，并不反映社会责任实质性内容质量的高低。

（1）可比性。

可比性是指企业披露的社会责任信息应当可以互比。与会计信息可比性原则一样，社会责任信息披露可比性包含两层含义：不同企业同一期间的信息互比和同一企业不同期间的信息互比。当前我国企业社会责任信息披露不统一，表现在披露内容随意性强，不同企业的披露内容和形式差异大；即使是同一企业，也可能会终止披露，或不同年度的社会责任报告风格迥异，披露内容变更大。定性结论多于定量分析，社会责任披露项目或指标缺乏横向和纵向的对比分析，信息的规范性和完整性不强，缺乏比较基础。这一方面是受行业差异或企业差异所致；另一方面是我国企业社会责任信息披露起步较晚，企业缺乏相关的规范性政策给予指导。社会责任信息披露缺乏可比性不仅造成信息披露标准混乱模糊，也使信息用户缺乏衡量标准，无法比较判断。因此，可比性应该是企业社会责任信息披露的重要质量标准，即企业在披露社会责任信息时，基本的社会责任信息具有可比性，至少同一企业的不同年度的社会责任信息披露，应当在披露内容、形式、类似交易、活动或程序等方面保持一致性。

（2）平衡性。

平衡性是指企业披露的社会责任信息，不仅包括企业在经济、社会和环境方面的积极贡献，还应包括企业经营活动对社会和环境产生的负面影响。为了维护企业声誉，在社会责任报告中，企业倾向于披露对企业有正面影响作用的信息，而对企业的负面信息则采取不披露、少披露或含糊披露的方式。这种不平衡的披露并未给企业带来商誉损失，企业社会责任报告反而成为一些企业塑造良好社会公民的对外宣传工具。根据"劣币驱逐良币"原则，真正优秀的社会责任报告反而无法被人们识别。受质量低劣的社会责任报告的影响，社会公众对社会责任信息披露的整体可信度普遍降低。这不仅影响企业社会责任信息披露自身的发展完善，也不利于资本市场的资本流动和资源的有效配置。因此，平衡性应该是企业社会责任信息披露的重要质量标准，即企业披露的社会责任信息应该是全面而平衡的，避免只披露企业正面表现而不披露企业负面信息的情况。

（3）完整性。

完整性是指企业披露的社会责任信息，应当充分完整地涵盖企业在经济、社会和环境各方面的活动，而不应该顾此失彼，有所偏重。我国企业社会责任信息披露普遍存在披露内容比重的失衡。相比大气、水污染防治等环保问题，企业倾向于披露慈善捐赠和社区贡献、反腐与合规、职业病防治等信息（《中国企业社会责任报告（2014）》）。国企、民企倾向于披露财务类数据和合规性信息，外资企业倾向披露社区关系维护和供应商管理的信息（《企业社会责任蓝皮书（2014）》）。这种选择性强调某一信息而有意识地淡化其他信息，会影响着公众对该公司的正确认知，无法真实了解企业的社会责任全貌。完整性还应该包括披露方式的完整，即企业是否披露社会责任报告的时间和空间范围、企业的社会责任理念、社会责任管理制度、措施及绩效等。

（4）可靠性。

可靠性要求企业披露的社会责任信息，应当以实际发生的社会责任活动或者事项为依据进行披露，如实反映符合社会责任披露内容要求的各项相关信息，保证社会责任信息真实可靠、内容完整。当前我国企业社会责任信息披露是以鼓励企业自愿披露为主，目前仅有对上证公司治理板块公司、发行境外上市外资股的公司及金融类公司和深证100指数上市公司这四类公司，采取小规模的强制性社会责任信息披露规定，并未全面地要求所有的企业披露社会责任信息，也没有对社会责任信息披露质量的规范要求和惩罚机制，社会责任信息的第三方独立审验比例普遍较低。因此，企业在信息披露的内容裁取、披露设计等方面具有较大的操作空间，企业自利动机和机会主义动机普遍存在。为了保证信息的有用性，可靠性是企业社会责任信息披露的重要质量标准，企业在披露社会责任信息时，应当保证提供的信息是真实的，具有可核实性，不存在虚假伪造信息。

（5）实质性。

实质性是衡量是否具有报告价值的标尺，是指企业披露的社会责任信息应当符合社会责任内容事项的经济实质，对信息用户具有参考价值。一些企业的社会责任报告格式化严重，厂房、机器设备、员工活动、荣誉证书等图片占据报告的大量篇幅；一些企业的社会责任报告篇幅越来越长，看似内容丰富、形式多样，然而实质性社会责任议题并未过多涉及；一些企业的社会责任报告或仅寥寥数页，内容空洞、表述笼统，套话、无关紧要的话较多，或在内容设置和形式设计上模仿抄袭其他企业的社会责任报告，同质趋同化现象普遍，企业特征模糊。这些外在形式的表达或非实质性信息的披露，反映出一些企业并未真正考虑利益相关者是否需要这样的信息，仅追求报告形式上的合理，削弱了利益相关者对实质性社会责任信息的获取。全球报告倡议组织（GRI）的《可持续发展报告指南》G4中特别强调"实质性议题"，指出企业必须正确地界定经济、社会、环境活动对可持续发展产生积极或消极影响的核心问题，规避信息披露中无的放矢或顾左右而言其他的不良现象。因此，实质性应该是企业社会责任信息披露的重要质量标准，类似于会计信息的相关性标准，即企业应该披露企业履责绩效的关键指标，提高社会责任报告的决策价值。

3. 企业社会责任信息披露质量的度量

（1）现有文献中采用的方法。

现有文献主要涉及四种度量企业社会责任信息披露质量的方法：内容统计法、声誉评分法、内容指数法和专业评级体系法。

①内容统计法。该方法根据社会责任信息披露字数（Deegan and Gordon，1996；Zéghal and Ahmed，1990）、句子（Hackston and Milne，1996）或页数（Gray et al.，1995b；Guthrie and Parker，1989；Patten，1992）来衡量社会责任信息披露的程度。由于该方法以信息数量代替信息质量，存在主观判断和统计过程易导致误差，已较少使用。

②声誉评分法。该方法通过调查问卷评测企业社会责任声誉表现。最早Milton Moskowitz（1972）采用好（outstanding）、中（honourable mention）、差（worst）三种声誉来表示社会责任表现。Manfred（2004）提出测量企业声誉的二维模型，包括企业竞争力和感召力。美国声誉研究所（1999）进行企业誉商测评（Corporate Reputation Quotient）。其他一些学者（Alexander and Buchholz，1978；Heinze，1976；Vance，1975）通过对商业专业人士和商学学生的调研也自行开发了社会责任声誉指标。目前影响力较大的排名和评估活动仍然是 Moskowitzl 创立的声誉指标和《财富》杂志推出的全 AMAC 的 8 个评选指标（1983）①和 GMAC 评选指标（1997）。财富声誉指数法受到一些学者的批评，认为评级结果受到单一主导指标的影响和财务数据影响，调查对象为公司内部高管，针对的人群相对有限。

③内容指数法。内容指数法首先需要确定社会责任信息披露评价指标体系，然后通过加权计算单个的社会责任指标，综合计算社会责任信息披露质量总值。具体而言，首先大类划分企业社会责任信息内容；其次根据大类类别对

---

① 8个维度分别是企业声誉的创新能力、管理质量、长期投资价值、社会与环境责任、吸引人才和留住人才的能力、产品和服务质量、财务合理性以及资产有效使用，1997年中的GMAC增加了公司全球业务员有效性维度。

其进行更详细的小类类别划分,再把小类类别分为定性描述和定量描述,一般而言,大部分研究将披露小类内容再细分为定量信息、定性信息和无信息三种并分别赋值;最后汇总所有小类类别分值,得出企业社会责任信息披露质量总分或社会责任信息披露指数。

④专业评级体系。专业数据库在西方使用比较广泛,其原因在于西方已有较完善的社会责任指标体系和数据库评测工具,如 Domini 多米尼 400 社会指数和 DJSI(Dow Jones Sustainability Index,DJSI)道琼斯可持续发展指数[①]。另外还有一些学者采用其他机构颁布的评级体系,如亚洲可持续发展评级(ASRTM)指标体系和中国香港中小企业——企业社会责任指引评价体系[②]。目前我国一些机构颁布的评级体系主要有《中国 100 强企业社会责任发展指数》(2009)和润灵环球(RKS)社会责任报评级系统,《中国 100 强企业社会责任发展指数》(2009)由中国社会科学院经济科学部企业社会责任研究中心 2010 年发布,包括责任管理、市场责任、社会责任和环境责任四个方面;润灵环球(RKS)社会责任报告评级体系主要是润灵公益事业咨询机构(后更名为润灵环球责任评级,简称 RKS)按照润灵数据的评级标准,对我国上市公司社会责任报告全面评价打分。

(2)本书采用的方法。

从以上四种方法来看,目前应用较多的为专业评级体系法和内容指数法。数据库或评级体系因其客观性、可获取性和可靠性的特点具有较高的准确性,越来越多的研究者使用这种方法。内容指数法对指标进行量化,在一定程度上提高了信息的计量性,在社会责任信息披露的研究中也被普遍采用。但内容指数法的前提是社会责任信息披露内容的界定和权重分配,在量化过

[①] Domini 400 社会指数是美国第一个以社会性与环境性议题为筛选准则的指数,由符合一定的社会性评选准则的 400 家公司普通股票所组成。由 Kinder、Lydenberg 及 Domini & Co. Inc.(KLD)在 1990 年 5 月创立并开始应用此指数。指数评估基础包括环境绩效、劳工关系、员工多元性、公民义务、产品相关议题。道琼斯可持续发展指数是 SAM 公司和道琼斯公司、STOXX 公司编制的全球第一个可持续发展指数系列,从经济、社会及环境三个方面评价企业的可持续发展能力。将企业分为 19 个大行业和 57 个细分行业,并设有行业特有的可持续性评估标准,是众多基金管理机构的重要参考指数以及其他金融衍生工具的应用基础。

[②] 亚洲可持续发展评级(ASRTM)指标体系包括概况、环境、社会和治理四个一级指标,下设 98 个二级指标。香港中小企业——企业社会责任指引评价体系包括履行企业社会责任的策略、公司治理、环境保护、人力资源管理、绿色采购、消费者关注和参与社区发展一级指标和 36 项二级指标。

程中因其标准的不统一而使该方法仍存在不同程度的主观性判断，降低了信息可比性。另外，易慧敏（2013）指出，这种方法依据传统的 3 值打分法，暗含着社会责任信息披露涉及的问题面越宽，信息数量越多，货币性的信息披露越充分，社会责任信息披露质量越好的假设。可见，内容指数法仅以披露的数量或内容来代替披露质量，忽视了企业社会责任信息披露质量特征，实质上仍然是一种内容统计法，并未能实质性反映企业社会责任信息披露质量的高低。

本书采用润灵环球（RKS）社会责任报评级体系来度量企业社会责任信息披露质量。其主要原因是：作为我国企业社会责任权威第三方评级机构，润灵环球（RKS）开发的润灵环球社会责任报评级体系，是中国首家考察上市公司的社会责任信息披露质量和透明度的社会责任报告评级系统。从 2007 年研发至今，该体系参考国际主流社会责任报告标准[①]，历经三次版本改善，具有较好的权威性、成熟度和兼容性。其次，润灵评级体系为一套量化的评级体系，指标定量化程度较高，采分点多为定量数据，量化的评价体系可以更好地全面评估企业社会责任绩效。评级总分的计算包括整体性评价、内容性评价、技术性评价及行业性评价，再分别设立 16 个一级指标和 70 个二级指标。具体评分采用专家打分法，其中，整体性评价的总分为 30 分，包括 6 个一级指标、14 个二级指标；内容性评价总分为 50 分，包括 6 个一级指标、45 个二级指标；技术性评价总分为 20 分，包括 4 个一级指标、11 个二级指标[②]。润灵环球社会责任报评级体系数据具有可获取性，其数据来自中国 A 股上市公司全样本，数据真实可靠。专业而可获取的数据库为学者开展研究提高便利和效率。

润灵环球评价体系具有较强的客观性和科学性，其评价指标不仅完全包括本书所界定的社会责任信息质量应具备的可比性、平衡性、完整性、可靠性和实质性这五个基本特征，而且量化的信息可以让信息用户客观评判企业的社会责任绩效。我国学者前期的研究之所以较多采用内容指数法而非评级数据库，主要原因是之前我国缺乏企业的社会责任专业评价数据库。润灵环球社会责任

---

① 润灵环球社会责任报评级体系主要参考 GRI3.0 报告指南、SustainAbility 报告评价框架、道琼斯可持续发展指数评价体系。

② 具体评价指标见：MCT 社会责任报告评级工具 2012_1.2i 版本。

报评级体系只在2007年才开始研发，2010年才首次颁布我国上市公司社会责任报告评级状况。在此之前，与其他方法相比，内容指数法可能是操作性较强、能较好量化我国企业社会责任信息披露质量的方法。随着润灵环球社会责任报评级体系的出台和完善，其科学而客观的评级体系和可获取性的专业数据库，正受到学者越来越多的关注和应用。

三、制度和制度压力

（一）制度

制度一词具有多种表达，如系统、体制、秩序、结构、组织等。制度研究诞生于中世纪欧洲神学统治，历经文艺复兴时期孟德斯鸠、卢梭构建的以契约为基础的制度思想、社会学之父——孔德从社会学角度对制度展开的研究、迪尔凯姆奠定的制度研究雏形、韦伯的纳入人的理性与选择性的制度模型、帕森斯的结构功能主要理论后，由零星的思考进化为系统的理论，以凡勃论、康芒斯、科斯、密契尔为代表的制度经济学派19世纪末在美国产生，自此，制度成为多门学科的研究核心，无论从理论意义还是实践价值上，成为观察和分析社会现象和问题的重要有用工具。由于研究目标和研究角度的不同，社会科学的诸多领域，对制度的内涵有着不同的界定。其中以经济学、社会学、政治学对制度的研究最为丰富和影响深远。

在经济学视角下，制度是约束人的动机和行为的一种集体行为和行为规则。制度经济学家Veblen（1997）把制度界定为"一般人共有的、固定的习惯性思维方式"，是一种流行的精神态度或生活理论，是个人或社会对某些关系或某些作用的一般思想习惯。另一代表人物之一——Commons（1934）认为，制度就是控制个人行为的集体行动，其中法律制度是最重要的集体行动。交易费用经济学创始人Williamson（1985）以"交易"为基本分析单位，认为制度是节约交易成本的一种形式。Schultz（1968）认为，制度是一种约束社会、政治及经济行为的规则。制度是为经济提供服务的，制度具有五种功能：提供便利、降低交易费用、提供信息、共担风险和提供公共物品。青木昌彦（1997）认为，制度是博弈的规则，是理性行动者博弈后的相对稳定的结果的一个被认可的制度生活领域，是使博弈重复进行的共有理念和自我维持系统。

在政治学视角下，Hall认为，制度是各种政治单元中构造人际关系的正式规则、被遵从的程序和标准的操作规程。Ikenberry将制度分为三个层次：特定的政府制度、宏观的国家结构、民族内部规范性的社会秩序。Thelen（1999）认为制度与历史紧密相连，是已存的游戏规则和历史斗争的结果，将制度定义为对行为起构造作用的正式组织、非正式规则及与之相关的程序。如选举竞争规则、政党体系结构、政府各分支之间的关系、社会规范、阶级结构等。

制度是社会学的核心研究概念之一。在社会学视角下，制度的定义扩展到更大范围的实体，涉及社会关注的主要利益和问题，如国家、法律、教会、家庭等。制度包括正式规则、程序和规范，还包括人类行动遵守的象征系统、认知模式和道德规范。社会学先驱Durkheim直接把社会学定义为"制度的科学"。在社会学中，新制度主义代表人物，包括John Meyer，Richard Scott，Paul DiMaggio和Walter Powell通过分析制度环境和文化信仰如何塑造他们的行为，重新指定了组织的研究范畴。另一代表人物Parsons则综合了Durkheim，Webber和Tonnies等制度主义者的思想，提出制度是一种文化信仰的组织系统、规范和价值。制度理论代表人物Scott（2001）高度概括性总结了制度的定义，认为制度是一种已经获得了高度弹性的社会结构，由认知性制度、规范性制度和管制性制度三部分构成，它们和其他活动和资源一起，为社会提供了稳定性和价值观。制度具有各种形式的载体，包括符号体系、关系体系、惯例和传统。制度存在多层级管辖权，从全球体系一直到本地化的人际关系。制度内涵不断发生增减变化。预期行为理论学者Hayek（1978）认为，制度是一种状态，在该状态下，人们能根据其拥有的专有知识预期他人的行为，人们行动相互调适，使这种预期成为可能，以被证明正确。

"制度"的历史在中国源远流长。《礼记》中也曾有关于制度的论述："故天子有田以处其子孙，诸侯有国以处其子孙，大夫有采以处其子孙，是谓制度"。汉语中，"制"表示节制、限制，"度"表示尺度、标准，合起来即为限制的尺度。制度在《辞海》指要求成员共同遵守的、按一定程序办事的规程。制度是由具有程序性、公正性、契约性的规则对组织及其成员行为加以规范和约束而使组织能够适应环境变迁的能力（刘林、赵芸，2013）。周雪光（2003）认为制度通常指稳定重复的、有意义的符号或行为规范。在这个意义上，制度包括正式组织、规章制度、规范、期待、社会结构等。柯武刚、史漫飞（2000）指出，制度是人类相互交往的规则。它抑制着可能出现的、机会主义的和乖僻的个人行为，使人们的行为更可预见并由此促进着劳动分工和财富创造。

以上定义从不同的侧重点给出了制度的部分内容或不同方面的定义，既互有重合，又相互争议。在这里，需要指出的是，制度概念的歧义会造成学术研究中学科之间的歧义，使对制度的研究往往等同于对规章制度的研究，使制度化的进程简化为文本规则制定的过程。在现实的操作中，由于社会科学与政治之间的关系日益紧密，中国的制度研究多偏向于"正式规则"，亦即政策、法规的研究（陈氚，2013）。因此，本书所指的制度并非中国政府的政策或现行的法规等，而是更多地采用社会学学科的定义。

（二）制度压力

制度学派认为，组织不仅受到技术、规模等物质资源的影响，还受到规范、文化和信念等社会和文化系统所造就的制度环境的约束，即企业的运行除了受到经济效益、资源禀赋和市场竞争等经济逻辑的限定以外，还要考虑企业运行的制度合法性逻辑问题。这种组织运行的制度环境被界定为"组织领域"。"组织领域"是指分享共同意义系统的诸多组织紧密联系的各利益主体，包括政府、关键交易伙伴、投资商、专业或贸易协会、特殊利益集团和其他对领场域有强制、规范或认知影响的一般公众（DiMaggio and Powell, 1983）。"组织领域"形成该领域的规范价值、信仰标准和定义体系中所认定的一种合法性认可，企业需要采取使其符合"组织领域"的公认的行为规范以获得认可和支持。外部制度环境对企业构成了一种要求服从的压力，即制度压力。制度压力驱使组织通过遵从其所处组织领域里的主要规范来获得合法性。这种合法性强调了在社会认可的基础上建立的一种权威关系（周雪光，2003）。

Zuker（1987）提出制度压力可分为社会和经济适用性两类。前者要求企业适应社会，后者要求企业的经济责任合理化。Scott（2001）认为制度压力包括：（1）来自法律权威或类似组织的规制压力，如法律、政策、规则等。（2）建立在共享价值观和社会规范、具有强烈道德权威基础上的准则或规定而形成的规范压力。（3）通过学习和模仿表现出对某种概念、意识、说教或符号的认同而形成的认知压力。规制压力为正式制度压力，而规范压力和认知压力为非正式制度压力。

DiMaggio 和 Powell（1983）里程碑性地提出，制度化的一种结果就是"制度同形",即组织与其他组织成员趋同的过程,这种同形的过程本质上是制度化,并把制度压力对企业结构和行为的同形化过程分成强制压力(组织所依赖的正式或非正式压力)、规范压力(专业化进程的压力)和模仿压力(对不确定进行合乎公认的反应压力)。

强制压力来源于组织所依靠的其他组织以及社会文化期望施加的正式或非正式压力。这种压力可以是强力、说服或邀请共谋,是组织必须接受的客观强制制度环境。它可以是政治、经济规则及契约等法律法规和强势组织制定的行为标准等正式外在压力,也可以是人们长期形成的构成文化部分的价值信念、伦理规范、道德观念及意识形态等非正式制度。

规范压力来源于正式的教育制度和专业网络跨组织扩展产生的规范性压力,包括专业化的职业规范、专业凝聚力、群体共识和专业团体对组织所带来的压力(宋铁波等,2012)。其核心思想是企业的行为受到外部利益相关者的规范、标准和期望的约束。组织为了适应组织领域内的职业化要求产生的规范性压力,需要调整内部机制,使其符合组织领域的公认行为规范以获得认可和支持(Larson,1997)。规范压力体现的是组织领域内各利益相关主体所认同的价值和规范。

模仿压力源于对不确定进行合乎公认的反应压力。当组织目标以及组织目标和结果之间的关系模糊不清时,组织就有可能模仿它所认为的具有合法性的成功组织的模式。模仿同形产生的相似性有助于企业获得合法性认可和声誉(DiMaggio and Powell,1983),而不单纯是为了实现技术和经济利益目的(Meyer and Rowan,1977)。Carpenter 和 Feroz(2001)指出,当组织面临无法做出最佳决策行为的模糊环境时,它们可能会模仿其他大部分组织或制度环境中被认为是成功组织的组织结构或行为;或是为了获取合法性竞争优势,企业寻求模仿或遵循其他企业行为(Deegan,2007)。

DiMaggio 和 Powell(1983)提出的这三种制度压力并非完全独立,而是相互关联的。首先,强制压力通过强制性奖惩机制约束企业行为,将对企业行为的预期逐渐转化为相应群体所持有的价值观和规范,形成规范压力,并逐渐被群体成员从认知方式上认可,形成"组织领域"内对普遍认可的行为进行模仿的模仿压力,外生性制度压力逐渐可能转化为内生性制度压力。其次,制度压力之间并非相互协调和同步,不同利益相关者有着各种期望和要求,对企业形成了不同的,甚至是相互冲突的制度压力。在面临多重制度压力的情况下,企业单纯的顺应某种制度压力可能会遭到其他制度压力的合法性批判。最后，从可见度来看，强制压力由于较多来自直观而可测的权威性法律或政策规定，其识别度、理解度和阐释力都较高，而规范压力和模仿压力则比较隐蔽，而这恰恰是本书的努力点和创新点，即试图明确影响我国企业社会责任信息披露质量的规范压力和模仿压力的统计变量。

第二章

企业社会责任信息披露的基本理论

利益相关者理论、合法性理论和制度理论是企业社会责任信息披露研究应用较为广泛的三种理论。这三种理论以其各自独特的视角,为企业社会责任信息披露提供了合理的解释框架,备受学者青睐。这三种理论既有各自的关注焦点,又有密切的内在联系,是企业社会责任信息披露重要的理论基础。利益相关者理论形成企业社会责任信息披露的研究起点(袁蕴,2007),指出了企业对利益相关者负有社会责任。合法性理论强调了企业披露社会责任信息的目标,企业披露社会责任信息是为了获取、维持或巩固其社会合法性。制度理论明晰了企业利益相关者施加于企业的各种形式的压力,以及合法性理论中所强调的社会合法性的表现形式,是企业社会责任信息披露的约束性解释。与利益相关者理论和合法性理论的应用程度相比,制度理论近期开始受到我国学者的关注,为人们理解企业社会责任信息披露相关问题,提供了一种不同于利益相关者理论和合法性理论的全新视角。

一、利益相关者理论

(一)利益相关者理论的核心观点

自 1984 年 Edward Freeman 经典性地提出企业关系包括所有"影响或被影响的"个体或群体后,认为企业有着一群庞大而集合的利益相关者,考虑更广泛的利益相关者的利益已获得商业实践的认可。利益相关者理论核心观点为"企业对界定清晰的利益相关者负有社会责任",主要阐述公司与环境的动态责任关系(Gray et al., 1996)和分析公司在平衡不同利益相关者的冲突中的能力(Roberts, 1992),注重企业对其利益相关者承担责任的义务,认为企业是一组基于社会共同体的契约关系，需要向股东、顾客、社区、员工等利益相关者承担责任，社会责任信息披露行为可以用来平衡满足不同利益相关者的利益需求，企业的成功取决于企业与关键利益群体的关系。尽管 Freeman 观点的初衷只是促进企业意识到利益相关者的需求以获得更优秀的业绩，然而利益相关者概念的提出符合了具有战略性意识的管理层的思维，促使组织开始从战略目标上考虑更为广泛的政策和行为。Frederikc（1988）将企业利益相关者分为与企业有着直接交易关系的直接利益相关者（股东、员工、债权人、消费者、竞争者、供应商等）和与企业有着非市场交易关系的间接利益相关者（政府、媒体、社会公众、社会组织等）。Clarkson（1995）将利益相关者分为对企业有决定性影响的主要利益相关者（股东、雇员、客户、供应商等）和对企业没有决定性影响的次要利益相关者（环保人士、特殊利益团体等）。

它的出现及时又年轻，富有争议而又如此重要（Laplume et al.，2008）。及时性表现在它及时地产生于组织已成为人们生活的主要制度构成和日益增长的有关组织不道德行为和损害自然环境的活动的报道的环境下；年轻性表现在该理论的一些主要观点仍然需要更多的实证验证（Jones，1995）；争议性表现在该理论质疑"利润追求是管理层的首要考虑"这一传统的组织单一目标，导致了许多学术辩论；重要性是因为其阐述长期以来被人们忽视的组织如何影响社会的重要问题以及工业发展与环境保护并重的可持续发展问题。由于利益相关者理论对传统企业价值观提出了根本不同的观点，它的支持者和反对者至今仍很难达成中间一致意见。然而，利益相关者理论的重要主宰性无需质疑，因为它从企业道德伦理上促使人们有更多思考（Weick，1999）。即使是它的反对者 Jensen（2001）也承认，理论相关者理论触动到大部分人们、家庭和群体最内心深处的情感。

（二）利益相关者理论的发展

随着以 Freeman 为代表的利益相关者理论的发展，利益相关者理论由最初的战略管理研究逐渐发展到组织理论研究、企业伦理研究、企业的社会管理研究，近期则广泛应用于企业可持续发展研究，经历了起步阶段（1984~1991年）、发展阶段（1991~1998年）和成熟阶段（1998年至今）三个阶段，分为描述性（描述组织如何行为）、规范性（指出企业如何正确行为）和实证性（企业行为如何影响业绩）三个应用方向，发展出概念定义、利益相关者行为和反应、企业行为和反应、企业业绩、理论争论等五个话题。在其发展过程中，利益相关者理论主要分为两个流派：伦理论和管理论。伦理论认为所有的利益相关者对公司如何影响他们的相关信息应具有同样的知情权，公司对所有利益相关者负有责任，没有特定群体具有信息优先权。管理论则认为不同的利益相关者具有不同的期望，与公司关系的疏近程度不同，应当根据他们的资源掌握度、执行力量及影响力的程度区别管理。例如，Podnar和Jancic（2006）发现在给定竞争性环境下，组织会发现他们自身处于一种"无法平等地对待所有的利益相关者和无法以同样的程度与他们交流"。Robert（1992）发现利益相关者权力、战略制定和经济业绩与企业社会责任信息披露相关，社会责任信息披露是企业管理利益相关者和组织环境的积极手段。利益相关者理论中管理论的发展极大促进了利益相关者理论在社会责任信息披露的应用，使人们意识到社会责任信息披露重点会因利益相关者不同而不同。

（三）利益相关者理论与企业社会责任信息披露

利益相关者理论对传统的企业利润最大化的观点提出了有力的挑战，强调了企业除了股东之外的其他不同利益群体的利益诉求，为企业社会责任行为及其经济后果提供了一个合理的解释框架，成为西方企业社会责任信息披露研究的重要理论之一。在中国，随着改革开放的深入，个体利益者对自身利益得失极为敏感，屡见不鲜的企业社会责任事件以及由此引发的对所有制、收入分配、环境等问题的重新思考，使得利益相关者理论在我国颇受青睐（肖斌、张衔，2011）。沈艺峰、沈洪涛（2003）指出，当利益相关者理论自身逐渐成熟之后，企业社会责任研究与利益相关者理论的全面结合为大势所向。虽然利益相关者理论的一些观点仍然需要更多的验证（Jones，1995），但利益相关者理论在组织研究领域的重要性无需质疑，因为它从道德推理上促使人们有更多思考（Weick，1999）。即使是它的反对者（Jensen，2001）也承认，利益相关者理论触动到大部分人们、家庭和群体最内心深处的情感。在现有文献研究中，从利益相关者需求的角度探讨社会责任信息披露的必要性、动机或经济后果的研究非常丰富，成为社会责任信息披露领域研究的重要理论。

二、合法性理论

（一）合法性理论的核心观点

合法性最早由韦伯（Max Weber）提出，是指被社会行动者所认可的状态，组织经营与结构内涵符合社会构建的规范、价值、信念和定义的体系；符合社会所支持或认可的风俗习惯和文化；符合国家政策法规的规范内涵，企业行为被认为是可取和恰当的，符合的一般感知和假定。合法性理论认为公司社会责任信息披露目的是证明其行为的合法性，自愿性信息披露是企业合法性程序的一部分。公司和公司经营所处的社会之间存在一种"社会合同"关系，这种合同代表社会对公司如何经营的多元化期望，当公司价值与社会价值一致时，公司获取合法性，当两者不匹配时，公司面临一定威胁和危机。公司的生存依赖于社会，其经营活动应当与社会价值体系保持一致。1975 年，Dowling 和 Pfeffer 分析组织的合法性及其过程，发现组织通过与具有强大合法性的符号、价值和制度的交流沟通来调整其产出、目标和方法与现行合法性保持一致，或试图改变社会合法性定义，使其适应现有组织活动。合法性理论为企业社会责任信息披露提供了一个重要的解释框架，也是政治学理论的重要理论之一。

（二）合法性理论的发展

在 Max Weber 提出的合法性概念中，合法性表达了现有统治系统的稳定性，合法性有三种形式：法理型统治（服从法律）、传统型统治（服从传统）和卡里斯马型统治（服从领袖）。合法性概念主要应用于政治学领域，成为研究国家政权成败兴衰等政治现象的重要概念，Weber 提出的"统治者有没有合法性"以及"统治者如何获得合法性"的问题，成为现代主义政治学合法性问题研究不可跨越的理论高峰。受韦伯影响，德国法兰克福学派代表人物尤根·哈贝马斯创见性地提出合法性危机——晚期资本主义合法性问题：以市场制度能确保等价交换和公平交换关系为基础的早期自由资本主义，在受到垄断资本的形成和垄断经营方式对市场规则的破坏后，旧有的合法性丧失，尽管国家干预经济系统以奠定国家合法性，晚期资本主义仍然面临国家权力丧失合法性的威胁。其他学者如利普赛特、阿尔蒙德、亨廷顿等也提出了对合法性的认识。总体来看，政治学中的合法性是指政治权力主体运用道德伦理、意识形态或法律强化自身政治统治，获得政治权利客体认同的能力以及其对权力主体的认同和服从。

20世纪60年代，政治学中的合法性理论被逐渐应用到社会学的组织研究中，形成组织合法性理论。Dowling和Pfeffer（1975）分析组织的合法性及其过程，发现组织通过与具有强大合法性的符号、价值社会和制度的交流沟通来调整其产出、目标和方法和现行合法性保持一致，或试图改变社会合法性定义以使其适应组织活动。Meyer和Rowan（1977）的研究则把文化认知因素加入组织合法性研究。DiMaggio和Powell（1983）的研究侧重于组织对规范和权威的遵从。在借鉴ALdrich和Fiol（1994）认知合法性和社会政治合法性两个合法性维度以及DiMaggio和Powell的"制度同形"观点的基础上，Scott（1995）将社会政治合法性细分为规制合法性和规范合法性，提出制度由规制合法性、规范合法性和认知合法性三大支柱构成。另一位代表学者Suchman（1995）指出合法性是"一个一般的理解或假定，即一个是实体的行为在某一社会结构的标准体系、价值体系和信仰体系及定义体系内是合理的、正当的和合适的"。与Scott维度命名不同的是，Suchman把政治合法性细分为实用合法性（企业活动需要符合企业直接利益相关者的利益需求）和道德合法性（企业活动需要受到肯定的评价），道德合法性又细分为结果合法性、过程合法性和结构合法性。Suchman和Scott的经典研究基本奠定了合法性维度的一致理解，成为主要基础理论。

（三）合法性理论与企业社会责任信息披露

大量西方文献研究（Deegan and Rankin, 1997; Buhr, 1998; De Villiers and Van Staden, 2006）支持合法性理论，认为该理论为社会责任信息披露研究提供合理的辩论。Hoopwood（2009）认为，社会责任报告可以增加公司合法性或展现公司一种新型的不同形象。社会责任信息是公司寻求合法性的战略手段。Pattern（2005）在对石油公司的研究中发现，公司通过披露更多的正面形象而不是负面消息来维持合法性。Cho（2009）发现企业通过提升形象、回避或偏移社会环境话题甚至采取消极或危害性活动来获取合法性。

与利益相关者理论在国内的广泛应用程度，以及合法性理论在国外研究的应用程度相比，国内基于合法性理论的企业社会责任信息披露研究并不是很多。马连福、赵颖（2007）从合法性理论视角，发现公司规模、经济绩效和行业属性是我国上市公司社会责任信息披露的重要影响因素。李诗田（2009）的博士论文《合法性、代理冲突与社会责任信息披露》，主要采用合法性理论分析合法性、代理冲突与社会责任信息披露之间的关系，发现合法性压力对上市公司社会责任信息披露水平有积极的影响。沈洪涛等（2010）从合法性角度发现国有控股股东，董事会规模，独立董事、监事会及审计委员会的设立，年轻和高学历的高管对企业社会责任信息披露水平有着不同程度的影响作用。王倩倩（2013）的博士论文《组织合法性视角下的企业自愿性社会责任信息披露研究》采用组织合法性理论，分析了我国企业自愿性社会责任信息披露的影响因素，发现企业规模、监管部门的法律法规压力、媒体压力和非营利性组织或行业协会的压力与企业社会责任态度、企业社会责任战略显著相关，企业规模、公众压力与企业社会责任信息披露总体概况显著相关。

三、制度理论

经济学认为市场、资源和竞争对企业行为和结果具有重要影响功能。来源于社会学并被广泛用于组织研究领域的新制度理论，跳离了传统的经济学观点，为理解企业社会责任的普遍性提供了极有价值的启示，也为理解组织和环境的相互关系和接受组织对制度过程的反应方式提供了独特视角，成为继合法性理论和利益相关者理论之后研究企业社会责任信息披露问题的重要理论之一，也是本书采用的主要理论基础。

在新兴转型经济国家中，企业的外部宏观制度要素和内部制度要素，相比于发展成熟和完善的发达国家而言，具有更大的可变性和可测性，更容易观察制度因素的变化对企业行为的影响。本书重点考虑制度理论在我国企业社会责任信息披露的应用，从而在现有利益相关者理论和合法性理论的理论基础上，为全面理解和解释企业社会责任信息披露现象提供多层次和多角度的理论基础。

（一）制度理论的核心观点

近年来，制度理论为理解组织和环境的相互关系和接受组织对制度过程的反应方式提供了独特视角，成为继合法性理论和利益相关者理论之后探讨社会责任信息披露相关问题的重要理论之一。制度理论认为组织嵌套于一系列从强制性政治监管到较少正式规范性压力范围内建立合法性的正式和非正式的规则中（North，1990）。其代表学者Meyer，Rowan，DiMaggio，Powell，Scott，Zucker等认为组织的制度环境对组织运作产生影响。企业制度环境既包括组织内部政策、管理、结构和规章，也包括组织外部法律法规。组织必须服从和适应制度环境以获取支持和合法性回报（Meyer and Rowan，1977）。如果组织的运作或内部结构调整符合制度规范的要求，即使这种运作或调整效率不高，组织也不会有生存问题。一旦组织的制度合法性发生危机，组织可能会出现生存问题或组织必须变迁。制度理论强调三个层面的认识：（1）从个体来看，组织个体对环境有认知程度和判断水平。管理人员和个体成员的教育背景和职业关联影响着其认知程度和行为决策（DiMaggio and Powell，1983）。（2）从组织来看，组织文化或准则影响着社会责任信息披露。一旦社会责任信息披露已经成为组织日常而重复的制度化事务，企业就会持续性披露社会责任信息，而不是基于外部压力所致（Zuker，1983）。（3）从组织和组织之间来看，制度压力来自不同群体，不仅包括政府机构、职业团体，还包括利益群体和公共舆论（Oliver，1991），为了生存，组织遵从于已被广为接受的社会规范和行为；为了资源，组织会同它所处的外部环境里控制资源的组织进行活动，产生组织对其他组织的依赖性（虞维华，2005）。

制度理论包括两个层面：去形和同形。去形是指组织脱离相同实践行为的求异性（Carruthers，1995）。同形是组织采取的趋同实践行为（Dillard et al.，2004）。同形过程包括三个方面：强制、模仿和规范（DiMaggio and Powell，1983）。强制同形是指受组织所依赖的利益相关者施予的正式或非正式压力（强力、说服或邀请共谋）的影响，组织行为实践的趋同性。由于来自规则和各种社会经济政治制度压力和有影响力的包括外方投资者、政府、监管机构、非政府组织、母公司等利益相关者的强制性机制对企业社会责任及其信息披露产生巨大影响，社会责任信息披露表达了经济、社会、环境和道德价值以及有影响力的利益相关者的期望和关注，因此强制同形与政治影响及其利益相关者理论中的管理论密切相关。模仿同形是指由于周围环境的不确定性，组织模仿其他组织的合法性或更成功的行为。如同一行业协会的企业由于在目标或价值观上具有共性，会表现出行为模仿性，组织跟随或模仿其他组织的某种创新以保持组织合法性或竞争优势（Unerman and Bennett，2004）。规范同形是指来自职业团体的规范期望要求而采取的行为。职业团体是指一类职业成员的集合体，他们定义某职业的规范要求和行为实践来建立职业认知基础。这种同形有两类影响来源：教育机构和职业社交（DiMaggio and Powell，1983）。组织 CEO 或高管人员的认知对下属的影响也是规范压力的重要来源（Scott，2001）。企业文化和经营实践，以及个人经验和价值观，也影响着公司披露社会责任信息的意愿（Amran and Haniffa，2010）。

（二）制度理论的发展

早期的制度理论被应用于经济学、政治学和社会学。经济学中的有关制度的最早讨论源于 19 世纪晚期德国历史学派与奥地利经济学派之间的"方法论之争"。以 Gustav Svhmoller 为代表的德国历史学派认为经济运行置身于由一系列文化和历史力量决定的社会框架之内。其后，制度经济学家 Thorstein Veblen，John Commons 和 Westley Mitchell 进一步继承和扩展了历史学派的思想，批判传统经济学的虚假假设模型和其对历史变化的漠视。强调制度理论在政治学的应用以制度法律和道德哲学为基础，强调了影响特定治理结构的法律框架和行政性安排的作用。

March 和 Olsen（1984）提出"新制度主义"一词，从脱离了旧制度理论强调的法学主义、结构主义、整体主义、历史主义和规范性分析（Peters，1999），转向国家体系的政治结构分析（state - centred political analysis）。新制度理论广泛应用于经济学、政治学和社会学领域中。新制度经济学理论关注经济交易中规章形成的规则治理体系，包括宏观的经济或行业运行结构和微观的组织管理结构。新制度政治学理论分为两个阵营：历史论和理性选择论。而在新制度社会学研究中，Meyer 和 Rowan（1977）以及 Zuker（1977）的文章正式标志着制度理论在社会学的研究应用。其中 Meyer（1977）的两篇文章：《教育作为制度的效力》和《制度化的组织：一种神话和庆典的正式结构》开创了有别于以 Selznick 为代表的旧制度学派的组织研究新制度学派。Meyer 和 Rowan 认为现代社会许多制度化的规则与模式为正式组织提供了框架。Zuker 则强调组织的微观功能，强调认知信仰对行为的塑造作用。DiMaggio 和 Powell（1983）、Meyer 和 Scott（1983）则进一步发展了制度理论在社会学研究中的应用。DiMaggio 和 Powell 指出制度通过强制、模仿和规范机制在组织领域里发挥作用，结构同形是竞争和制度过程的双重结果。Meyer 和 Scott 指出组织同时受到技术和制度力量的影响,一些组织受其中某种影响更大。

(三) 制度理论和制度压力

就本质而言,制度压力就是组织如何获取合法性的问题(刘洪深等,2013)。长期以来,深受古典经济学"自由理性选择"思维的影响,制度被单纯看作是企业的外部运营环境。而组织社会学的制度理论认为制度对个体和集体行动者来说不再是一种约束,而可以是一种动力。组织社会学的制度理论明确划分了制度的三个支柱(管制、规范和认知),提出了"制度同形"的概念,指出企业生存和发展是为了获取合法性,而这三个方面形成了制度理论对企业战略研究的主要贡献。其中,"合法性"是制度理论的核心思想。合法性是指在一个由规范、价值、信念和定义组成社会的体系中,对一个实体的行为被认为是符合期望的、恰当的或者是合适的一般感知和假定。"合法"不仅是指对法律、法规和准则等的遵循,也包括对共享价值观、行为逻辑等认知方面的认可。合法性基础分为三类:强制性奖惩基础上的合法性、价值观和规范遵从基础上的合法性和共同理解基础上的合法性。前两种合法性基础关注外生性合法性压力,后者则强调以社会为中介的共同框架下个体和组织内生性合法性动力。以强制性奖惩为基础的合法性通常以权威机构颁布的政策和法令为主。遵从为基础的合法性,价值观和规范遵从基础上的合法性以惯例和非强制性的标准为主。共同理解为基础的合法性通常以认知范式和行动脚本为主。"合法性"指出了企业为了生存和发展,必须考虑在特定的外部和内生合法性制度压力下基于组织自身能力而采取的策略。可见,制度理论强调了组织为了服从合法性机制所带来的制度压力,采用广为接受的组织形式和行为获取合法性认可的过程。

(四) 制度理论和企业社会责任信息披露

制度理论被广泛应用于管理会计、审计和会计职业团体发挥的作用和准则制定过程的研究中。在近期,制度理论开始被应用到社会责任信息披露影响因素研究中(Chih et al., 2010; Jackson and Apostolakou, 2010; Chen and Bouvain 2009; Campbell, 2007)。一些学者指出,制度理论能更好地解释社会环境信息披露,在解释社会责任信息披露方面具有巨大潜能(Rowe and Wehrmeyer, 2001; Milne and Patten, 2002),尤其在具有较大不确定性、模糊性和不稳定性制度框架的新兴转型经济国家（Welter and Smallbone，2011），研究者应该超越单个企业的利益分析，从组织领域层次的认知、规范、管制等社会同构性压力来看待企业的社会行为（Marquis，2006）。Adams（2007）认为，与合法性理论相比，制度理论可以更好地解释社会环境信息披露，社会责任报告在一些情况下可能是更为一般化的社会环境或意识制度化的结果。为解释组织内外部行为提供了多层次的理论角度分析（Aguilera et al.，2007）。在理解组织如何应对周围不断改变的社会和制度压力和期望以维持其合法性方面，制度理论是合法性理论和利益相关者理论之外的最好解释和补充（Deegan and Unerman，2006）。

制度理论更多地考虑企业所嵌入的环境背景，成为考察社会责任问题时有用的角度，有助于揭示管理者在合法性压力和不确定性下的信息披露决策行为及制度化过程（沈洪涛和苏亮德，2012），在未来十多年内将成为国际社会科学界最为热门的研究领域之一（郭毅等，2007）。国内最新的研究也开始从制度理论角度分析环境信息披露、环境保护或企业社会责任的动机（沈洪涛和苏亮德，2012；李怡娜和叶飞，2011；郝云宏等，2012；张婧和杨慧，2012；肖华等，2013；陶岚和郭锐，2013；姜雨峰和田虹，2014 等）。如沈洪涛和苏亮德（2012）认为基于制度理论的企业环境信息披露研究有助于揭示管理者在合法性压力和不确定性下的信息披露决策行为及制度化过程。企业社会责任的行为逻辑是基于制度理性的行为逻辑，是一种制度逻辑（郝云宏等，2012）。企业社会责任是市场经济条件下利益相关者对企业逐利行为进行非正式约束的一种必然的制度选择（苏冬蔚和贺星，2011），中国政府强制性的环境法律法规和竞争压力对企业绿色环保实践有显著正向影响（李怡娜和叶飞，2011），规制、规范和认知压力对企业社会战略反应和企业社会绩效有正向影响（沈奇等，2012）。

四、理论之间的渊源和融合

（一）理论之间的共性和区别

合法性理论和利益相关者理论均假设公司通过相关披露对其他组织产生影响。组织是广泛社会系统的一部分，它们影响社会系统内的其他组织，也被其他组织所影响。制度理论则提出组织、结构、文化、规范、习俗如何构成社会行为的问题。三大理论的共同之处在于它们均指出了组织存在外部压力，组织的存在受到外界环境认知的影响。只是不同理论有着不同的外部压力的界定。利益相关者理论认为外部压力来自影响组织同时也被组织影响的利益相关者，他们具有影响组织的权力、合法性和显赫的重要性（Mitchell et al.，1997）。合法性理论认为外部压力为相关的社会公众，他们通过资源提供和社会认可影响组织。合法性理论从宏观概念的基础上认可不同利益相关者的需求差异。制度理论认为外部压力是促使组织趋同的制度压力（DiMaggio and Powell，1983；Scott，1991），通过规范、强制和模仿三种制度机制影响企业行为。

（二）理论之间的渊源和重叠

虽然这三大理论分析问题的角度不同，却有着密不可分的渊源关系和重叠关系。首先，合法性理论和利益相关者理论均来源于社会政治理论，认可组织和其经营环境之间的关联关系，组织是社会的一个组成部分，两者之间存在契约关系（Patten，1992）和互补关系（Deegan，2002）。其次，利益相关者理论实质上仍是合法性理论的延续，利益相关者理论不仅考虑社会整体，更是关注特定利益群体，两种理论有着一定的重叠之处（Gray et al.，1995a；Deegan，2006）。最后，合法性理论根植于制度理论和社会经济研究。组织只有遵从周围的制度环境，才能获得资源、稳定性和生存前景。合法性不仅是一种战略，本质上也是一种制度（Milne and Patten，2002）。组织合法性过程是组织和制度环境的相互协调的过程。

（三）理论之间的互补和融合

合法性理论、利益相关者理论和制度理论为社会责任信息披露研究提供多元化研究角度，构成了社会责任信息披露研究文献中的三大基础理论。每种理论都有其独特的研究角度和理论逻辑，有大量的实证研究辅佐其观点。但由于社会责任信息披露具有多面性，单纯依靠一种理论或一种方法无法完全解释复杂的社会责任活动，没有一种理论可以完全取代其他理论进行研究。单纯的经济学理论无法解释企业的复杂现象。企业作为一个与外界交换的开放性系统，需要从外界中获取资源，而这些资源的分配取决于不同的利益相关者，不同的利益相关者的期望转换为不同的制度压力，合法性实质上是满足掌握企业生存和发展所需资源的关键利益相关者的期望。这三种理论相互补充融合，奠定了企业社会责任信息披露的基本理论。

第三章

我国企业社会责任信息披露的发展历程和制度背景

企业社会责任报告作为企业对外披露社会责任信息的主要途径，近年来在编制和发布方面取得了飞跃式的发展，日益得到实务界和理论界的关注。在我国经济转型阶段过程中，我国企业社会责任信息披露的发展受到哪些制度供给条件的影响呢？本章分为两部分。第一部分分析我国企业社会责任信息披露的发展历程，了解我国企业社会责任信息披露在发展过程中受到的政府政策影响和企业自身的实践行为。第二部分分析我国企业社会责任信息披露发展的制度背景，从企业社会责任信息披露的制度供给、影响信息披露的关键制度角色和我国企业社会责任信息披露发展的制度环境特征三个方面，分析我国企业社会责任信息披露的制度背景。

一、我国企业社会责任信息披露的发展历程

研究表明，企业社会责任信息披露主要受会计规章制度、政府作用、民族文化等影响。许多国家以法律明确规定企业社会责任。如英国制定《工作和健康安全法》《就业保护法》《公正贸易法》《水资源安全及质量法》等规定企业对职工、消费者和环境的责任和应披露的内容。美国在推行企业社会责任过程中，产生了许多促进企业社会责任行动的司法标准，已有近30个州相继在公司法中加入公司社会责任内容。法国的《诺威尔经济管制条例》要求第一股票市场上市公司从2002年开始，在年度财务报告中披露劳工、健康与安全、环境、社团权利、人权、社区参与等信息。学术研究也是促进企业社会信息披露发展的中坚力量。20世纪70年代，美国会计师协会和美国会计学会成立了社会项目的效果计量委员会、组织行为环境学术委员会、社会成本委员

会、社会业绩会计委员会、企业社会行为会计委员会等五个专门组织,对社会责任的确认、计量和报告进行研究并发表了各自的研究报告。1980年,英国会计准则委员会(ASSC)出版《公司报告》,鼓励公司编制增值报告、就业报告、公司前景表、公司目标表等一系列社会报告,以满足股东以外的、关心企业发展状况的社会各界的信息需要。就企业自身而言,进入21世纪以来,许多跨国企业由过去的以纯粹利润为导向的竞争逐步演变成包含环境和社会责任的全面综合竞争,他们意识到出色的社会责任工作会提升企业综合竞争力,开始自愿披露企业或组织对于其活动、产品和服务所产生的经济业绩、环境业绩和社会业绩等非财务信息。而我国自2006年国家电网发布我国企业的第一份社会责任报告起,截至2015年,已有近2000家企业发布企业社会责任报告,引起社会各界广泛关注。

总体来看,企业社会责任信息披露是企业社会责任发展的重要内容。企业社会责任报告已成为企业主动履行社会责任和自觉接受社会监督的标志,成为企业社会责任信息披露最新趋势。鉴于此,本部分从政策法律环境、企业实践方面梳理我国企业社会责任信息披露历程,总结我国企业社会责任信息披露发展趋势。

二、政策法律环境

(一)政府方面

到目前为止,我国并没有关于社会责任信息披露的正式法律或法规。我国第一部对企业环境信息公开有要求的法律是《中华人民共和国清洁生产促进法》,该法第17条指出,省、自治区、直辖市人民政府环境保护行政主管部门,可按照促进清洁生产的需要,根据企业污染物的排放情况,在当地主要媒体上定期公布污染物超标排放或者污染物排放总量超过规定限额的污染严重企业的名单,为公众监督企业实施清洁生产提供依据;第31条指出,列入污染严重企业名单的企业,应当按照国务院环境保护行政主管部门的规定公布主要污染物的排放情况,接受公众监督。

2006年1月,《中华人民共和国公司法》修订案总则第五条首次明确企业应承担社会责任,规定"公司从事经营活动,必须遵守法律、行政法规,遵守社会公德、商业道德,诚实守信,接受政府和社会公众的监督,承担社会责任"。2008年1月,国务院国有资产监督管理委员会(2008)1号文《关于中央企业履行社会责任的指导意见》第18条规定:"有条件的企业要定期发布社会责任报告或可持续发展报告,公布企业履行社会责任的质量、规划和措施,完善社会责任沟通方式和对话机制,及时了解和回应利益相关者的意见建议,主动接受利益相关者和社会的监督。"2008年的履责指导意见,开启了中央企业履行社会责任的新征程,不仅使中央企业迅速走在中国企业社会责任发展的前列,同时也带动中国企业社会责任进入一个蓬勃发展的新时期。2016年7月1日,国务院国资委发布了《关于国有企业更好履行社会责任的指导意见》,这是继促进国有企业履行社会责任的又一里程碑文件。

2015年,国家质量监督检验检疫总局、国家标准化管理委员会正式批准发布GB/T 36001—2015《社会责任指南》、GB/T 36001—2015《社会责任报告编写》、GB/T 36002—2015《社会责任绩效分类指引》三项国家标准,是中国社会责任领域的一大里程碑,标志着我国在国家层面对如何推动社会责任工作已经达成共识,社会责任从起步阶段到实质的深入发展阶段。

此外,中国工业经济联合会、中国纺织工业协会等协会组织也纷纷发布行业社会责任指南、建设企业社会责任管理体系。总体而言,虽然在社会责任信息披露方面,我国并没有出台正式法律或法规,但至少有多部法律法规与企业社会责任相关,形成了企业履行社会责任的法律基础和底线。

(二) 中国证监会

中国证监会在社会责任信息披露的法规方面,一直起着重要的推动作用。1997年中国证监会发布"关于发布《公开发行股票公司信息披露的内容与格式准则第1号(招股说明书的内容与格式)》的通知",1999年发布"关于发布《公开发行股票公司信息披露的内容与格式准则第6号〈法律意见说明书的内容与格式〉(修订)》的通知",对企业经营活动是否符合环保要求,是否有违反环保方面的法律、法规而被处罚等环境信息的公开作了要求。2001年3月,中国证监会发布《公开发行证券的公司信息披露内容和格式准则第1号(招股说明书)》和《公开发行证券公司信息披露编报规则》。2002年证监会颁布《上市公司治理准则》,第86条对上市企业环境信息公开作了初步要求,首次明确提出"公司社会责任",并规定上市公司应关注所在社区的福利、环境保护、公益事业等问题,重视公司的社会责任。

(三) 证券市场

我国的深圳证券交易所和上海证券交易所在上市公司社会责任信息披露方面，一直起着积极的引导作用。2004 年深圳证券交易所开始着手起草有关社会责任的文件，2006 年 9 月 25 日发布了鼓励性文件《上市公司社会责任指引》，从"股东和债权人权益保护""职工权益保护""供应商、客户和消费者权益保护""环境保护与可持续发展""公共关系和社会公益事业""制度建设与信息披露"等方面明确上市公司社会责任范围和披露格式，确定了较为规范的社会责任披露格式。在《上市公司社会责任指引》发布后，深市主板约 500 家上市公司发布 2007 年年报时，有 21 家公司公布社会责任报告或者进行专门的披露。2008 年 1 月 2 日，深市与泰达联合，选取与环保相关的 10 个行业中的 40 家上市公司，推出国内资本市场第一个社会责任指数——泰达环保指数，鼓励上市公司除了注重经济效益目标外，还要关注环保、可持续发展以及社会责任目标。

上海证券交易所在积极推动上市公司履行社会责任方面制定了一系列类似政策。2008 年 5 月 14 日，上海证券交易所发布《关于加强上市公司社会责任承担工作的通知》（以下简称《通知》）以及《上海证券交易所上市公司环境信息披露指引》（以下简称《指引》）。《通知》要求各上市公司增强社会成员责任意识，根据所处行业及自身经营特点，形成符合本公司实际的社会责任战略规划及工作机制，并首次提出"每股社会贡献值"概念。《指引》第三条鼓励公司及时披露公司在承担社会责任方面的特色做法及成绩，并披露公司年度社会责任报告。同年 12 月 31 日发布《关于做好上市公司 2008 年年度报告工作的通知》要求公司治理板块样本公司、发行境外上市外资股的公司以及金融类公司这三类沪市公司必须披露履行社会责任的报告。2009 年 1 月 9 日，上交所 2008 年年报工作备忘录第一号提供了履行社会责任的报告格式以及董事审议社会责任报告的工作底稿。在上交所的积极引导下，2008 年共有 290 家上市公司披露了包括"可持续发展报告"和"企业公民报告"在内的社会责任报告。有 12 家公司聘请中介机构对报告进行了验证，有 76 家公司在报告中披露了每股社会贡献值。反映出在社会责任信息披露方面，越多的上市公司走出了尝试的积极步伐。

由此可知，我国政府和中国证监会正通过相关法律、文件、通知等方式积极推动着我国企业社会责任及其信息披露的不断成熟和完善。一些相关法律法规，如《环境保护法》《产品质量法》《消费者权益保障法》《企业法》《劳动法》《工会法》《消费者权益法》等也从各自不同角度规定了企业必须履行的社会责任内容。政府相关部门正站在外部监督者的角度，逐步采取措施引导企业社会责任的落实和披露。

三、企业社会责任信息披露实践发展

（一）总体来看

（1）企业社会责任信息披露的萌芽阶段（2000年前）。

在该阶段，企业社会责任意识薄弱，通常不披露社会责任信息或披露不全面。在会计处理过程中，与企业社会责任有关的问题通常只作为常规的财务会计问题处理，没有单独归纳到与企业社会责任相关的信息中。如按环保机关规定交纳的排污费，只计入管理费用中；对职工集体福利、职工社会统筹保障金等只计入相关成本费用；对社会公益和社会福利事业的赞助和捐赠，只计入营业外支出。这就导致企业虽承担了社会责任，但相关信息却没有体现出来，给公众了解及评价企业社会责任的履行状况带来了信息误解。

（2）企业社会责任信息披露的早期阶段（2000~2010年）。

在该阶段，企业社会责任信息披露质量较差，披露差异较大，主要呈现两个特征：一是社会责任信息披露的内容以环境信息为主，即把公司各种活动对环境产生影响的信息向外部社会披露。披露方式主要体现在公司年度报告中的"管理层分析与问题讨论"部分。二是社会责任信息披露自愿性、规范性不强。首先，企业的社会责任信息分散穿插于企业财务报告中，并没有形成自成一体的独立报告。其次，社会责任信息披露仅停留在自发原始阶段，既不规范又不完整，披露也无规律可循（刘长翠，2006）。有意识披露社会责任信息的公司少，真正自愿披露的企业更少；披露的连续性差。个别企业有连续披露的发展趋势且披露逐年详尽，社会责任信息披露的内容差异大。

（3）企业社会责任信息披露的逐步完善阶段（2010年后）。

在该阶段，受政府的政策引导和中央及地方各级政府职能部门发布的系列文件影响，企业社会信息披露规范性逐步增强，社会责任信息披露进入尝试和探索阶段，主要标志为企业发布的社会责任报告或可持续发展报告或环境报告书。据中国社会科学院社会责任研究中心的《中国企业社会责任报告白皮书（2015）》的调查，2006年我国发布企业社会责任报告的公司数量仅为32家，截至2015年已达1703家，有12家企业已经连续第10次进行了发布，连续第7次发布企业报告的数量最多，达192家，占了发布报告企业总量的23.4%。可见，越来越多的企业正在以积极的态度学习和借鉴国际上的有关社会责任信息披露的原则、标准和指南。企业社会责任报告已成为许多上市公司年报之外的非财务报告，是目前企业社会责任信息披露的最新模式。社会责任信息披露由分散、不规范、不完整、无规律披露方式向集中、规范、完整、有规律独立报告披露的过渡正在形成。

（二）企业其他方面

（1）企业自愿披露程度。我国企业自觉履行和披露社会责任的程度与西方发达国家差距较大，上市公司自愿披露水平较低，大部分企业在业务发生时才予以披露。但随着《公司治理准则》及披露公司治理信息等规定在2001年和2002年的出台，以及深交所的《上市公司社会责任指引》的颁布和泰达环保指数的正式发布，上市公司自愿披露的程度逐渐改观，跨国公司、外资企业或公司规模大、经营效益好的企业社会责任履行情况和披露情况优于效益差的企业。

（2）企业性质。目前我国发布社会责任报告的企业主要是500强的大企业和国有企业。《中国企业社会责任报告白皮书（2015）》指出，从企业性质来看，连续5年来国有企业都是社会责任报告发布的主力军。2015年共有600份报告为国有企业发布，民企和外企发布的报告数量分别占比33.2%以及8.4%。相对于民营企业，受财力、人力、物力、管理、技术以及国家支持和行业特殊的性质等方面影响，发布社会责任报告的国有或国有控股企业社会责任报告意识普遍浓厚，在社会责任信息披露意识、内容、模式等方面起到较好示范作用。

（3）企业行业分布。2006年以前发布社会责任报告的企业主要集中在制造业，但2006年逐渐延展至能源、冶金、金融等，2007年行业进一步扩大至食品、传媒、网络、房地产、汽车、电子、机械等行业。到2015年，披露社会责任报告的行业广泛分布于47个行业中，其中混业企业以及机械设备制造业的企业数量，比其他行业稍微领先（中国企业社会责任报告白皮书，2015）。另外，我国企业社会责任报告由具有国家垄断地位的通信、电力、石油等行业率先发布，这与其特殊地位、盈利能力、声誉状况有一定的关系。另外，企业的具体社会责任内容与行业特点结合比较紧密，不同的行业其社会责任内容的重点和特点有很大的不同，如石油行业社会责任披露内容以污染防治、自然资源维护为主，制造业多以慈善捐助、教育事业为主，保险、房地产业以社区贡献为主。

（4）独立审验。在企业发布社会责任报告的同时，社会逐渐开始关注其公信度。但企业社会责任信息披露在中国尚刚刚起步，企业对报告的第三方审验价值还不了解，对审验机构也不熟悉，企业社会责任报告审计多以专家和学术机构为主，独立第三方审验的比例较低。出现这种情况的原因有：第一，专家点评类型鉴证报告这种方式审验方便快捷，成本较小，企业只须寻找一个或几个社会责任研究权威人物写一份评价。这种方式的社会责任审验方便快捷，成本较小。第二，2010年中国企业社会责任报告评级专家委员会正式成立，颁布了《中国企业社会责任报告评级标准》。因此从2011年开始，央企发布的2010年度社会责任报告中，出现了以中国社会科学院经济学部企业社会责任研究中心为审计主体的评级报告。与专家点评相比，学术机构评级报告的可读性和公允性更高，企业倾向选择这一研究中心来审计社会责任报告。第三，在样本报告中，以国际第三方认证机构为主体的鉴证报告较少，只有少数企业的社会责任报告进行了国际第三方的认证，主要原因是第三方独立验证机构审验耗时长，审验成本高。审验单位主要为挪威船级社（DNV）、劳式质量认证（上海）有限公司（LRQA）、必维国际检验集团（BV）和德国汉德技术监督服务有限公司（TUV NORD）。可见，中国企业还处于发布社会责任报告审验的起步阶段，形成一个成熟完整的发布—核证的信息披露体系还需要一个漫长的过程。

此外，从2006年开始，以"企业社会责任"为话题的国际和国内论坛纷纷展开，对企业社会责任问题从多角度和多领域进行了诸多主题讨论，中国企业学习国际企业社会责任知识的热情与行动速度由此可见一斑。论坛举办地多以北京、广州、上海和江浙等地区为主，这些地区改革开放领先于全国，对外交流广泛、经济发展速度快、经济综合实力较强。可见，改革开放的前沿阵地和外向型经济发展较快的地区，企业对社会责任问题的关注都比较早。

从以上分析可看出：第一，随着我国经济发展水平的提高，政府和相关机构出台的政策积极促进了企业社会责任信息披露的完善，企业社会责任信息的披露逐渐具备了较好的制度环境。第二，我国企业社会责任意识逐渐增强，社会责任信息披露已由早期的分散、不规范、不完整、无规律披露方式逐渐向集中、规范、完整、有规律的独立报告披露转变。以上方面相互渗透，相辅相成。外部的法律、法规和制度的强制性要求以及政府和社会各界引导促使企业主动承担社会责任和进行相关披露。而企业的社会责任信息披露又为政府、专家、学者了解企业社会责任状况提供了机会，从而提出改进意见和建议，促进企业社会责任信息披露机制的完善，提高企业社会责任整体水平。

但是强化企业的社会责任信息披露意识和行为，还需要多方面的努力。对于政府和相关监管部门来说，由于社会责任相关法律尚未颁布，难以量化和规范企业社会责任信息披露的可比性、可信性和可检验性。因此须加强企业社会责任信息披露机制的法制建设，以法律形式约束和规范企业经济行为，颁布企业社会责任信息披露的指南和手册以提高企业操作性。对于学术界来说，在借鉴国外现有研究成果基础上，加强学术研究，深入了解企业实际情况，为企业提供有理论支持的基础的指导建议。对企业而言，尽管企业发布企业社会责任报告的动机复杂多样，报告内容也各不相同，但企业承担社会责任已经势在必行，企业社会责任及其信息披露的管理任重道远，企业必须转变经营理念和增加社会责任理念，在科学发展观指导下，抓住契机，促进企业和社会的可持续发展。

四、我国企业社会责任信息披露发展的制度背景

（一）企业社会责任信息披露的制度供给

制度理论认为，组织除了追求效率以外，还有其他的目标。制度条件影响企业的动机和决策偏好，企业的行为是在既定制度环境下适应环境的理性选择（周中胜、何德旭、李正，2012）。企业社会责任反映了企业三种目标的集合：环境的保全、社会的公正和经济绩效的繁荣（Bansal，2005），而这种目标离不开企业的制度环境。企业制度环境既包括组织内部政策、管理、结构和规章，还包括组织外部法律法规，它们为维持一个稳定的体系提供了条件和限制，并通过调控社会关系来维持现有价值模式的一致性和连贯性。我国企业社会责任信息披露的发展，受到经济、法律和文化等方面的制度供给条件的影响。经济方面的制度供给形成了刚性制度条件，法律和文化方面的制度供给形成了软性

制度条件，它们相互影响、相互促进，共同构成我国企业社会责任信息披露发展的制度环境。

1. 经济方面的制度供给——刚性制度条件

(1) 经济发展水平。

追溯社会责任的起源可发现，当国家生产力及社会发展到一定阶段，企业社会责任才得以被考虑和重视。在西方发达国家，经济发展和社会进步使消费者、投资者、非政府组织等利益相关方，对企业增强履行社会责任的透明度和问责制有着普遍要求，企业的发展越来越依赖于除货币资本之外的多种资源的相互耦合与共生（沈戈、徐光华、王正艳，2014）。而发展中国家的企业可能大多仍难以摆脱资金短缺困境和对资金长期渴求的欲望，偏重对经济利益的片面追求，企业社会责任的发展多处于萌芽起步阶段。根据毕马威2011年全球企业社会责任报告的调查，在衡量社会责任报告成熟度的象限模型图中，处于领先群雄象限区域的为大部分欧洲国家的企业，而处于起点落后或步入正轨象限的多为南非、中国、罗马尼亚等发展中国家。而在其2013年全球企业社会责任报告的调查中，经济较发达的美国和欧盟国家的企业发布社会责任报告的数量比例仍居榜首。可见，国家或地区的地域经济发展水平，影响着不同地区的企业社会责任信息披露水平。

我国的企业社会责任信息披露水平的发展，同样受到地区经济发展水平的影响，主要体现在两个方面：第一，企业社会责任兴起于以广东为代表的对外开放较早、经济较为发达的东南部沿海地区。这些地区多以劳动密集型出口加工企业为主，在工资薪酬、劳动条件、安全健康、环境保护等方面，国际采购商或国外投资商对其有较为严格的社会责任"查厂"审查。这种生产守则的制度化使企业从道德层面到行为层面，较早对企业社会责任有了直接认识，也促进了当地学术机构（如深圳当地社会观察研究所、广东省企业社会责任研究会等）对企业社会责任问题的较早关注和研究。第二，经济发展水平较高的地区，企业社会责任信息披露程度和披露质量相对较高。我国经济较为发达的东部地区企业社会责任信息披露质量水平最高，其次为中部，西部地区披露水平较差（谢建、邵芬芬、孙素侠，2012）。崔清泉等（2013）同样认为，我国经济发展水平较高的地区，自愿发布社会责任报告的意愿比西部欠发达地区强烈。

(2) 市场竞争程度。

市场竞争程度会影响企业社会责任的履行意愿和质量。一些学者发现，与处于正常竞争程度企业相比，处于强竞争行业的企业和处于弱竞争行业的企业趋向更少捐赠（卢正文、刘春林，2011）。上市公司所处行业竞争程度越小，资源越集中，企业市场力量越强，所产生高额的利润为企业社会责任支出创造了条件，企业社会责任水平越高（刘小霞、江炎骏，2011）。在竞争激烈的市场，狭小的利润空间使企业无暇顾及社会责任，可能会出现苛刻薪酬、假冒伪劣、污染环境、唯利是图等不道德行为。而在竞争程度相对缓和的市场，企业的生存和资本的积累相对容易实现，企业可能更希望通过公益活动、关爱员工、保护环境等社会责任行为来提升社会对企业的认知度，加强内部员工的凝聚力，以促进企业的长期可持续发展。

目前，我国发布社会责任报告的企业主要为央企和国有企业。根据《金蜜蜂2013中国企业社会责任报告研究》和2010年《企业社会责任蓝皮书》的研究，领袖型企业报告质量较高，明显优于成长性企业，央企社会责任报告质量较高，明显优于报告总体水平；国有企业的社会责任指数领先于民营企业和外资企业。央企受到国家改革和产业政策所形成的行政性垄断的支持，市场竞争环境相对宽松，并且央企作为我国国民经济的重要支柱，多由涉及国家经济命脉的国有企业改制而来，资本发展成熟，为企业履行包括社会责任在内的企业多重战略目标，提供了较充裕的可支配资源和经济基础，因而有较好的条件来披露质量更高的社会责任信息。国有企业则处于私人物品和公共物品的过渡地带，具有追逐利润的企业特性和非营利性的社会功能，这决定了国有企业在提高经济效益的同时，还具有提高资源利用效率、减少排污和保护环境的社会责任（卢现祥、许晶，2012），这种制度安排使国有企业有更多的政治压力来履行社会责任并提高信息披露水平。与此相反，受我国"抓大放小""重公轻私"政策的影响，和国有企业凭借其特殊地位尤其是行政性垄断获得资源的无偿或低价使用、贷款等诸多方面的优惠相比，我国中小企业、民营企业和私人企业在政策扶持、融资条件等方面处于劣势，失去了平等竞争的机会，多处于市场竞争激烈的资本积累和规模扩张阶段，导致"不能""不知"和"不愿"履行社会责任和信息披露（靳秉强、胡月敏，2011），其信息披露质量水平相对较低。

（3）企业经济业绩。

自愿性社会责任信息披露往往建立在经营者成本收益比较的基础上，受限于其拥有的经济资源。企业的经济层次决定了它所占用的资源、行为方式

（赵英会，2010）。社会责任信息披露有其一定的费用支出，社会责任信息披露所带来的潜在收益往往滞后于其成本耗费，实现过程长，因果关系不明显，这就导致企业是否披露社会责任信息及披露水平的高低，是公司充分考虑自身盈利能力、权衡利弊得失后理性选择的结果。与经营业绩较差的企业相比，经济业绩好的企业往往有较雄厚的经济基础去从事社会责任活动，而经济业绩较差的企业致力于自身经济状况的改善，社会责任实施及披露的成本可能已超出其意愿范围，违背了企业逐利的天然首要本质。

我国发布社会责任报告的公司以大型国企、中央企业和上市公司为主，这些公司财务业绩相对较强，经济实力雄厚。中央企业和大型国有企业历经国有资本调整和国有企业重组的战略性调整，多为竞争力较强的各行业规模超大的龙头企业或垄断行业，涉及国家安全、重要公共产品和服务行业、支柱产业等重要行业和关键领域，企业承担社会责任及其信息披露的经济可行性更高。上市公司在公司股本、公司治理、盈利能力、信息披露等方面和非上市公司相比有着更苛刻的条件和标准，如果企业经营不稳定、效益不突出或亏损，将面临退市风险。一些上市公司为行业佼佼者，盈利能力较强。上市公司的整体经济基础优于其他公司，这决定了上市公司在社会责任信息披露方面具有更高的经济可行性。众多实证性研究已证实，经济业绩作为一个重要的公司特征变量，对我国上市公司社会责任信息披露有正向影响，利润较高的公司不仅披露社会责任信息的意愿更强，而且披露水平要高于利润较低的公司。

2. 法律和文化方面的制度供给——软性制度条件

（1）法律供给。

制度理论认为，组织处于一个社会构建的规范、价值和信念的体系中，通过取得、维持和修复组织与社会之间的关系或契约（Suchman，1995），获取一种恰当的、合适的一般感知和假定。在这个过程中，企业内嵌的制度环境、规则和权力体系拥有的权威和奖惩制度对企业的长远发展有重要影响，企业有强烈动力与法律、法规保持一致（郝云宏、唐茂林、王淑贤，2012）。当组织面临不可控的依存关系时，它需求更强大的体系力量或政府来消除阻碍并获得帮助，因此，政府颁布的法律法规是社会责任信息披露最直接可观的强制性压力来源，能较好解释企业披露环境和社会责任信息的行为（Suchman，1995）。Jennings 和 Zandbergen（1995）发现法规和法律实施的强制性压力是企业环境管理实践的主要胚芽，处于相同组织领域的企业受制度压力的影响从而行为相似。Campell（2007）指出，在政府规制较为强势、非营利组织等对企业责任的监督更为明显的制度环境条件下，企业会表现较好的社会责任绩效。从各国社会责任及其信息披露的发展历程来看，政府法律体系是重要影响因素。

我国是一个政府强制性制度供给的国家，这种类型的制度供给方式往往是自上而下的供给。政策决策的周期性比市场运行规律更能左右企业行为和决策。法律是中国政府推进企业履行社会责任最关键和主要的手段（曾丽丽、苏培霞，2010）。政府通过法律法规、证券监管和环境管制等强制方式来规范、监管和协调公司社会责任行为。近年来我国国资委、银监会、证监会出台了一系列激励和监督社会责任报告的政策。2005 年，《中华人民共和国公司法》首次明确提出：''公司从事经营活动，必须受政府和社会公众的监督，承担社会责任''。2008 年，国资委要求有条件的中央企业要定期发布社会责任报告或可持续发展报告。2011 年，所有央企必须发布企业社会责任报告。2008 年，上海证券交易所要求上证治理、境外上市以及金融类公司必须披露社会责任报告，深圳证券交易则所要求深证 100 指数上市样本公司必须披露社会责任报告。2009 年，证监会要求以上四类上市公司必须披露社会责任报告。以上政策的出台极大促进了我国上市公司社会责任报告数量的增长。量变产生质变，报告数量的增长必然将导致质量的提升。据《中国上市公司社会责任信息披露研究报告（2014）》的综合评价，我国社会责任报告数量稳步增长的同时，报告水平有了显著提升。可见，法律法规是我国企业社会责任信息披露质量的主要推动力。

（2）文化供给。

正式的制度约束只是很少一部分，个人及其组织更多地受到社会规范约束，而不是法律约束。文化是通过信仰和习俗表达社会关系的一种安排，是社会公认的行为规范（Withrop，1991）。作为一种非正式制度，文化因素可存在于多层级：国家、地区、种族、信仰、性别、阶层，也可存在于组织公司层面，一个国家的文化不仅是个体差异的重要决定因素，也是来自不同文化背景组织差异的影响因素（Hofstede，1983）。从一些学者探讨文化因素对社会责任信息披露的影响的研究结论来看，社会文化的影响和社会期望因国别而异，公司披露的社会责任信息与本国文化、价值、期望综合水平一致。男性主义的社会（美国）更加关注权力和经济地位，女性主义社会（挪威和丹麦）更关注关系、助人和环境等社会目标，因此社会责任信息披露质量和程度都比较高

(Smith et al., 2005)。

深受传统的影响,中国文化强调集体主义价值观,认同层级差异和等级取向,倾向稳妥的行为方式和长期取向的价值观,男性气质文化占主宰。这种文化特征表现在我国企业按照政府意愿赋予的制度地位,完成相应的制度要求以获取对等的合法性收益。同时,受道家和儒家文化尊重自然、博爱厚生和公平正义等思想的影响,诚实守信、以人为本、义利兼顾等传统的商业价值观,是千百年来中国商业所推崇的至理名言。这些与现代企业社会责任所提倡的关注人的价值、要求企业实现经济、社会和自然三者可持续协调发展的观点是一致的。然而,长期受封建社会重农抑商和制度的禁锢,以及基于集体主义文化信念和血缘为基础的社会组织形式的影响,我国商业社会责任多隐没于民间商业交易和活动,表现消极而隐性,并未像现在这样被积极提倡和宣传,被提升到法律或国家战略层次和地位。中国社会倾向遵守规则和法律,中国文化并不鼓励企业主动进行信息披露,这也解释了为什么我国企业社会责任信息披露起步较晚、质量提升缓慢的原因。

考察企业社会责任思想的产生背景和历程,可以发现它与所在时代的主流精神与社会价值观密切相关(肖红军、李伟阳、胡叶琳,2015)。在重商主义盛行的过去,中国的企业社会责任理念并未得以被重视,在提倡"科学发展观"、构建"社会主义和谐社会"和构建"生态文明"等时代精神的现代,政府的社会责任态度取向和相关社会责任信息披露政策出台,对企业社会责任信息披露具有极大的促进作用,企业社会责任及信息披露得到关注并被迅速地践行到企业中。

五、影响我国企业社会责任信息披露的制度角色

在任何制度体系中,涉及有不同动机、目的和期望的制度角色,它们提供信息、规则或服务并使其他制度角色受益。不同的制度角色有着不同的功能、权力和话语权。根据 Michael Hardimon 的制度角色义务理论(role obligations theory),制度角色义务是一种附属于制度角色的道德要求,其内容由角色的功能确定。制度有宏观和微观两个层面。制度的宏观层面包括国家、社会和行业,制度的微观层面包含不同个体在不同时间所占据的某些职位与岗位的规则。近期一些学者(蔡宁等,2009;李彬等,2011;沈洪涛等,2012;郝云宏等,2012;李怡

娜等，2012）从制度理论角度进行企业社会责任和环境信息披露相关研究，证实了制度力量（环境监管规则）或角色对企业环境实践的重要性以及制度理论在社会责任信息披露问题上的解释力。

（一）政府相关机构

North（1990）的国家理论指出，政府是国家机构代理人，代表着国家界定和产权实施，负责国家经济增长或衰退。从行为方式看，政府行为一般以强制手段（国家暴力）为后盾，运用公共权力对社会事务进行管理，具有凌驾于其他社会组织之上的权威性和强制力。这种权威性和强制力主要通过法律制度来体现，成为企业最直接、最具威慑力的强制性制度压力。企业、政府和其他利益相关者统一意见基础上的强势管制的有效实施，使企业更有可能采取社会责任行为 Campell（2007）。纵观各国企业社会责任信息披露的发展，很多国家通过制定相关的法律规范或调整产业政策调动企业积极性，从法律层面上明确规定了企业社会责任披露的相关问题。

在中国的制度变迁过程中，政府已意识到企业社会责任建设的重要性和紧迫性。"科学发展观""生态文明"和"和谐社会"等系列治国战略的提出，表明了国家增长模式和发展思路的巨大转型，企业社会责任成为当今的政治氛围和焦点话题。国资委、证监会、银监会等政府机构纷纷出台了相关文件，来推进、规制和监督企业社会责任信息披露的发展[①]。这些政策极大地推动了我国企业社会责任信息披露的发展，促进了其数量和质量的明显变化（沈洪涛、金婷婷，2006；曾丽丽、苏培霞，2010；左乃键，2012等）。可见，在我国制度背景下，政府具有强大的政治干预力量，掌握着影响企业生存和发展的资源分配权。企业履行社会责任被视为一种政治参与的手段，以获得实用、认同和道德等层面的合法性（蔡宁等，2009）。企业的政治敏感度以及企业与政府之间的政治关联度是影响我国企业经营的重要因素，尤其是与政府密切相关的国有企业具有较强的政治动机。企业社会责任报告更多地体现了各级政府的意志和要求，是政府由上至下推动的结果。因此企业希望通过响应政府的社会责任信息披露要求，满足政府期望，增加政府对企业的信任，建立和维持与政府的关系以获得政治声誉或接近政府资源。企业披露社会责任信息以及披露何种程

---

① 政府机构出台的具体的政策文件已在导论第一页的附注2中提及，此处不再重复。

度的水平,是与政府意志以及自身制度地位保持匹配的一种恰当选择,并非是对经济利益的单一追求。

(二)行业组织

亚当·斯密指出:"同一行业的人聚会,即便是为了嬉戏娱乐,最终必定以针对公众的密谋或提升价格的新想法而结束。"这里的密谋就是一种没有政府参与的协议,是行业自律的一种早期雏形。行业协会构成了组织领域的重要部分。行业协会制定的制度章程、行为规则、诚信公约等构成了行业协会治理权的合法性基础,形成行业管理的自治性。与政府强制性管制产生的较高执行成本相比,行业自律规则一旦形成,成员对其意识表示一致形成的契约安排具有较高的自愿执行能力,执行成本相对较低(杜兴强、陈政,2009)。余光远(2009)认为,如果组织未能成功地追随同一行业内其他组织的创新举措或程序,那么组织有可能失去合法性,为了维持和增加利益相关者对组织合法性的认同,组织产生类似的行为和结构。在发达的市场经济国家,行业协会在社会责任履行、产业协调、制定技术规范、人员培训、信息传播、解决贸易争端等方面发挥着整合资源、指导、监督和协调的重要功能。

在中国,行业组织逐渐成为各种社会责任信息披露标准和认证的主要制定和实施者。2005年,中国纺织产业协会制定我国首个标准化行业体系——《CSC9000T中国纺织企业社会责任治理体系》。2007年,该体系试点产业集群骨干企业增至113家。2008年,中国工业经济联合会联合煤炭、机械、钢铁等10个工业行业的协会和联合会①,共同发布《中国工业企业及工业协会社会责任指南》和《关于倡导并推进工业企业及工业协会履行社会责任的若干意见》。2013年,中小企业合作发展促进中心、中小企业全国理事会共同推出《中国中小企业社会责任指南》。其他行业如中国银行业协会(2008年)、对外承包行业(2010年)、饮料行业(2011年)、黄金行业(2012年)、律师行业(2013年)、汽车行业(2013年)、传媒行业(2012年)等相继出台了行业首份社会责任报告或行业社会责任指南,产生明显的社会责任信息披露效应。行业组织,作为市场和国家之外的第三种治理结构力量,正成为推动企业社会责任信息披露发展的有力制度角色之一。

---

① 其他10个行业是煤炭、机械、钢铁、石化、轻工、纺织、建材、有色金属、电力、矿业。

(三) 非政府组织

非政府组织处于政府与私营企业之间，运营目标并不以获取利润为目的，而是追求支持或处理个人关心或者公众关注的议题或事件等社会目标，涉及的领域往往包括环保、捐赠救济、教育文化等企业社会责任议题。在"政府失灵"或"市场失灵"的情况下，非政府组织可提供市场不愿或不能提供的产品和服务，降低政府财政负担和社会压力。非政府组织通过社会救助、公益捐赠、慈善事业等社会责任活动，对社会资源进行"第三次分配"，弥补市场和政府在调节收入分配上的不足（魏金玲，2008）。非政府组织通过其全球的倡导网络、游说政府和国际组织制定关于劳工和环境保护等方面的社会责任行为标准和准则以及与企业建立互利合作关系这三种方式，影响企业的生存经营行为和社会责任行为（郭红玲，2007），改变着公司的实践行为和战略政策。一些非政府国际组织制定的社会责任标准，如 GRI（G4）全球报告倡议组织的《可持续发展报告指南》（G4 版），AA1000 社会责任审核标准，UN Global Compact 联合国全球契约，ISO9000 质量管理体系和 ISO14000 环境管理体系、SA8000 社会责任国际标准及 ISO26000 社会责任指南已是全球公认的社会责任标准。随着非政府组织的日益壮大，它们要求企业披露和解释关于企业的公平竞争、员工保护、资源节约、财务健康及公司治理等方面的行为和规范，企业越来越注重企业社会责任信息披露的内容和经济后果（Knox et al.，2005）。

近年来，中国政府已经意识到非政府组织的积极作用，非政府组织的政治和社会环境越来越开放（Goh，2007）。在社会主义制度下，非政府组织少了"尖锐性"，多了"补充性"和"调和性"，在和谐社会的建设中发挥着自身的灵活性和有效性以及大众参与的优势（杨巧蓉，2013）。一些非政府组织，如中国企业联合会全球契约推动办公室、中国企业联合会可持续发展工商委员会、中国社会工作协会企业公民委员会、中国企业社会责任联盟、广东省企业社会责任研究会、深圳当代社会观察所、金蜜蜂社会责任发展中心等，长期关注社会责任运动的发展，其工作和成果已经得到社会的广泛认可。其中，中国企业联合会是国内最早从事企业社会责任活动的组织。据不完全统计，在我国约有 20 家国际组织（多为联合国相关组织）和 217 家非政府组织，其工作领域涉及教育、文化、生态、气候、环保、儿童、妇女、青年、智障人士、能源、动物和疾病等企业社会责任话题。这些非政府组织，成为促进我国企业社会责任信息披露发展的不可忽视的重要力量。

（四）新闻媒体

在网络经济和信息技术高度发展的今天，新闻媒体的治理作用是新兴资本市场上有效替代司法不足的重要制度安排（于忠泊等，2011；罗进辉、杜兴强，2014），成为促使企业对其经营行为的社会影响或后果承担责任的重要驱动力。新闻媒体通过对公众舆论和行为的影响，使企业受到更多的公众关注，并通过引导公众响应行为，无限放大事件对企业的负面或积极影响，迫使企业基于合法性和盈利的考虑而积极回应（陶文杰、金占明，2012）。从公司投资者关系管理角度来看，新闻媒体在投资者关系管理中发挥着双重作用。其一，新闻媒体向资本市场传递相关信息，是企业与社会公众交流的渠道和重要代理者。通过媒体，企业与社会建立交流关系，映射出社会公众对社会责任的认识和企业对外界需求的响应过程。第二，新闻媒体调查和报道公司的非道德行为，发挥公共监督作用，约束公司管理层的机会主义行为（Dyck et al.，2008）。

在中国，新闻媒体在推进和监督企业社会责任信息披露发展方面发挥着重要的作用。《WTO经济导刊》从2008年伊始，以23期连载的形式刊登了《如何编制企业社会责任报告》，为我国企业提供了很好的指导作用。其他新闻媒体，如《中国新闻周刊》《中国环境报》《行动CSR》《现代职业安全》《公益时报》《世界环境》等长期关注企业社会责任信息披露和可持续发展话题，定期举办各类企业社会责任活动，推动着企业社会责任信息披露的社会普及度。目前国内影响力较大的一些社会责任论坛、年会、峰会的举办都有新闻媒体的积极参与[①]。同时，新闻媒体治理作用的发挥还可引发行政机构的关注和介入。行政机构的介入提高了违规公司的行政成本，促使这些公司改正侵害投资者利益的违规行为（李培功、沈艺峰，2010）。新闻媒介对企业社会责任行为的报道影响着企业市场形象和声誉，消费者可通过"货币投票"把资本投向履行社会责任较好的企业和高质量的产品，远离被媒体曝光的不良企业和质量不达标

---

① 由新华网主办，《经济参考报社》、新华每日电讯社、《参考消息》报社、《中国证券》报社、《财经国家》周刊等单位联合主办的"中国企业社会责任峰会"已举办7届；由《WTO经济导刊》报社、中国可持续发展工商理事会（CBCSD）以及中德企业责任项目（GTZ）主办，挪威船级社协办的"中国企业社会责任报告国际研讨会"已举办7届等；由国务院侨务办公室、中国新闻社指导，《中国新闻周刊》杂志社主办的"中国企业社会责任国际论坛"已举办10届。

的产品。近年来三聚氰胺、瘦肉精等食品安全事件及煤矿生产事故发生后,媒体的率先介入和报道促使企业整改自身行为,体现了显著的监督治理功能。新闻媒体作为一种外生制度压力来源,成为影响企业社会责任信息披露的重要角色。

(五)学术机构

作为社会经济环境下的一种新生事物,企业社会责任信息披露对会计理论提出了新的挑战,颇受学者的关注。美国会计学会成立了社会责任会计委员会,致力于企业社会责任研究,美国会计师协会成立企业社会行动会计委员会,提出社会责任会计的范围、目的、程序和沟通方式。在我国,近十年来,一些学术机构开展了大量有关企业可持续发展和社会责任领域的相关研究,成为我国企业社会责任信息披露的理论研究和实践发展的重要力量,如道和环境与发展研究所、广东省企业社会责任研究会、深圳当代社会观察所、中国社会科学院经济学部企业社会责任研究中心、北京融智企业社会责任研究所、厦门大学企业社会责任与企业文化研究中心等,另外,还有一些高等院校及其下属研究中心长期关注企业社会责任及其信息披露的发展,如中欧国际工商学院、北京大学光华管理学院的责任与社会价值中心、清华大学绿色经济与可持续发展中心、长江商学院的可持续与包容性发展研究中心等。企业社会责任信息披露研究带来的新思维、新概念和研究手段和方法,极大丰富了传统的会计领域,为我国企业社会责任信息披露理论的深化和企业社会责任实务工作提供了重要的参考价值。

六、我国企业社会责任信息披露发展的制度环境特征

(一)政府强制性制度供给

我国是一个政府强制性制度供给性国家,制度供给的方式往往自上而下。近年来,我国企业社会责任信息披露在国资委、银监会、证监会相关的激励和强制性政策指导下,数量迅猛发展。然而,社会责任信息披露数量的增长并不意味着披露质量的提升。政府强制性政策虽然会激发企业在可持续发展方面的变革,但规制性压力有时会导致企业的虚意顺从(Bebbington et al., 2009)。企业的战略决策和行为及其影响后果,需要从其依赖的关键制度资源那里得到认可和支持。

中国在转型经济过程中，尚未建立起商业和政府完全分开的有效机制。政府掌握着公司生存和发展的资源分配权力，这种权力不能在市场中流通和定价。政府是企业最具有权威影响力的企业利益相关方，可以根据自己的意愿选择采取"扶持之手"还是"掠夺之手"，因此企业有动力采取措施去迎合政府的需求来获得政府的扶持，规避政府掠夺（李维安、王鹏程、徐业坤，2015）。而行政运作的非法治化和复杂性，进一步增加了企业掌握政策的难度和企业对政府的依赖程度。此外，我国存在着国有股"一股独大"的格局，导致国有控股企业的社会目标或政治任务优先于经济目标。在当前"企业社会责任""可持续发展"等话题成为越来越重要的政治话题时，企业可能更加重视自己是否紧跟形势披露了社会责任报告或达到规定性的信息披露水平。在这种制度安排下，我国企业披露社会责任信息更多可能是出于对法律和法规的遵从，并不完全是对经济利益的考虑。企业将履行社会责任视为一种政治参与的手段，以获得实用、认同和道德等层面的合法性（蔡宁、沈奇泰松、潘松挺，2009），成为实现其经济或政治目的的工具（李维安、王鹏程、徐业坤，2015）。社会责任报告更多成为企业配合政府政策、降低内部违规风险、避免负面事件破坏企业声誉以获得合法性和资源禀赋的手段，或公关作秀手段。

（二）多元制度力量的推动

随着经济全球化和区域经济一体化的迅速发展和国家和地区间经济关系日益密切。企业社会责任信息披露，对于中国企业管理层来说，不再是一个说教之词和陌生概念。一些国际组织、非政府组织和社会责任机构正在以自己的力量，通过专题讨论、课程培训、吸纳会员等方式促进企业社会责任在中国企业的普及，影响着企业的经营行为。一些高等院校的商学院如中欧国际工商学院、北京大学光华管理学院、长江商学院中国社科院研究生院等开设有关企业社会责任、商业伦理、企业道德等课程的授课，旨在加强企业管理人员企业社会责任职业模式化的意识和认知。在现代科技的辅助下，报纸、电话、电视、微博、短信、脸书等多元化的新闻媒介，发挥着强大的媒体引导和监督治理功能，可以即时实现对企业正面和负面行为的报道，反映社会群体对企业社会责任的共识和期望。一些行业协会成为社会责任及其信息披露标准和认证的主要制定者和实施者，通过出台政策、制定指南、集体发布社会责任报告等方式，积极引导企业提高社会责任信息披露水平。

此外，随着改革开放的深入，我国在经济发展过程中面临着日益严重的资源约束、环境污染、生态系统退化等严峻现实。雾霾、APEC 蓝、API、PM 值等词语的出现反映了社会公众内心的环境焦虑和生态期盼。消费者保护运动、环保运动以及以劳工问题为中心的一系列社会经济问题，不断推动着企业社会责任及其信息披露的发展。企业社会责任已成为许多企业的一种全新发展模式，企业社会责任信息披露成为企业对外沟通的新兴载体。社会责任标准化或企业社会责任与国际接轨，是中国经济转型过程中企业必然的发展方式转变。以上这些制度力量，推动着我国企业社会责任信息披露的飞速发展。

（三）制度要素的不稳定

在中国政府主导和市场竞争激烈的经济转轨制度环境中，社会文化、各类制度和组织模式等尚在发展完善之中，存在着较大的制度环境不确定性。不仅政策变化带来不确定性，而且政府和执法部门工作具有一定不透明性和不规范性，给企业经营带来不可预见的风险。《WTO 经济导刊》指出，2013 年 1 月 1 日至 10 月 31 日，中国共发布 1525 份社会责任报告（可持续发展报告）。但我国企业发布社会责任报告的总体比例仍然较低，并且主要集中在制造业、重污染行业以及上市公司和国有大型企业。对于大部分企业而言，企业社会责任报告仍是一个处于不成熟的摸索性建设阶段中的新生事物。面临着我国政府部门、媒介舆论和行业协会等越来越明确的企业社会责任披露的各项要求，对于以政府为导向的企业而言，能在既有制度环境之中生存下来，可能比暂时获得最优经济效率更为重要。在当前的中国制度背景下，企业社会责任信息披露或许是与制度环境保持匹配的符合合法性认知的恰当选择。

另外，我国企业社会责任信息披露主要是以企业自愿为主，政府并未有社会责任信息披露质量的明确规定和规范要求，也缺乏对企业社会责任信息披露质量的监督和惩罚机制。法律法规的违规成本较低，没有形成刚性约束力，这使制度对企业行为的约束力大大下降，企业在决定是否披露、披露什么内容、如何披露社会责任信息时，具有较大的裁决权和不确定性，很多报告披露没有区分关键的决策性信息和非本质的复杂日常性信息，一些社会责任报告以更多而不是质量更好来衡量，过剩的信息披露使人较难发现有用的信息，社会责任报告的格式化重于信息自身质量的现象比较严重，导致投资者无法将社会责任信息披露质量视为判断公司价值与交易股票的依据。

第四章

制度压力对企业社会责任信息披露的影响机理

企业作为"经济理性人",其逐利的天然本质使公司管理层在决定是否披露社会责任信息,披露什么信息和通过什么方式和措辞来披露信息时,都暗含着一定的策略性选择。既然企业社会责任信息披露的质量不佳,公共价值和决策价值就都不高(宋献中、龚晓明,2006),这说明这种自愿性策略选择可能隐含有来自制度环境某类群体或组织的期望、压力或利益需求。社会责任报告与强制性财务报告最大区别在于它并非单一压力所致。那么,究竟是什么期望、利益或压力驱使企业做出这种相似的自愿性披露行为?本章共有两个部分,主要分析制度压力对我国企业社会责任信息披露质量的影响机理。第一部分分析影响我国企业社会责任信息披露质量的三大制度压力:强制压力、规范压力和模仿压力,分析每一类压力对我国企业社会责任信息披露的影响。第二部分分析制度压力影响企业社会责任信息披露的路径过程。这个路径过程可以表述为:制度环境对企业产生制度压力,制度压力通过公司特征得以表达、传递或放大,产生企业不同的执行意愿和执行力度,从而影响企业社会责任信息披露水平。

一、影响我国企业社会责任信息披露的制度压力

为解释中国企业社会责任信息质量的相关问题,学者们从多方面进行了探析,但各执一词,众说纷纭。在利益相关者理论和合法性理论的基础上,制度理论从一个全新的视角让人们重新审视组织的一些行为。制度理论认为组织本身并不具有自主性。组织为了获得政治和社会合法性,会遵循规范、传统和社会影响,调整自身行为与其保持一致。制度压力来源于外部压力所产生的期望

机制或预期目标。在我国企业社会责任报告的发展历程中,由于制度化组织环境的适度存在以及企业对制度理性的遵从,社会责任信息披露质量受到强制压力、规范压力和模仿压力的影响,并因公司特征的不同而表现出不同程度的社会责任信息披露质量水平。政府政策是我国企业社会责任信息披露的重要强制压力来源,教育机构、新闻媒介和行业协会形成社会责任信息披露的主要规范压力,市场领导者和同行业企业对企业施加社会责任信息披露模仿压力。

(一) 强制压力

1. 强制压力与社会责任信息披露

制度理论代表性人物指出,强制压力是制度压力的一个重要组成要素。强制压力主要来源于政治影响和合法性需求(Lai and Slater, 2006)。资源依赖理论同样认为,组织的生存依赖于资源环境,决定企业资源支配权的群体可对组织产生强制压力,这些群体包括客户、供应商、竞争者、政府、认证机构、有影响力的政治团体或利益相关者等(Tuttle and Dillard, 2007)。这一结论得到其他学者的支持。Carpenter 和 Feroz(2001)考察美国地方州政府执行美国一般公认会计准则(GAAP)的应对策略时,发现外生性的制度压力是一些州政府决定采用 GAAP 的强大动力,强制制度压力对地方政府的财务报告政策有着重要影响。Rahaman 等(2004)发现世界银行组织的压力使加纳国家发电局——沃尔特河流管理局(VRA)的社会责任信息披露符合世界银行组织的要求,从而证实了强制制度压力对企业行为的影响。Islam 和 Deegan(2008)发现,西方消费者比较关注跨国服装公司的海外生产商是否非法使用童工,迫于消费者、新闻媒体和游说群体的压力,这些跨国公司采取措施防止其生产商使用童工。Neu 和 Ocampo(2007)的研究发现,接受世界银行贷款组织的公司都倾向于采取类似的信息披露,这是因为来自世界银行组织的压力使贷款公司都采取符合世界银行要求的信息披露方式。

2. 基于中国的情况

在中国的制度变迁过程中,政府具有强大的政治干预力量。政府赋予企业不同的社会责任和制度地位,要求企业按照各自的制度地位接受制度影响,并给予满足相应制度要求的企业以对等的制度合法性收益(蓝海林,2014)。随着经济的发展,我国政府意识到,经济的高速发展导致的劳资矛盾、资源约束、环境污染、生态退化等现实问题必须得到抑制并修复，企业的社会责任建设日益重要。2008年，前国家总理温家宝提出："企业要认真贯彻国家政策，关心社会，承担必要的社会责任。"2012年，党的十八大提出"生态文明"治国政策。国资委、证监会、银监会也纷纷出台了相关文件，在推进、规制和监督方面，对企业社会责任信息披露提出了明确的强制性要求和定位。2015年，GB/T 36000—2015《社会责任指南》、GB/T 36001—2015《社会责任报告编写指南》和GB/T 36002—2015《社会责任绩效分类指引》三项国家标准同时正式发布，成为我国企业社会责任发展历史上的一个重要里程碑。

以上政策体现了政府部门对企业披露社会责任信息的态度取向。在这种政治氛围下，企业是否履行社会责任、是否披露社会责任信息以及披露质量的高低，成为全面考核企业绩效的新内容，对中国官员过去偏重经济绩效的考核标准产生了强烈冲击。一些具有敏锐政治观察力的企业官员，希望通过发布社会责任报告并提升报告质量，与上级政府的意志保持高度一致，维护其制度合法性收益，这在以政府官员居多的中央企业、国有企业和上市公司表现得更为明显。这也有力解释了为什么我国社会责任报告发布多以中央企业、国有企业和上市公司为主，并且这些企业的社会责任信息披露质量也相对较高。在中国现有的政治体制和经济体制下，政府是企业社会责任意识和行为规定的强大制度角色。来自政府的法律法规，对企业社会责任信息披露起到了明显的强制影响作用。强制压力成为促进企业社会责任信息披露的强大制度压力。

（二）规范压力

1. 规范压力与社会责任信息披露

规范压力来源于专业化的职业规范、专业凝聚力、群体共识和专业团体对组织所带来的压力（宋铁波等，2012），这些规范和价值观，或行业成员界定的工作规范和方法的职业专业化进程，使组织需要调整内部机制，采取符合组织领域的公认行为规范以获得认可和支持。职业化规范压力对社会责任信息披露的推动，可通过三种方式形成。第一，教育机构和专业书刊所形成的规范压力。学校课程或专业书刊提供社会责任或企业伦理的认知、培训或信息，形成职业模式化的思想、类似感受及反应。它们渗透于企业未来管理人员的世界观和思维体系，使处于不同组织的管理者个体仍然可能具有相似的倾向和决策制定。第二，新闻媒介报道所形成的规范压力。一方面，以社会舆论为代表的新闻媒介，对企业非道德行为的报道和社会责任的宣传引导，反映了社会群体对社会责任的认知以及对企业应该如何响应外界需求的期望；另一方面，媒介发挥社会舆论监督压力和声誉机制作用，促进企业修正、调整为社会所认可的运作方式和制度规范。第三，行业协会所形成的规范压力。行业协会通过界定与传播行业行为的规范性准则，构成了行业协会治理权的合法性基础，促使企业采取符合组织领域内的行为规范。

2. 基于中国的情况

对正处于经济转型期的中国企业而言，来自不同群体的意志、观念和期望所形成的规范压力，正在逐渐影响现代企业的经营理念和行为。在教育机构方面，一些组织机构积极开展企业社会责任（报告）的教育和培训，引导企业如何规范地披露企业社会责任信息。如中欧管理学院在培养MBA工商管理硕士的课程中把企业社会责任作为重要的教学内容。AIESEC（国际经济学商学学生联合会）在中国设有CSR Branch，社会责任办公室意在为中国社会培养和发展具备国际视野和社会责任感的未来管理人员。中国社会科学院2013年发布《中国企业社会责任系列教材》，开启"分享责任——中国企业社会责任公益讲堂"，成为中国企业社会责任事业的专业人才培训基地。在新闻媒介方面，多元化的新闻媒介对企业行为的报道影响着企业市场形象和声誉，消费者可通过"货币投票"对企业商品生产者和销售者产生终极影响力。媒体报道通过调查和揭露公司丑闻，产生社会关注和舆论压力，使企业面临强大的合法性压力来加强自身整改。另外，一些行业协会、协调各行业参与并制定了相应的行业社会责任标准，成为当今中国企业社会责任管理过程中一个新的内容。来自这些群体的价值观和期望，对组织领域的企业产生重要影响，形成企业社会责任信息披露的规范压力。

(三) 模仿压力

1. 模仿压力与社会责任信息披露

模仿来源于对不确定性的本能反应。为了降低不稳定性、决策错误和提高生存能力，企业会以典范企业，如领导企业、成功企业或大型企业，或同行中已经存在或较为流行的经验与行为方式，作为模仿的参考依据。作为一种自愿性报告，企业社会责任报告并不像财务报告那样具有统一严格的披露规则，因而在披露形式、方法和策略方面存在着高度不确定性，为了降低不确定性而发生的搜寻成本，企业对场域中的类似组织的信息披露进行模仿，不失为一条可行且更具经济性的方法。当越来越多的企业，尤其是典范企业按一定规范标准披露社会责任信息时，表明社会责任信息披露已成为大多数组织所认可的适应制度环境的程序和策略，这使其他企业开始审视现有行为的合适性，转向模仿这种策略以获得广泛的合法性认可。信号理论也指出，竞争的压力迫使同行业企业积极披露信息，以避免被怀疑。保持沉默被认为是一种坏消息。通过模仿，即使是仪式性模仿，企业可以减少局外人士对企业未来前景不确定性的担忧，保持资本的可信度。

2. 基于中国的情况

在中国政府主导和市场竞争激烈的制度环境中，社会文化、各类制度和组织模式等尚在发展完善之中，存在着较大的制度环境不确定性。面临着政府部门、媒介舆论和行业协会等越来越明确的企业社会责任披露要求，以及众多企业发布社会责任报告、报告质量不断提升的趋势下，模仿成为许多企业应对不确定性的合宜性选择。我国的企业社会责任报告不同于西方企业的实践，并非是企业一种自发的决策，更多是从上至下政府推动的结果（黎文婧，2012）。企业主动承担和顺利完成这些社会责任符合政府的预期，这样企业和政府之间才能进行良好的"互惠交换"，更好地巩固政治关联（李维安、邱艾超、古志辉，2010）。当企业是否披露社会责任信息以及高质量的披露成为上级政府的关注热点和更多企业的选择时，保持与其他企业相似的做法，就成为现有考核机制和风险规避倾向下企业的一种合适性表现，社会责任报告被赋予更多的"形式重于实质"的制度性安排。此外，企业也会通过模仿来学习和积累所需要的知识及技术，以提升自身创新能力和竞争能力。企业往往会密切关注"领头羊"企业、竞争对手或同行业企业的任何显著性战略变化和创新。因此，企业具有一定的内在动力，去模仿其领域中更合法或更成功组织的社会责任信息披露水平。

二、制度压力影响我国企业社会责任信息披露的路径

（一）制度压力和公司特征

企业为什么存在社会责任信息披露的差异呢？很多研究试图从企业个体的差异来解释这种现象。实证文献已涉及一些解释社会责任信息披露的公司

特征变量如公司规模、经营绩效、财务杠杆、行业性质等和公司内部治理结构变量，如股权结构、董事会特征等，并得出一些较为统一的结论，多认为企业规模、经营绩效、行业敏感型企业、国有企业等公司特征变量与企业社会责任信息披露水平呈正相关关系。其他有关财务杠杆、股权结构或董事会特征的研究，也多认为这些变量与企业社会责任信息披露水平有密切关系。

从以上研究来看，企业特征的差异似乎可以解释企业社会责任信息披露水平的差异。然而，如果深入剖析制度压力和公司特征之间的内在关系，我们可以发现公司特征背后所延伸的深层次制度动因，即制度压力才是本质动因，企业特征仅仅是表层动因。作为触发企业社会责任信息披露的源动力，制度压力通过公司特征得以传递并可能被进一步被扩大或缩小。公司特征是制度压力与企业社会责任信息披露水平之间的一个传递器和转换器。

从本书的文献综述中可以看出，公司规模、经营业绩、股权结构、行业属性等都是影响企业社会责任信息披露质量的内部公司特征变量。从现有文献来看，以上四个变量在企业社会责任信息披露的实证研究中基本都有涉及。制度在通过企业边界时会受到公司规模、组织文化、管理者态度以及企业适应能力等因素的过滤和影响（沈奇泰松等，2014）。企业进行有效的合法性选择时必须同时考虑企业的行业特性和自身的组织特征（Zimmeman and Zeitz，2002）。因此，本书以这四个公司特征变量为代表，探讨制度压力通过公司特征来影响社会责任信息披露的内在关系。

1. 制度压力与公司规模

公司规模代表了企业的一种社会可见度，代表企业拥有或控制内外部资源的总体调控配置能力。一般认为，规模越大的企业，披露社会责任信息的动力和能力要远远高于中小企业。首先，从社会公众压力和关注度来看，规模越大的企业的社会关注度、影响力和被监管度越高，政治成本越高。制度压力在大规模型的企业得以被进一步放大，规模越大的企业，制度压力倍数越高，制度压力对大规模企业的影响和冲击更加明显。在这种压力影响下，关注自身市场形象及声誉的维持或提升的动机，使规模越大的企业更倾向于关注社会责任和政治利益相关者敏感话题，向社会公众披露其社会责任信息的意愿更主动积极，信息披露质量越高。其次，企业社会责任信息披露还涉及资源耗费问题。规模较大的企业，往往拥有较充裕的可支配资源。当企业面临大多数组织所认可和采取的某种程序及策略所形成的合法性压力时,规模越大的公司,拥有更强的适应、模仿和调整能力,具备更好的经济基础和容纳能力来缓解和应对制度压力,在社会责任信息披露方面有更好的表现。

2. 制度压力与经营绩效

经营绩效体现了企业对资源调控配置的空间和能力,从经济基础上决定着企业是否能更好地履行社会责任和披露社会责任信息等企业多重战略目标。一般认为,盈利能力较强的企业,披露社会责任信息的意愿更强,信息披露质量越好。与公司规模特征相似,经营业绩代表着企业应对各种制度压力的能动性大小和调控能力。从外部环境看,绩效好的企业由于承载着包括政府在内的利益相关者的更多期望和媒体关注,为了获取合法性经营地位,规避政府的管制而不得不更高水平地履行社会责任,并主动披露信息(陶文杰、金占明,2012)。企业经营业绩越好,就越有可能被认为应该履行经济责任之外的对员工、社区和环境的贡献。制度压力在经营业绩好的企业得以加强放大。从内部环境来看,企业盈利能力强,表明企业已经基本实现社会责任中的经济责任内容,企业有较好的经济实力和管理能力完成其他社会责任和环境责任,企业社会责任信息披露质量的实现机制越完备。

3. 制度压力与股权机构

股权结构代表了不同性质的股份占股份公司总股本中的比例及其相互关系。根据利益相关者理论,企业向股东、顾客、社区、员工、供应商、政府、特殊利益团体、环保人士等利益相关者承担责任,提供企业所有业绩信息。公司股权结构反映了公司不同利益相关者,尤其是核心利益相关者影响企业经营活动的权力。这些利益群体构成了制度环境中具有不同动机、职责和关系的制度角色或代理者,具有不同的资源掌握度、执行力量或影响力。一些制度角色具有最终决策力量,一些具有推动激励力量,一些则提供条件和便利。这些不同的利益相关者有着与其资源掌握度、执行力量或影响力对应的期望和要求。这些期望和要求转换为企业的制度压力,共同创造一种相互关联的制度要素体系,影响着企业社会责任信息披露。企业股权结构的不同或改变,意味着企业核心利益相关方也相应发生改变,其构建的制度要素体系需要重新进行调整,社会责任信息披露水平也会相应发生变化。

4. 制度压力与行业属性

行业属性代表了不同企业所从属的行业门类和性质。不同行业所承受的制度压力是不同的,某些特定行业受其经营性质的影响,对环境生态的影响更大,具有更强的社会责任举措行为以缓解公众压力。如污染严重的环境敏感型行业的企业,面临着更多的信息披露监管政策的监督制约和媒体舆论监督,其高度的社会关注度、法律法规约束、社会舆论及公共压力造就其更为严格的制度环境,制度压力产生的社会责任信息披露执行力在这样的企业进一步被放大加强,企业对外披露社会责任信息的主动性和信息披露质量更高。此外,企业还有可能受到行业章程、行为规则、诚信公约等行业规范的制约,有更好的自律行为。同行业的企业受到强大的模仿同形压力,往往会遵循相同的策略形成趋同的社会责任模式和管制,倾向于与行业特质或水平保持一致性来稳定自身合法性。

(二) 制度压力和组织反应

制度学派使用的合法性概念强调了在社会认可的基础上建立的一种权威关系(周雪光,2003),但是用这种权威关系包含一切,很可能隐藏了组织行为背后极为重要的主观动因。制度经济学认为,外部监督机制的完善与组织特定行为的实际执行效果有很大关系。由于契约的不完备性,外部监督机制不太可能完全保证组织绝对按照"合法性"所指向的行为执行,组织实际执行的效果可能还会受到其自身能力、组织机会主义行为等多种因素的影响。

1. 组织反应方式

面临强制压力、规范压力和模仿压力,企业并非总是一成不变的,而是会根据自己在不同制度环境中的定位,来选择各自合乎情理的行为方式。一般来说,多重的制度压力越强、越集中,环境的不确定性越大,以及企业对压力来源的依赖程度越高,企业越倾向于采取被动的合法性选择。反之,企业选择的合法性就更倾向于主动(费显政,2006)。Miles(1982)发现,美国烟草公司在面临吸烟和癌症关系报告时,有不同的反应。有的企业调整产品,有的企业着手开拓海外市场。Oliver(1991)按照组织应对环境主动性的程度从弱到强、被动到主动的变化过程,把组织的反应战略分为默从、妥协、回避、抗拒和操纵五种战略,界定了驱动战略响应的5个制度因素:原因、构成要素、内容、控制和情境。Kaplan 和 Harrison(1993)发现,企业面对法律环境制度变革会采取两种策略,第一种是采取符合环境期望值的战略,第二种是采取适应环境变更的战略。Pinkse 和 Kolk(2007)对跨国公司的研究验证了制度顺从者、制度回避者、制度企业家以及制度操控者四类企业的存在。肖华、李建发、张国清（2013）指出，迫于制度压力，上市公司会借助信息披露实施相应的应对策略以达到获得、维护和修复合法性以及继续经营的目的。陶岚、郭锐（2013）指出，企业对合法性机制的响应，按照其响应程度的不同，可分为法律方式（仅仅实现法律的要求）、市场方式（对顾客的偏好作出响应）、利益相关者方式（对利益相关者的多种需求作出反应）和活动家方式（主动寻求尊重和保护地球和自然资源的途径）。

2. 公司特征的影响

一些研究者发现，组织面对制度压力时会因组织特征差异导致不同反应，应对压力的主动能动性大小取决于公司特征差异，企业的所有权结构、董事会结构以及与同行企业间的地理距离、组织内部的信任和认同等都会导致企业对制度压力的反应存在较大的差异（Goodrick and Salancik，1996；Kostova and Roth，2002；Davis and Greve，1997）。Mezias（1990）分析美国1962~1984年《财富》前200强公司的财务报告变更，发现公司是否采纳美国会计原则委员会（美国财务会计准则委员会的前身）提倡的公司报税会计处理方式受到公司特征影响（如洲际商务委员会的管辖、高管人员变更等）。Greening 和 Gray（1994）通过检验共用设施、石油天然气和食品加工行业的公司在处理危机或争议时公司的重视程度和资源的投入度，发现公司规模与事件重视程度和资源投入度有关联。Criado - Jiménez 等（2009）发现西班牙公司采用不同的披露策略（如遵从、回避和反抗）来应对强制性社会责任报告要求。Bebbington 等（2008）基于新西兰公司的调查，认为"公司并不是简单地顺从制度压力。他们并不是对所有影响他们的制度全盘接受。面临制度化过程，公司内部发生的事情和外部发生的事情都重要"。

三、影响企业社会责任信息披露的路径分析

基于上述对我国企业社会责任信息披露制度压力机制的分析，以及现有文献从公司特征角度对企业社会责任信息披露的动因研究，本书认为，制度压力是影响我国企业社会责任信息披露的本质根源。在这个影响路径中，公司特征是制度压力与企业社会责任信息披露水平之间的一个传递器和转换器，反映了企业应对制度压力时的主观能动性。一方面，基于制度压力对企业产生的社会

责任信息披露诉求可通过企业特征得以表达、传递或放大;另一方面,企业也会结合自身特征,采取相应的策略应对制度压力。

在这个影响路径过程中,制度环境对企业产生制度压力,制度压力通过公司特征得以表达、传递或放大,产生企业执行力,影响企业社会责任信息披露质量水平。制度压力影响我国企业社会责任信息披露的路径过程为:制度环境→制度压力→公司特征→企业执行力→企业社会责任信息披露质量水平。制度压力影响企业社会责任信息披露质量路径的理论框架模型如图4-1所示。

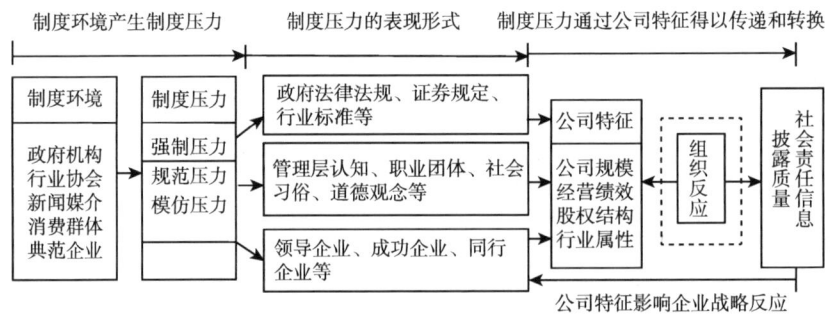

图4-1 制度压力影响企业社会责任信息披露质量的路径

由图4-1可见,在由政府机构、行业协会、新闻媒介、消费群体、典范企业等关键制度角色所构建的制度环境中,来自不同制度角色的期望、目标和要求构成了影响企业社会责任信息披露质量的三种制度压力。来自政府法律法规、证券规定或行业标准制定的行为标准等构成了强制压力,来自管理层认知、职业团体、社会习俗或道德观念等形成了规范压力,领导型企业、成功型企业或同行业企业采取的广泛性行为对企业产生了模仿压力。进一步地,制度压力可通过公司规模、经营绩效、股权结构或行业属性等公司特征得以表达、传递或放大,并且企业会结合自身特征,采取不同策略应对不同的制度压力,从而最终影响企业社会责任信息披露水平的高低。在这个影响路径过程中,公司特征是制度压力与企业社会责任信息披露水平之间的一个传递器和转换器,企业应对压力的主观能动性大小体现在公司特征中,影响着企业面对制度压力时所能采取的企业社会责任策略和行为。

第二篇
我国企业社会责任信息披露的质量和特征

自 2006 年国家电网发布央企首份社会责任报告以来，越来越多的企业从实现企业价值最大化和股东权益最大化的思维模式中解放出来，紧跟国家的可持续发展战略，开始思考企业的长期可持续发展，逐渐认识到企业社会责任的重要性，积极投身于社会责任信息披露建设中。在十多年的发展过程中，在相关政府部门、证券交易所政策的引导，行业组织和非政府组织的规范要求下，我国社会责任信息披露呈现出一些典型的特征。对企业社会责任信息披露的特征进行归纳总结，可以较好地掌握我国企业社会责任信息披露的动态发展过程。

本篇共有三章。第五章分析我国企业社会责任信息披露的质量，从企业社会责任信息披露的总体分析、具体分析、其他角度分析和基于湖北省的区域性视角分析，了解我国企业社会责任信息披露的质量。第六章分析我国企业社会责任信息披露的特征，我国企业社会责任信息披露的主体和行为特征、"同形"特征、利益导向特征三个方面分析我国企业社会责任信息披露的特征。第七章分析制度压力对企业社会责任信息披露质量的影响。从强制压力、规范压力和模仿压力实证检验制度压力对企业社会责任信息披露质量的影响。

第五章

我国企业社会责任信息披露的质量

《中国企业社会责任报告白皮书》(2014) 指出，发布企业社会责任报告成为我国企业新的商业潮流，我国企业社会责任报告生命周期管理将全面得到提升。在当前我国企业社会责任报告数量不断增加的情况下，其信息披露质量呈现什么样的特征呢？行业之间、区域之间、不同交易所之间以及不同股票板块之间等是否存在着较大的质量差异呢？

本书以我国2010~2013年润灵环球评价系统的706家上市公司社会责任报告为研究样本，分析我国企业社会责任信息披露的质量特征表现。润灵公益事业机构于2009年开始对我国上市公司社会责任报告进行评分，但由于评分第一年可能还有许多待完善和规范之处，因此研究区间选择从2010年开始，年度为社会责任报告所属年份。在剔除ST和SST类公司和数据不全或无法获取的公司后最终得到2190个原始观察样本，其中2010年465个样本，2011年507个样本，2012年579个样本，2013年639个样本。本书所涉及的企业社会责任信息披露质量来自润灵环球2010~2013年上市公司社会责任报告评级数据库，并以商道纵横网站的企业可持续发展报告资源中心的数据作为补充来源。

一、总体分析

本书对样本期间我国企业社会责任信息披露的评级水平和数量进行了总体分析，见图5-1和图5-2。

依据润灵环球2010~2013年上市公司社会责任报告评级数据库，图5-1统计得出每年我国企业社会责任信息披露的平均得分情况。由图5-1可见，2010年、2011年、2012年和2013年我国上市公司企业社会责任报告水平分别为32.68分、34.78分、37.13分和38.92分,其增长幅度分别较前一年增长6.43%、6.76%、4.82%。

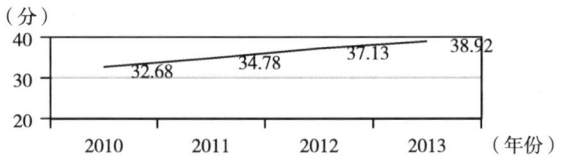

图5-1 2010~2013年社会责任报告水平

图5-2为我国企业社会责任信息披露的数量分布情况。由图5-2可见,2010年、2011年、2012年和2013年我国上市公司企业社会责任报告数量分别为465份、507份、579份和639份,其增长幅度分别较前一年增长9.03%、14.21%、10.36%。

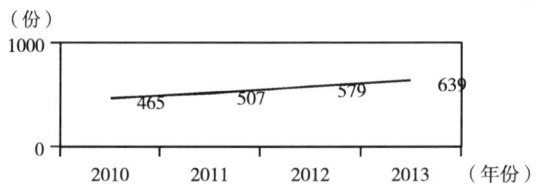

图5-2 2010~2013年社会责任报告数量

总体来看,2010~2013年我国上市公司企业社会责任报告的数量和水平逐年递增,企业社会责任报告数量增加的同时,报告水平也在提升。但企业社会责任报告数量每年增长幅度明显高于报告水平的增长幅度,数量的增长和质量提升不匹配。可见,当前我国企业重社会责任报告的发布而轻社会责任报告质量的改进,报告数量和报告质量并未保持很好的平衡性。

二、具体分析

本书采用润灵环球MCT社会责任报告评级来衡量我国企业社会责任信息披露质量。企业社会责任信息披露的最大特点是自愿性信息披露和描述性定性披露。企业在其披露内容、披露方式具有较大的自主权,并且披露多以描述性披露为主,这两个特点决定了现阶段可比性、平衡性、完整性、可靠性和实质性是我国企业披露的社会责任信息质量特征。

润灵环球 MCT 评级系统主要从整体性、内容性、技术性三个方面对社会责任报告质量进行评价①。整体性评价一级指标包括战略有效性、相关方参与性、内容平衡性、信息可比性、整体创新性、可信度与透明度等 6 个指标。内容性评价一级指标包括责任战略、责任管理、经济责任绩效、环境责任绩效、社会责任绩效和绩效质量等 6 个指标。可见,润灵环球社会责任报告评级体系中的整体性评价指标中的内容平衡性、信息可比性和可信度与透明度指标,包括完整性、平衡性、可比性、可靠性这四个社会责任信息质量特征,内容性评价指标中的社会责任议题内容包括实质性社会责任信息质量特征。

不仅如此,评级体系中还有技术性评价一级指标,包括报告政策、编写规范、可获得性和表达形式四个指标,涉及报告时间、发布周期、报告参考标准、行文流畅度、报告语言、报告可获得性、报告美工设计和排版、报告数据的图表化和图示化程度等技术性指标。虽然技术性指标更多只是反映报告的技术标准,而较少涉及社会责任信息披露的实质内容,但仍然可以是企业社会责任报告整体质量的一个侧面衡量标准。由此,润灵环球社会责任报告评级体系可以综合而客观地依据本书所界定的可比性、平衡性、完整性、可靠性和实质性这五个社会责任信息披露质量标准,来衡量我国企业社会责任信息披露的质量水平。

为了具体了解我国企业社会责任报告质量,依据润灵环球 MCT 评级系统中的整体性、内容性和技术性三个评价标准,对我国企业社会责任报告质量进行具体分析,见表 5-1。

表 5-1   2010~2013 年社会责任报告质量的具体分析   单位:分

年度	整体性(M)			内容性(C)			技术性(T)		
	平均值	最大值	最小值	平均值	最大值	最小值	平均值	最大值	最小值
2010	8.40	25.18	2.28	17.83	40.65	5.21	6.50	16.48	2.73
2011	10.83	26.83	3.28	15.78	35.72	3.56	7.09	18.38	3.68
2012	11.45	26.48	2.81	17.10	37.13	3.00	6.36	16.32	3.20
2013	13.16	26.02	4.45	17.75	37.31	5.63	6.23	15.88	3.86

---

① MCT 2010_1.1 版评价体系从 Macrocosm-整体性、Content-内容性、Technique-技术性三个方面分别设立一级指标和二级指标对报告进行全面评价,评分采用结构化专家打分法,满分为 100 分,其中整体性评价 M 值权重为 30%,满分为 30 分;内容性评价 C 值权重为 50%,满分为 50 分;技术性评价 T 值权重为 20%,满分为 20 分。

由表5-1各栏的平均值可见,在社会责任报告整体性方面,我国企业社会责任报告的质量水平逐年提升,但离30分的满分较远,即使是2013年达到最高值13.16分,也未超过15分的过半标准,可见我国企业社会责任信息披露质量整体水平偏低。

在报告内容性方面,除了在2011年度企业社会责任报告质量下降到15.78分之外,其他年度中,我国企业社会责任报告的质量变化不大,基本维持在17分左右,离50分的满分较远,也未达到25分的过半标准,可见我国企业社会责任信息披露内容质量也整体偏低。

在报告技术性方面,企业社会责任报告在2011年度增长到7.09分,其他年度中,报告的质量基本都在6分左右,变化较小,离20分的满分较远,同样也未达到10分的过半标准,表明企业社会责任信息披露技术水平整体偏低。

比较表5-1各栏的最大值和最小值,发现最大值和最小值相差较大,尤其是体现在报告内容性方面。可见,不同企业之间的社会责任信息披露质量存在着很大差异。

三、其他角度分析

为了全面了解我国企业社会责任信息披露质量展现出来的其他特征,本书从行业、地区、交易所、股票板块、企业是应规性披露还是自愿性披露以及应规性股票模块等方面对我国企业社会责任信息披露质量进行了分析。

(一) 行业角度的分析

本书从行业角度对样本期间我国企业社会责任信息披露质量进行了分析。行业划分标准按证监会2001年颁布的《上市公司行业分类指引》,共分为22类,具体行业分布如表5-2所示。

表5-2　2010~2013年我国不同行业社会责任报告质量分布情况

行业	2010年	2011年	2012年	2013年	总计
机械、设备、仪表制造业	69 (30.46)	81 (32.62)	86 (35.83)	104 (36.48)	340 (34.27)
金属、非金属制造业	47 (32.55)	54 (33.71)	56 (37.60)	59 (39.49)	216 (36.04)

续表

行业	2010 年	2011 年	2012 年	2013 年	总计
石油、化学、塑料、塑胶业	32 (29.34)	41 (30.38)	45 (33.65)	48 (36.85)	166 (33.13)
金融、保险业	30 (46.17)	33 (53.79)	43 (51.07)	40 (54.13)	146 (50.87)
房地产业	32 (28.37)	35 (30.29)	38 (30.08)	41 (35.17)	146 (31.18)
交通运输、仓储业	31 (36.60)	34 (37.17)	37 (38.94)	36 (39.16)	138 (38.04)
信息技术业	29 (29.45)	34 (31.30)	34 (33.36)	40 (36.96)	137 (33.07)
医药、生物制品业	30 (31.78)	29 (33.76)	31 (37.29)	31 (37.18)	121 (35.34)
电力、煤气及水的生产和供应业	23 (35.55)	24 (36.30)	28 (30.60)	28 (41.99)	103 (38.85)
采掘业	24 (41.63)	21 (45.17)	27 (44.05)	30 (46.03)	102 (44.30)
批发、零售业	19 (32.05)	24 (36.20)	28 (36.85)	28 (40.59)	99 (36.83)
食品、饮料业	15 (33.06)	16 (32.12)	22 (37.30)	28 (37.72)	81 (35.63)
电子业	15 (28.57)	14 (32.78)	16 (33.13)	24 (36.61)	69 (33.28)
综合类	14 (28.83)	14 (29.60)	17 (31.79)	18 (33.08)	63 (31.01)
纺织、服务、皮毛制造业	10 (26.81)	12 (26.72)	18 (31.83)	22 (34.60)	62 (31.01)
建筑业	12 (38.10)	10 (46.05)	17 (42.68)	19 (43.29)	58 (42.51)
造纸、印刷业	10 (26.47)	9 (26.42)	9 (29.56)	10 (31.43)	38 (28.49)
社会服务业	5 (29.12)	7 (31.57)	8 (36.22)	11 (38.61)	31 (34.87)

续表

行业	2010 年	2011 年	2012 年	2013 年	总计
农、林、牧、渔业	6 (30.63)	6 (31.17)	8 (33.20)	9 (35.60)	29 (32.99)
其他制造业	6 (25.72)	4 (32.97)	6 (31.22)	6 (36.01)	22 (31.34)
传播与文化业	4 (26.12)	3 (32.54)	4 (36.21)	6 (37.11)	17 (33.50)
木材、家具制造业	2 (27.91)	2 (25.00)	1 (24.03)	1 (22.31)	6 (25.36)

注：表中每栏第一行数字为社会责任报告份数，括号内数值为该行业社会责任报告润灵评级得分的均值。

由表5-2行业的总计栏可见，各行业报告得分均值在25~55分之间波动。社会责任报告得分最高的为金融、保险业，得分50.87分；其次是采掘业，得分44.30分；再次是建筑业，得分42.51分；社会责任报告得分最低是木材、家具制造业，得分仅25.36分。最高分与最低分相差25.51分，行业之间社会责任信息披露差异较大。11个行业的报告质量每年持续上升，包括机械、设备、仪表制造业、金属、非金属制造业、批发零售业、综合类等。木材、家具制造业的报告质量逐年下降，其他行业的报告分值只在某一个年度有所下降，基本呈持续上升之势。

其次，由表5-2可见，我国越来越多的行业发布企业社会责任报告，在2010~2013年，发布社会责任报告的公司几乎涉及我国所有的上市公司行业分类。发布报告数量最多的前三名行业分别为机械、设备、仪表制造业（340份）、金属、非金属制造业（216份），以及石油、化学、塑料、塑胶业（166份）。发布报告数量最少的行业为木材、家具制造业（6份）。

（二）地区角度的分析

本书从地区角度对我国企业社会责任信息披露质量进行了分析[①]，见表5-3。

---

① 地区划分标准主要参照全国人大八届五次会议中的划分方式，将我国划分为东部、中部、西部三个地区。东部地区包括北京、广东、福建、上海、浙江、江苏、山东、天津、辽宁、河北、海南等11个省（直辖市）；中部地区包括河南、安徽、湖北、山西、湖南、吉林、江西、广西、黑龙江、内蒙古等10个省（自治区）；西部地区包括四川、云南、新疆、陕西、重庆、贵州、青海、宁夏、西藏、甘肃等10个省（自治区、直辖市）。

表5-3 2010~2013年我国不同省市区社会责任报告质量分布情况

地域	省市区	2010年	2011年	2012年	2013年	总计
东部	北京	69 (37.14)	73 (41.43)	80 (43.17)	86 (44.88)	308 (41.87)
	广东	54 (37.39)	64 (42.14)	72 (43.55)	75 (44.45)	265 (42.21)
	福建	40 (28.20)	51 (28.47)	56 (31.32)	61 (33.09)	208 (30.54)
	上海	48 (37.14)	47 (36.00)	52 (40.24)	59 (42.54)	206 (39.13)
	浙江	32 (28.68)	34 (29.17)	43 (33.20)	51 (37.13)	160 (32.67)
	江苏	27 (30.32)	27 (32.95)	31 (34.02)	34 (36.51)	119 (33.64)
	山东	23 (31.55)	23 (33.36)	27 (35.89)	32 (36.37)	105 (34.53)
	天津	14 (31.35)	10 (33.22)	14 (35.10)	13 (33.66)	51 (33.33)
	辽宁	10 (28.75)	11 (25.92)	13 (32.54)	14 (35.69)	48 (31.12)
	河北	7 (34.91)	6 (41.05)	9 (43.33)	10 (42.40)	32 (40.77)
	海南	3 (27.88)	4 (37.08)	4 (37.27)	3 (42.57)	14 (36.34)
	小计	327 (32.12)	350 (34.62)	401 (37.24)	438 (39.03)	1516 (37.17)
中部	河南	11 (27.50)	17 (27.82)	21 (31.80)	33 (33.87)	82 (31.23)
	安徽	16 (29.36)	16 (31.22)	19 (33.91)	23 (36.82)	74 (33.25)
	湖北	14 (29.76)	13 (34.03)	15 (36.02)	16 (37.93)	58 (34.59)
	山西	11 (35.86)	11 (39.02)	10 (36.73)	12 (41.15)	44 (38.29)
	湖南	7 (28.65)	10 (28.04)	9 (32.87)	10 (35.83)	36 (31.53)

续表

地域	省市区	2010年	2011年	2012年	2013年	总计
中部	吉林	7 (26.25)	8 (28.25)	9 (29.65)	9 (32.72)	33 (29.34)
	江西	6 (29.02)	8 (29.33)	8 (32.10)	9 (33.71)	31 (31.26)
	广西	6 (27.03)	5 (30.89)	5 (35.50)	5 (35.40)	21 (31.96)
	黑龙江	2 (38.95)	3 (38.99)	4 (36.89)	5 (37.44)	14 (37.83)
	内蒙古	3 (29.78)	3 (32.23)	3 (33.15)	4 (40.83)	13 (34.52)
	小计	83 (30.22)	94 (31.98)	103 (33.86)	126 (36.57)	406 (33.09)
西部	四川	16 (31.99)	18 (32.72)	18 (37.31)	19 (39.02)	71 (35.40)
	云南	10 (36.16)	12 (38.96)	14 (42.80)	14 (44.32)	50 (40.98)
	新疆	6 (27.61)	7 (39.05)	11 (34.43)	11 (36.46)	35 (34.82)
	陕西	7 (29.43)	8 (35.98)	7 (35.41)	7 (37.51)	29 (34.63)
	重庆	6 (29.60)	5 (31.34)	7 (31.22)	5 (33.58)	23 (31.34)
	贵州	2 (22.02)	5 (28.28)	6 (32.09)	6 (31.93)	19 (29.98)
	青海	4 (30.27)	3 (31.97)	5 (29.78)	4 (34.95)	16 (31.60)
	宁夏	2 (26.15)	3 (22.02)	3 (28.52)	2 (33.73)	10 (27.14)
	西藏	1 (40.45)	1 (43.67)	2 (38.29)	4 (38.00)	8 (39.09)
	甘肃	1 (35.67)	1 (32.25)	2 (36.46)	3 (32.37)	7 (33.99)
	小计	55 (30.93)	63 (33.62)	75 (34.63)	75 (36.87)	268 (22.09)

注：表中每栏第一行数字为社会责任报告份数，括号内数值为该地区社会责任报告润灵评级得分的均值。

由表5-3的各地区小计栏可见，东、中、西部地区的企业社会责任报告质量每年均逐渐上升，质量最高的为东部地区，为37.17分；其次是中部地区，为33.09分；最低的是西部地区，为22.09分。最高分与最低分相差14.27分，东、中、西部地区的社会责任报告质量呈阶梯下降，地区之间社会责任信息披露质量差异较大。东、中、西部地区的企业社会责任报告的数量均逐年递增。发布企业社会责任报告数量最多的为东部地区（1516份），其次是中部地区（406份），最少的是西部地区（268份）。东部地区报告数量是中部地区的约3.73倍，是西部地区的5.65倍。

由表5-3的总计栏可见，各省区市中，广东和北京的企业社会责任报告质量排名前二（42.21分和41.87分），宁夏的社会责任报告质量最低（27.14分）。北京、广东和福建位于经济发展水平较高的东部地区，宁夏、西藏和甘肃位于经济发展水平较低的西部地区。发布企业社会责任报告数量最多的为北京、广东和福建（781份）。发布企业社会责任报告数量最少的为宁夏、西藏和甘肃（25份）。两种相差达31倍左右，省区市地区的报告数量差异巨大。在东部地区中，素有富饶之乡、经济较发达的上海市、浙江省和江苏省企业社会责任报告数量也较多，分别是206份、160份和119份。可见，我国企业社会责任报告存在显著的区域差异，社会责任信息披露和经济发展水平密切相关，经济发展水平较高地区的披露程度高于经济发展水平较低地区。

（三）其他角度的分析

本书从交易所、股票板块、企业发布意愿以及应规性披露股票板块角度对样本期间我国企业社会责任信息披露质量进行分析，见表5-4。应规性披露股票板块是指中国证监会强制性要求披露社会责任报告的上证公司治理板块、上证海外板块、上证金融板块、深证100指数四大板块公司。

表5-4　2010~2013年我国交易所、股票板块、发布意愿以及
应规发布模块社会责任报告质量分布

		2010年	2011年	2012年	2013年	总计
交易所	上交所	299 (33.60)	319 (35.73)	347 (37.59)	376 (39.43)	1341 (36.78)
	深交所	166 (31.01)	188 (33.16)	232 (36.43)	263 (38.18)	849 (35.19)

续表

		2010 年	2011 年	2012 年	2013 年	总计
股票板块	主板	410 (33.00)	430 (35.20)	468 (37.41)	492 (39.53)	1800 (36.46)
	中小板	49 (30.19)	65 (32.74)	92 (36.06)	119 (37.01)	325 (34.86)
	创业板	6 (31.07)	12 (30.54)	19 (35.40)	28 (36.33)	65 (34.50)
发布意愿	应规	332 (34.07)	364 (36.33)	369 (38.86)	385 (40.58)	1450 (37.58)
	自愿	133 (29.20)	143 (30.84)	210 (34.08)	254 (36.40)	740 (33.37)
应规发布模块	深证100指数	77 (33.09)	88 (36.42)	89 (40.07)	99 (41.57)	353 (38.06)
	上证金融	20 (55.31)	25 (59.58)	26 (58.68)	26 (59.81)	97 (58.52)
	上证海外	36 (51.01)	50 (49.37)	42 (57.46)	42 (57.14)	170 (53.64)
	上证治理板块	250 (34.12)	248 (35.40)	270 (38.12)	275 (39.85)	1043 (36.97)

注：表中每栏第一行数字为社会责任报告份数，括号内数值为企业社会责任报告润灵评级得分的均值。

从表5-4总体来看，上交所和深交所发布的社会责任报告质量均逐年递增。从交易所来看，上交所发布的社会责任报告无论是总计，还是各个年度，其质量均高于深交所发布的社会责任报告，整体水平优于深交所，这与沈洪涛、金婷婷（2006）得出的上海证交所上市公司的社会责任信息披露明显优于深圳证交所的上市公司的结论是一致的。这可能是由于上交所的股票板块以主板为主，企业规模较大、数量较多，而深交所除了主板外，还有较多中小板和创业板的高新技术产业公司，公司规模普遍偏小，具有较大的不稳定性，社会责任信息的披露并无合适的指引可参考，社会责任信息披露意愿相对较弱。

从表5-4股票板块来看，主板企业社会责任报告质量为36.46分，高于创业板和中小板企业的报告质量，但各板块之间的质量差距不大。主板企业发布社会责任报告的数量最多（1800份），创业板企业发布社会责任报告的数量最少（65份），主板公司数量是中小板和创业板公司数量之和的4.5倍。从

表5-4发布意愿来看,应规性企业和自愿性企业报告质量均为逐年上升,但应规性企业发布的社会责任报告数量明显高于自愿性企业。从表5-4应规发布模块来看,社会责任报告质量最高的是上证金融公司(58.52分),质量较低的是深证100指数(38.06分)。发布社会责任报告数量最多的为上证治理公司(1043份),其次是深证100指数、上证海外和上证金融公司。

通过对2010~2013年沪深两市706家公司的2190份社会责任报告的分析,本书发现:(1)我国企业社会责任信息披露质量水平在逐渐提升,但整体质量水平偏低。企业社会责任信息披露数量的增长和质量的提升严重不匹配,数量的增长幅度远大于质量的提升幅度。(2)企业社会责任信息披露质量具有明显的行业和地区差异,经济发展水平较发达的东部地区的企业社会责任信息披露水平,高于经济发展水平较低的西部地区。(3)沪市公司的社会责任信息披露质量优于深市公司。各股票板块之间的社会责任报告质量差距较小。应规性企业社会责任报告质量优于自愿性企业。(4)在应规性发布模块中,社会责任报告质量最高的为上证金融公司,社会责任报告数量最多的为上证治理公司。

四、基于区域性的视角分析

企业社会责任信息的独立性报告为学者研究提供了较为丰富的素材。但受企业所有制性质、规模、行业和地域等因素影响,企业承担社会责任的水平和信息披露质量存在差异。一些学者针对地区性上市公司进行了相关研究,如河南、甘肃、安徽、贵州、四川、沈阳和内蒙古等地区,从中可了解到我国区域性企业社会责任信息披露状况。例如,董雪雁(2011)发现河南省大多数上市公司没有专门出具社会责任报告,信息披露内容不统一,格式不规范,披露信息没有第三方鉴证。苏淑艳(2012)对河南省上市公司社会责任信息披露状况的统计分析,发现以专门的社会责任报告为载体集中披露社会责任信息的公司约只占1/3,不同行业的披露积极性差异较大,其中采掘业、金属非金属制造业及电力煤气水行业等高污染行业披露信息较多,社会责任信息披露的详细程度差异较大。廖富阔、陈寒(2010)以2006~2008年甘肃省上市公司年报为例,发现西北地区的信息披露方式和披露内容水平低于2006年的全国上市公司平均水平,环保信息、慈善捐助和其他利益相关者信息披露相对匮乏,信息披露具有较大的随意性和不一致性。但披露质量逐年提高。胡北忠、陈春明

(2010)以贵州省2010年度上市公司为样本,发现社会责任信息披露多以文字表述为主,社会责任信息披露分散于年报中,没有明确的社会责任项目,信息缺乏数据的支撑。李莉(2011)以2008~2010年安徽上市公司年报为样本,发现安徽上市公司社会责任信息披露远远低于2006年全国平均水平,信息披露重视不够,披露形式单一,披露内容不充分,缺乏对公共关系和公益事业的披露。蔡刚、干胜道(2010)以四川省2008年上市公司的年报和社会责任报告为样本,发现国有、盈利和大型企业更愿意披露社会责任信息,沪深两市公司在披露形式上有显著差异,业务外向性对披露没有显著影响,披露以满足政府要求和证交所要求为主。朱雅琴(2011)以2008年沈阳上市公司为研究对象,发现公司只提供少量的定量信息,定性信息较多,国有控股上市公司社会责任信息披露水平和民营控股上市公司有显著差异,前者明显优于后者。赛娜(2012)以2009年内蒙古自治区15家上市公司为研究对象,发现独立报告极少,大多公司只是在年报中简单披露社会责任信息,主要分散在董事会报告的经营情况回顾或报表附注中,自然资源和环境的定量信息披露比例最高。

从现有区域性社会责任信息披露研究文献来看,上市公司社会责任报告是主要研究对象,各地区之间的社会责任信息披露水平相近,存在的问题与以黎精明、陈玉清、马丽丽、刘长翠,孔晓婷等学者为代表的较早的企业社会责任信息披露研究结论类似:数量少且零散而不全面,披露的连续性差,披露的信息以定性文字描述为主(陈玉清、马丽丽,2005),上市公司社会责任信息披露仅停留在自发原始阶段,既不规范又不完整,披露也无规律可循(刘长翠、孔晓婷,2006)。这可能是因为这些省份或城市的研究样本与较早学者的研究样本基本上都是上市公司,样本重叠性导致结论类似。然而,我们认为区域社会责任信息披露研究仍然是有必要的。"分区研究是为了更细致、更具体地认识整个中国。""小社区的典型研究,对于理解一个社会内部多种因素的相互关系,从总体上把握社会发展的趋向,具有其他研究所不能取代的意义。"

本书以2008年1月至2013年4月之间湖北省制造业上市公司发布的企业社会责任报告为研究样本,以了解湖北省企业社会责任报告的质量。本书社会责任报告包括企业社会责任报告、可持续发展报告、企业公民报告等,未考虑单一的员工报告、环境报告、环境健康安全报告、社会报告等。统计结果表明在该时间段内,湖北省制造业54家上市公司有17家(31%)发布了55份社会责任报告。

(一) 报告编制依据

相对于财务数据而言,企业社会责任信息披露最大的特点是难以计量。由于衡量企业社会资产、社会负债、社会成本和社会收益的标准无法统一,不同公司得到的数据可比性大大降低(张涛、吴生秀,2010)。Ramanathan(1976)指出:"对企业的社会影响活动进行全面分析最困难的因素是为每个活动确定相关的社会成本和社会收益比率;原因在于社会影响活动不能进行市场检验,没有一个恰当的程序表明所确定的比率是客观的"。社会责任报告编制依据是企业披露社会责任信息的基本指南或标准依据,是企业具有可比的社会责任披露信息的框架模式。社会责任报告编制说明一般包括发布周期、时间范围、内容界限、参考依据说明等事项。根据样本统计,湖北制造业上市公司有30份报告(55%)明确表明是依据相关组织发布的指南以及行业标准进行编制,有25份报告(45%)未指明编制依据。各年度中不同报告编制依据所对应的社会责任报告份数如表5-5所示。

表5-5　　　　企业社会责任报告编制依据统计　　　　单位:份

报告编制依据	2008年	2009年	2010年	2011年	2012年	2013年	合计
《可持续发展报告指南GRI(G3)》	1	2	3	4	5	1	16
国资委《关于中央企业履行社会责任指导意见》	1	2	3	2	3	0	11
深交所《上市公司社会责任指引》	0	2	2	1	2	2	9
上交所《公司履行社会责任的报告》	0	1	2	2	2	0	7
《上海证券交易所上市公司环境信息披露指引》	0	1	2	1	1	0	5
上交所《关于加强上市公司社会责任承担工作暨发布(上海证券交易所上市公司环境信息披露指引)的通知》	0	0	1	1	1	0	3
深交所《主板上市公司规范运作指引》第九章社会责任相关规定	0	0	0	1	0	0	1
上交所《关于做好上市公司2011年度报告工作的通知》	0	0	0	0	1	0	1

从表5-5可见,上市公司社会责任报告的编制依据有两个特征:第一,

编制依据多元化，即报告并非只以一种指引为依据，而是参考多个编制指南。第二，编制依据最多的是 GRI 颁布的《可持续报告发展指南 G3》。另外，参考依据相对较多的为国资委发布的《关于中央企业履行社会责任》、深交所发布的《上市公司社会责任指引》和上交所发布的《〈公司履行社会责任的报告〉编制指引》。这种现象表明：第一，基于其在全球范围内的影响力和公认度，可持续发展报告指南 G3 在我国被很多上市公司认可和参照引用；第二，湖北制造业上市公司绝大部分社会责任报告依据了上交所或深交所发布的指引或规定，可见我国证券交易所对上市公司的社会责任信息披露影响较大；第三，湖北制造业为全国主要工业基地之一，一些大型国企如武钢、东汽、华新响应国资委出台的社会责任相关规定，将发布可持续发展报告作为响应国家关于构建和谐社会、推动可持续发展号召的手段。

（二）报告框架模式

我国企业的社会责任报告披露的框架主要有三种模式：第一种为 GRI 模式。这是由全球报告倡议组织 GRI 所发布的《可持续报告发展指南》的框架模式，由于这种模式为社会责任信息披露提供比较全面且可操作的参考框架，已成为全球使用范围最广的社会责任报告标准模式。GRI 模式将社会责任报告基本分成战略概括、管理流程和业绩三大类，其中业绩部分分别从经济业绩、环境业绩和社会业绩这三个方面来阐述企业的社会责任情况。第二种为利益相关者模式。这种模式是基于利益相关者理论，从公司的利益相关者，即股东、债权人、职工、供应商、客户和消费者等利益群体角度阐述其权益保护、环境保护与可持续发展、公共关系和社会公益事业等社会责任情况。第三种为其他报告模式。即公司根据所处行业特点和企业自身特色编制社会责任报告，这种模式的特点是报告的设计和表述有很大的灵活性，没有一定的编制参考依据，因此与前面两种模式比较，缺乏一定科学性、规范性和严谨性。

湖北省制造业上市公司 55 份社会责任报告中有 39 份报告采用利益相关者模式，14 份报告采用 GRI 模式，兴发集团 2010 年度和航天电子 2009 年度社会责任报告为其他报告模式。这反映了利益相关者模式是制造业社会责任信息披露主要模式，但 GRI 模式也是近年一些公司的选择，所占比重逐步增多，其他报告模式所占比例极少。

(三) 报告披露内容

目前国内外多从企业社会责任信息披露内容角度来衡量社会责任信息披露质量的高低。李正、向锐（2007）认为企业社会责任信息包括内涵和外延两方面，内涵是企业在经济责任之外承担的责任，包括法律规定的活动和企业自愿从事的活动；外延包括环境、员工、社区、一般社会问题、消费者及其他类。沈洪涛、杨熠（2008）将企业社会责任信息披露内容分为环境、员工、产品、社区和其他利益相关者。詹长杰（2012）将社会责任信息披露的内容分为环境问题类、员工问题类、一般社会问题类、消费者类、其他类等。结合上述研究和样本情况，按照环境、员工、社会、消费者和其他五大类对湖北省制造业上市公司社会责任报告披露内容进行分析，各年度中具体披露内容所对应的社会责任报告份数如表5-6所示。

表5-6　　企业社会责任报告披露内容统计　　单位：份

披露内容	2008年	2009年	2010年	2011年	2012年	2013年	总计
1. 环境类							
污染控制	2	9	10	12	15	7	55
环境污染恢复	2	4	3	4	6	2	21
节约资源与能源	2	8	10	12	15	7	54
废旧材料回收	2	6	7	7	12	3	37
支持环保产品	2	8	10	11	12	6	49
2. 员工类							
员工健康与安全	2	9	10	12	15	7	55
员工业绩考核与激励	2	9	10	12	15	7	55
员工培训	2	9	10	11	14	7	53
员工失业安置	2	5	5	3	4	2	21
3. 社会类							
公益与其他捐赠	2	9	10	12	15	7	55
医疗教育或公共安全	2	9	9	12	12	4	48
考虑弱势群体的利益	2	9	10	11	12	6	50
社区贡献	2	6	7	9	10	4	38
4. 消费者类							

续表

披露内容	2008 年	2009 年	2010 年	2011 年	2012 年	2013 年	总计
产品安全与质量提高	1	9	8	12	10	7	47
5. 其他类							
债权人、供应商利益	0	9	8	10	10	6	43

从表 5-6 可见，披露内容最多的分别是污染控制、员工健康与安全、员工业绩考核和激励、公益与其他捐赠，其次是节约资源与能源、员工培训、医疗与教育或公共安全、产品安全与质量提高，反映了企业对环境、员工、社会、消费者方面的社会责任履行情况的重视。企业对环保方面的重视可能源于两个原因：第一，湖北是"两型社会"示范区，近年来政府、社会和企业高度关注与支持企业社会责任，政府一直致力于推行以人为本和谐发展的社会价值观念和环境保护与可持续发展的理念。第二，湖北制造业集中在钢铁、汽车、电力、机械、化工和纺织等资源环境类行业，企业环境保护和节能减排是企业社会责任重点。企业对员工类信息披露的重视反映出员工的健康与安全在员工权益保障的重要性，企业重视员工的培训和激励。在公益捐赠方面，其披露比重之高一直是我国企业社会责任报告的特征。2007～2011 年的中国慈善排行榜企业捐赠统计表明央企、各类国有金融企业、其他国企以及民企在救灾、扶贫、教育、社会公益、助学助残等进行了大量公益捐款。可见社会公益事业是展现企业承担社会责任良好正面形象的一种宣传手段和直营方式。产品安全和质量的披露表明消费者可以通过"货币投票"对企业商品生产者和销售者具有终极影响力，影响着购买决策和行动并最终影响企业市场地位，使企业在产品生产或出售过程中关注产品质量。

我们同样观察到，员工的失业安置和环境污染恢复的披露比例不高，约一半的企业披露了这些信息。这说明：第一，一些企业仅重视员工在职利益，不重视员工失业离职后福利或安置问题。第二，企业社会责任报告多披露企业的贡献，很少或只是隐晦地提及其对社会的污染不利影响。意见反馈表只有烽火科技在 2009 年和 2010 年发布的社会责任报告中提及。

（四）关键绩效指标披露

社会责任关键绩效指标分为市场绩效、社会绩效和环境绩效三个方面。本书参照全球报告倡议组织（GRI G3）以及中国社会科学院 2009 年发布的《中国企业社会责任报告编写指南》的规定，将市场绩效指标、社会绩效指标和环境绩效指标进行细分，具体披露情况如表 5-7 所示。

表 5-7　　　　企业社会责任报告关键绩效指标内容统计　　　　单位：份

指标内容	2008 年	2009 年	2010 年	2011 年	2012 年	2013 年	合计
1. 市场绩效指标							
主营业务收入	2	3	2	6	4	4	21
利润总额	2	3	4	7	3	4	23
每股收益/净资产收益率	1	3	3	4	3	1	15
资产负债率	0	0	0	0	0	0	0
2. 社会绩效指标							
职业病	2	2	2	2	2	2	12
客户满意度	2	3	2	4	7	3	21
工伤事故	2	5	9	12	10	7	45
纳税额	2	2	3	6	4	4	21
员工总人数	1	2	2	3	3	1	12
劳动合同签订率	0	4	5	5	6	3	23
社会保险覆盖率	0	3	2	2	3	1	11
工会覆盖率	0	1	1	1	0	0	3
女性管理者比例	0	0	0	2	2	0	4
残疾人雇用率	0	0	0	2	3	1	6
员工培训投入	0	1	0	1	2	1	5
公益捐赠	1	9	6	12	10	4	52
志愿者人数	1	1	1	2	4	0	9
员工流失率	0	0	1	1	0	0	2
3. 环境绩效指标							
环保总投资	0	2	2	4	2	0	10
单位产值能耗	1	3	4	1	2	0	11
单位水值能耗	0	0	0	0	0	0	0
废气排放量	0	2	2	4	2	0	10
废水排放量	0	2	2	2	0	0	6
废渣排放量	1	1	1	1	1	0	5
节约能源量	1	2	4	3	1	1	12

从表 5-7 来看，关键绩效指标披露主要有以下特征：第一，报告涉及了企业社会责任关键绩效指标的诸多方面，市场绩效指标和社会绩效指标披露比重较大，环境绩效指标披露相对不多。第二，大部分企业较多披露能为企业带来正面影响和提升企业形象的数据，如公益捐赠、利润总额、节约能源量等，较少披露员工流失率、职业病、环境绩效等指标信息。第三，华新水泥、武钢等环境敏感型企业在环境绩效指标方面披露详细，其他企业在环境绩效指标方面披露较少，反映了行业属性对社会责任信息披露影响，环境敏感型企业更多地受环保方法律法规约束。第四，劳动合同签订率的披露比例反映了随着法律意识的增强，公司越来越重视员工的利益保障。部分企业还披露了招聘残疾人的信息。第五，报告中较少披露员工流失率、工会覆盖率、员工培训投入、女性管理者比例信息。

（五）其他角度方面

在索引要求方面。按照 GRI 指南的要求，企业社会责任报告中需要有一定形式的指标索引，以增加数据的检索速度。湖北省制造业上市公司的 55 份社会责任报告中，大多数公司缺乏指标索引的披露。只有九州通医药集团股份有限公司在 2010 年度的企业社会责任报告附录中附上 GRI 的指标索引。可见，尽管一些企业采用了 GRI 报告模式，但也是部分借鉴，并未严格按照 GRI 的报告要求来披露，报告缺乏一定严谨性和规范性。

在报告审验方面。湖北省制造业上市公司的 55 份社会责任报告中并无一份报告有规范的审计报告。诸如武钢集团这样的大型国企，也只是在它所有社会责任报告开头表明"本公司董事会及全体董事保证本报告内容不存在任何虚假记载、误导性陈述或重大遗漏，并对其内容的真实性、准确性和完整性承担个别及连带责任。"马应龙药业集团股份有限公司的 2009 年社会责任报告中仅标明第三方评价，2010 年社会责任报告中标明有社会认可。分析原因有三：目前我国社会责任信息披露为自愿披露，企业披露依据标准不统一，社会责任审验难以得到正式和全面的践行。其次，社会各界对社会责任审验的认识比较缺乏，审计人员对社会责任审验的方法和内容了解较少，另外，社会责任审验的审计指南、具体实施方法和评价标准的缺乏增加了审验依据的不足和主观判断，降低审验结论的可信度。

报告数量方面。湖北省制造业上市公司社会责任报告数量呈递增趋势。

2008年以前，湖北省制造业上市公司未发布社会责任报告；2008年2家企业发布报告（如中航精机、华新水泥）；2009年9家发布报告；2010年和2011年10家发布报告，2012年14家发布报告，2013年4月止已有7家发布报告。

报告页数方面。湖北省制造业上市公司之间社会责任报告页数差异较大，少则几页，如凯乐科技2010年发布的2009年度报告只有3页，多则几十页，如华新水泥2009年发布的社会责任报告为68页。在报告周期上，除了中航精机2008年发布的社会责任报告跨越周期为2000~2007年之外，其他企业社会责任报告的披露周期均为一个会计年度。在报告连续性方面，连续披露达5次的有3家（湖北宜华、天药集团、华新水泥），连续披露达4次的有5家（烽火通信、武汉钢铁、凯乐科技、航天电子、马应龙药业），连续披露达3次的有3家（双环科技、广济药业、东风汽车），连续披露2次的有5家（光迅集团、兴发集团、国药集团、安琪酵母、九州通集团），仅有1次披露的为中航精机。

（六）结论和思考

本书以湖北省制造业上市公司2008年1月至2013年4月之间发布的55份企业社会责任报告为研究样本，从报告编制依据、报告框架模式、报告披露内容、社会责任关键绩效指标和其他方面分析湖北制造业上市公司社会责任信息披露特征，发现湖北制造业上市公司社会责任报告披露框架模式多为利益相关者模式，内容偏重披露企业对环境、员工、社会、消费者的责任和市场绩效指标和社会绩效指标，环境绩效指标披露多见于环境敏感型企业。报告页数差异较大，连续披露性不强，缺乏指标索引披露，缺乏报告第三方审验。GRI（G3）、国资委发布的《关于中央企业履行社会责任指导意见》和证券交易所发布的相关规定对湖北制造业上市公司社会责任报告披露影响较大。

基于现有文献其他区域社会责任信息披露的分析，发现湖北制造业上市公司同样有着其他区域存在的普遍问题，如社会责任信息披露程度不够、披露内容不规范、审验度较低等。针对目前现状，我们希望：（1）更多的企业发布其社会责任报告，使社会责任报告的发布制度能像财务年报一样得到广泛认可。（2）加强企业对社会责任信息的实质性披露，逐步要求企业披露以货币化信息为主的报告，编制关键绩效指标表，增加报告的准确性和可比性。(3) 规范企业社会责任报告体系,倡议国内公司全面采用 GRI 格式编制社会责任报告,使内容和层次更加合理明晰。(4) 增加社会责任报告的审验程度,提高社会责任会计信息披露水平,增强报告的可信度和可验证性。

第六章

我国企业社会责任信息披露的特征表现

在西方发达国家,社会责任及环境会计是资本市场的重要问题和学术热点。在中国,随着社会责任运动的发展和政府、社区、合作伙伴、消费者、投资者、员工、管理层的需求变化以及经济发展中伴随的环境污染、产品质量、生产安全等社会问题,企业社会责任及其信息披露已引起政府、公众和企业重视。2005~2016年,社会责任报告成为中国企业最注目的自愿性非财务信息披露,为分析社会责任信息披露提供了丰富的素材。总体来看,理论研究多以利益相关者理论或合法性理论为主;实证研究多从公司规模、盈利能力、财务杠杆、股权结构、董事会特征、所属行业等公司特征探索社会责任信息披露的影响因素;规范描述性分析多统计分析社会责任信息披露现状。从研究方向来看,主要有社会责任信息披露影响因素、信息披露经济后果和信息披露水平质量描述研究。社会责任信息披露在发展过程中逐渐形成一些比较明显的特征。

一、企业社会责任信息披露的主体特征

(一) 公司规模

在众多影响社会责任信息披露的因素中,公司规模是一个高度相关变量。大量国外实证研究结论已表明,公司规模影响着社会责任信息披露水平,公司规模与社会责任信息披露程度有着显著正向关系,尤其在环境敏感性行业中更加明显 (Deegan and Gordon, 1996)。国内文献也认同公司规模是影响公司社会责任信息披露程度的重要因素,社会责任信息披露往往与企业规模、压力集团、重污染行业企业正相关。在发布社会责任报告的众多企业中,规模越大,盈利能力越好的公司倾向于披露社会责任信息 (沈洪涛,2007)。从理论上分

析,大公司具有经济规模效应、较低的披露成本和分散的股权。很多大公司包括跨国集团、国有大型企业日益意识到社会责任信息披露的重要性和价值效益,倾向拥有更大的社会责任影响(Cowen et al.,1987)。代理成本也使依赖外源资本的大公司更主动地披露信息(Jensen and Meckling,1978),降低因股权分散产生的高代理成本(Meek et al.,1995)。从公众压力和关注度来看,大企业披露社会责任信息的动力和披露要远远高于中小企业(Adams et al.,1998; Purushothaman et al.,2000)。Cowen(1987)指出公司规模、盈利能力、公司所在地行业以及公司是否存在社会责任委员会与企业社会责任信息披露正相关,公司规模越大,社会关注越多。另外,从企业内部的资源和能力来看,规模较大的企业拥有较高的可支配资源,使企业具有经济基础考虑社会责任及其信息披露,其企业管理者拥有较高水平的视域、管理知识和能力,从而使其能兼顾包括更好地履行社会责任在内的企业多重战略目标(陶文杰、金占明,2012)。

(二) 财务绩效

根据 Margolis 和 Walsh(2001)的研究,1971~2001 年,检验社会责任和财务绩效两者关系的有 122 篇文章,分为两类:其一,用事件研究法检验从事社会责任和不从事社会责任对公司短期绩效的影响;其二,通过对企业财务绩效指标的设置,检验企业社会绩效和长期财务绩效的关系。两类研究未有统一结论,正如 Arlow 和 Gannon(1982)指出的"经济业绩与社会反应之间并无直接关系,无论是正向或负向关系"。企业社会责任信息披露与财务绩效关系研究的主要有正相关、负相关/非相关结论,其中支持正相关关系的文献居多。(1)正相关关系研究。该研究认为社会责任信息披露可以树立积极的社会形象和提高社会声誉,获得更多相关组织支持和投资者投资,降低商业风险,更能满足不同利益相关者的期望,促进企业获得比较高的财务绩效。Adams(2008)指出提升企业形象和利益相关方对企业的赞誉是企业发布社会责任报告的最大动机。Bebbington 等(2008)提出社会责任报告是企业声誉管理的一部分。Lai 等(2010)认为社会责任报告可成为公司声誉风险管理、建立品牌效应的有效工具。(2)负相关或非相关关系。该研究认为企业履行社会责任导致额外费用支出,降低企业盈利能力。尤其是以 Friedman 为代表的社会责任反对派认为社会责任的费用会增加公司利益相关者的负担,投机性管理人员为了提升自身社会地位,可能会以社会责任的名义滥用投资者投入的资金

(Friedman, 1962)。Brammer 和 Millington (2008) 也认为社会责任活动资源的耗用将产生管理层利益,而不是股东的经济利益。其他学者如 Hackston 和 Milne (1996)、Patten (2002)、Clarkson 等 (2008) 发现企业本期财务业绩和企业社会责任正相关关系不显著。社会责任信息披露与企业绩效之间没有关系 (Aragon and Lopez, 2007; Brine et al., 2007) 或负相关 (Wagner et al., 2002)。可以看到,学者研究角度或选取指标的不同往往导致相反或不明朗的结论。另外,影响企业行为的因素众多,错综复杂,到底是社会责任信息披露促进了企业财务绩效,还是企业财务绩效促进社会责任信息披露的因果导向关系仍有待探索。

(三) 行业属性

行业属性对企业社会责任信息披露有着重要的影响。同一行业的公司往往会遵循相同的策略 (Sanchez and Heene, 2004)。这些相似政策之所以存在是因为同一行业的企业倾向于与行业特质保持一致性,如政治脆弱性或多元化程度 (Craven and Marston, 1999)。Wallace 和 Naser (1995) 发现领导型企业的社会责任和环境信息披露影响着该行业其他小公司的信息披露程度。逆向选择理论指出如果某一企业与该行业的普遍实践保持不一致,则意味着该企业隐藏了坏消息 (Craven and Marston, 1999)。早期学者已关注到不同行业的公司责任以及社会责任信息披露水平和倾向存在差异。例如,Sturdivant 和 Ginter (1977) 就强调了行业差异对企业社会责任研究的重要性。Waddock 和 Graves (1997) 发现社会责任信息披露因行业不同而存在较大差异。近代学者 Boutin-Dufresne 和 Sacaris (2004) 进一步指出某些特定行业受其经营性质的影响,会具有更强的社会责任举措。另外,环境影响较大等行业则倾向披露更多的环境信息。我国学者也得出类似结论。李正 (2006) 发现重污染行业与企业履行社会责任正相关。马连福、赵颖 (2007) 指出行业属性是我国上市公司社会责任信息披露的重要影响因素。孙清亮、张天楠 (2011) 发现重污染行业企业所披露的社会责任信息比一般企业所披露的信息更多。鉴于行业因素对公司决策和行为的重要影响,实证研究往往会将其作为控制变量,并主要从是否是环境敏感型企业方面分析行业差异。

(四) 公司治理

公司治理的规范性和完善性对企业经营目标、经济效应和社会责任管理有着重要影响作用。只有在公司治理上取得成功,社会责任才能成功(Akerstrom,2009)。两者在责任性、透明度和诚信方面有一定重合度(Jamali et al.,2008)。公司治理中的股权结构、董事会特征、董事会领导权构成等对社会责任信息披露具有一定影响。股权结构研究主要考察不同股权集中类型对社会责任信息披露影响,如高管持股比例对产品质量和环境保护的影响(Johnson,1999)、法人股比例与社会责任信息披露(毛小敏,2008)、国有股持股比例与社会责任信息披露(卓敏、胡勇,2012;于晓谦、程浩,2010)、公司内部人员持股比例与社会责任披露(Abrahamson and Amir,2006;Nazli,2007)的关系。从董事会特征研究来看,多从董事会规模(毛小敏,2008)、董事会人数、独立董事比例和监事会次数(Abdullah and Nasir,2004;卓敏,胡勇,2012)研究董事会特征与企业社会责任信息披露的关系。从董事会领导构成研究来看,主要检验董事会与总经理二职是否合一对社会责任信息披露的影响(Simon and Wong,2001;Gul and Leung,2004;马连福等,2007;于晓谦等,2010)。不同的研究角度、指标变量或样本选取导致结论有很大差异。从宏观上来看,各国政治、经济、社会环境、历史文化和发展水平存在差异,其公司治理模式也会存在差异,如英美法系型公司治理模式、大陆法系型公司治理模式和韩国、东南亚的家族公司治理模式。从微观来看,公司在不同的发展阶段往往也会采取不同的公司治理方式。

(五)所有权性质

企业所有权性质是企业行为动因的一个重要影响因素。毕马威国际会计公司2011年的国际调研指出"公司所有权结构直接影响公司公布企业责任活动的倾向,公开股票上市公司往往在企业责任报告上比其他类型的所有权结构的公司更为先进"。在东亚地区,学者对家族控股模式盛行的新加坡和马来西亚等国家以及中国香港特别行政区进行了研究,发现所有权结构和自愿性信息披露有着一定联系(Chau,2002;Eng and Mak,2003;Ghazali and Weetman,2006;Haniffa and Cooke,2002)。这些公司对外保守消息的文化固质阻碍着政府试图改革公司信息可验证性和透明度的力度,其自愿性披露意愿较低。中国在经济转轨过程中,政府对企业资源的控制和供给起着重要作用。政治关系对企业慈善捐赠行为有显著影响(李四年,2010;贾明,2010),产权性质会影响政治关联动因(刘慧龙等,2010)。张正勇、陈良(2012)发现国有控股公司和民营控股公司的社会责任报告自愿披露动机具有一定差异性。孙烨等（2009）发现所有权性质不同的企业在信息披露上存在显著差异。张译文等（2011）认为上市公司社会责任信息披露水平受公司属于国有控股企业等影响较大，且与公司社会责任信息披露水平正相关。褚志姣（2012）认为终极控制人性质对企业社会责任贡献率有重要影响；终极控制人为国有性质企业，比终极控制人为非国有性质企业履行了更多的企业社会责任。黎文靖（2012）认为我国公司社会责任信息披露是新兴市场中政府政治干预下企业的寻租行为，企业所有权结构对其有影响作用。总体来看，这些观点基本认同企业所有权差异导致社会责任信息披露的差异。

二、企业社会责任信息披露的行为特征

（一）印象管理行为

印象管理假定一种弱式的市场有效，在短期内投资者无法获知足够信息来评判管理层偏好，因此管理层可以通过印象管理影响公司股价，最终影响资本配置，提高管理层薪酬（Rutherford，2003；Courtis，2004；Merkl - Davies and Brennan，2007）。Clatworthy 和 Jones（2001）和 Yuthas 等（2002）提出印象管理控制和操纵呈现给信息用户的印象，从而可战略性地管理其感知印象。Healy 和 Wahlen（1999）认为这种行为可操纵信息披露内容和展现方式，改变用户对公司经济业绩的认知。Cho，Robert 和 Pattern（2009）发现 KLD 指数评级较低的公司采用印象管理手段，包括高调披露利好消息而隐藏利坏消息，或者把积极业绩归属于公司内部因素，指出上司公司印象管理行为主要表现为自利性归因、操纵可读性和设计财务报告的内容、语言、封面、图片、颜色、段落、字体等方式。赵敏（2007）指出在自愿性信息披露中，公司运用综合信息传递策略，采用一切尽可能手段弱化财务业绩下降的不良信息的传递策略。梅跃碧（2009）认为公司通过打造语言特色、选择性披露和操纵信息可读性等构建公司形象，导致社会责任信息披露与公司价值相关性不大。李红等（2009）指出印象管理行为对社会责任信息披露的可靠性、相关性、可比性方面产生影响。吉利等（2010）指出组织印象管理主要影响着社会责任报告质量特征的平衡性和可靠性。王维虎、李娟（2012）指出印象管理影响社会责任信息的可靠性、相关性、清晰性和可比性，法律法规的完善和外部监督机制

的建立可规范印象管理和提高披露质量。社会责任信息披露的印象管理特征表明社会责任信息披露是企业因其战略或经营需要而采取的主动对外交流方式，是为了实现直接或间接目的而采取的信息披露操纵和控制行为。

（二）"羊群行为"

"羊群"效应源自于生物学的聚群行为研究，后应用于行为金融学中，成为用来描述金融市场中投资者从众行为的术语。在证券市场中，"羊群行为"是指投资者在信息环境不确定的情况下，受到其他投资者的决策影响，模仿他人决策，或者过度依赖于舆论，而不考虑自己信息的行为，也被称为从众或群体行为。其最大的特点就是个人通过观察他人行为，并且明显模仿跟从他人行为，从而产生群体性的传播现象。

在基金投资市场"羊群行为"的研究中，学者多采用 Lakonishok，Shleifer 和 Vishny（1992）提出的 LSV 方法或从众度以及 Christie 和 Huang（1995）提出的横截面报酬标准差（CSSD）方法来检验，开放式基金投资股票市场是否存在着"羊群行为"。企业信息披露的"羊群行为"已受到一些学者关注，他们观察到在相同环境下，生存的驱动力促使组织限制并强迫同一群体中的个体单位去模仿其他个体（Hawley，1968）。Brown 等（2006）提出同行业或同类型自愿性信息披露行为存在"羊群效应"，尤其在高竞争行业中。"羊群效应"产生原因可能在于受同类公司前期自愿披露的具体信息内容的影响（信息"羊群效应"）和管理者们对于他们声誉的考虑（声誉"羊群效应"）。汪炜（2005）认为只要公司的信息获取之间存在正相关关系，投资者的重新评价将引起足够数量的公司披露信息，导致其他公司披露信息的可能性增加。梁飞媛（2010）表明我国交通运输行业上市公司的资本性支出预告披露存在一定"羊群行为"，单个公司披露概率与同行业中已经披露的公司比率正相关，并随已披露内容和精确度的变化而变化，声誉较差的公司"羊群行为"概率较高。罗烨（2012）指出自愿性信息披露"羊群行为"的外部原因有同行业公司信息披露状况、证券市场有效性、证券制度激励，内部原因有公司规模、股权性质、公司盈利状况和管理者声誉顾虑。沈洪涛、苏亮德（2012）以制度理论为分析框架研究合法性压力和不确定性条件下企业信息披露中的模仿行为，发现企业环境信息披露存在同形性和模仿行为。

我国企业社会责任信息披露近几年来发展较快。社会责任信息披露的内容不断丰富,报告数量不断增长。然而,企业社会责任信息披露存在一定的隐忧,大部分企业社会责任报告不连续,可读性和可信度差、内容差异大、格式不规范,不同公司之间存在模仿现象,从而导致我国在较短时期内出现公司披露社会责任报告的行为。这种社会责任信息披露质量滞后于社会责任报告数量的现象,在一定程度上反映了目前我国企业社会责任信息披露存在的非理性"羊群行为"。对于我国很多企业来说,社会责任报告仍是一种含有企业自律激励成分较少的非理性企业行为,同行或同规模以及竞争对手公司的社会责任报告促使他们做出类似决策选择,企业披露社会责任信息不是基于企业自身的理性分析,更多的是从企业的某种隐性动机出发,表现出一种异乎寻常的表明自己紧跟先进的理念所产生的主动效仿跟风行为——"羊群行为"。为了验证我国企业社会责任信息披露的"羊群行为",本书以2006~2010年为研究时间段,选取央企、邮电通信业企业和沪市上市公司对社会责任信息披露"羊群行为"进行了分析。样本公司的企业社会责任信息披露包括社会责任报告、环境报告、公民报告和可持续发展报告。

(三) 我国企业社会责任信息披露"羊群行为"分析

1. 分析标准

本书以企业每年发布的社会责任报告总数量和比例增长,连续发布社会责任报告的企业数量(至少连续发布3年)和只发布一次社会责任报告的企业数量对比来分析企业披露社会责任信息时表现出来的"羊群行为"。选择企业每年发表社会责任报告的总数量和比例增长是为了验证企业某期的社会责任信息披露行为是否导致后续时间范围内其他该类企业的效仿性,效仿度可通过该类企业每年发表社会责任报告的总数量和比例增长来表现。其次,对比连续发布社会责任报告的企业数量和只发布一次社会责任报告的企业数量是为了验证"羊群行为"的强弱性。后者数量越多或比例越大,表明企业"羊群行为"越强,因为企业如果能连续3年发布社会责任报告,表明企业已基本建立起社会责任管理体系及其信息披露机制,定期社会责任发布机制初步显现,企业短期社会责任信息披露效仿性不强。而企业如果只发布一次社会责任报告,表明社会责任信息披露只是企业短期临时性行为,效仿性动机较强。

2. 企业社会责任信息披露"羊群行为"分析

本书从公司网站、商道纵横、上海证券交易所网站,搜集2006~2010年央企、邮电通信业和沪市披露企业社会责任报告的公司相关信息,汇总如表6-1~表6-3所示。

表6-1　　　　　　　　央企社会责任报告

年份 项目	数量（家）	增长率（%）
2006	10	—
2007	14	40%
2008	21	50%
2009	40	90%
2010	52	30%

表6-2　　　　　　　　邮电通信业社会责任报告

年份 项目	数量（家）	增长率（%）
2006	2	—
2007	6	200%
2008	5	-17%
2009	9	80%
2010	13	44%

表6-3　　　　　　　　沪市公司社会责任报告

年份 项目	数量（家）	增长率（%）
2006	5	—
2007	13	160%
2008	35	92%
2009	56	60%
2010	71	27%

（1）同一性质企业——以央企为例。企业样本为国务院国有资产监督管理委员会2010年直属的117家央企。目前,央企社会责任报告数量居于全国前列。2006年,自国家电网发布了央企首份社会责任报告后,到2010年年底已有52家央企发布了社会责任报告或可持续发展报告。

从表 6-1 可看到，在报告数量波动性方面，近 5 年来央企披露企业社会责任报告的数量每年上升，同时呈现较大的波动性，其中数量增长最明显的为 2009 年，增长率为 90%，这可能与 2008 年国务院国有资产监督管理委员会发布的 1 号文《关于中央企业履行社会责任的指导意见》中要求有条件的企业定期发布社会责任报告或可持续发展报告有关。2010 年，央企企业社会责任报告的速度明显减缓，增长率仅为 30%。在报告连续性方面，117 家央企中，连续发布社会责任报告的企业有 18 家，约占央企总数的 15%，发布一次社会责任报告的企业达 20 家，约占央企总数的 17%，到 2010 年止，尚未发布社会责任报告的企业有 60 家，约占央企总数的 51%。另外，央企社会责任报告发布不连续，如只报告一年或连续两年就未再继续披露；或呈跳跃式报告，即有的年度披露报告，有的年度未披露，发布社会责任报告的央企数量增长波动较大，没有呈现出有规律的变化和趋势特征，这表明企业在披露社会责任信息时面临较大不确定性，符合"羊群行为"受到不确定性信息条件影响的趋众特征。短短五年，从 2006 年发布社会责任报告的 10 家企业到 2010 年的 50 多家企业，企业数量扩展呈现一定放大晕染现象，具有"羊群行为"中的从众或跟群效仿现象。这种"羊群行为"或许可以用政治动机来解释，央企作为我国国民经济中影响国家主要经济命脉的大型企业，与中小型企业相比面临更多的政治压力，受到更多的公众关注，因此某家央企社会责任信息披露行为必然会引起其他央企的关注，其他央企希望这种效仿行为可以降低其所受到的关注程度，减少政治压力和政府管制。

（2）同一行业企业——以邮电通信业为例[①]。在我国众多行业中，以江西移动公司为代表的邮电通信业成为我国最早发布企业第一份社会责任报告的行业。本节以邮电通信业企业为研究对象，搜集到 2006～2010 年已披露社会责任报告的邮电通信业企业共有 14 家。

从表 6-2 可看到，在报告波动性方面，在该时间段内，邮电通信业披露企业社会责任报告的数量在逐年上升的同时呈现出更大的波动性。2007 年公布社会责任报告的公司是 2006 年的公司数量 3 倍，2008 年和 2007 年相比，公司数量呈现不增反减的异常性，2009 年和 2008 年相比，2009 年公布社会责任

---

① 本书对邮电通信业的分析未考虑证券交易所对该行业所属上市公司的强制性社会责任信息披露要求影响。

报告的公司是 2008 年的公司数量的近 2 倍，2010 年发布企业社会责任报告的公司数量虽然上升，但速度也明显减缓，这种波动性和金融市场"羊群行为"伴随的股价波动性极为相似。在报告连续性方面，在该时间段内连续发布社会责任报告的企业共有 4 家，包括中国移动通信集团公司、中国移动浙江公司、中国移动上海公司、中国联通，约占行业总数的 29%。仅发布一次社会责任报告的企业达 12 家，约占行业总数的 86%。有 2 家企业在某一年度披露社会责任报告后再无连续报告。连续报告的企业数量占行业总数比例和仅发布一次报告的企业数量占行业总数比例两者相差高达 57%，后者是前者的 3 倍。报告的不连续性一定程度反映了企业社会责任信息披露的短期行为，企业并未把社会责任信息披露落实到企业长期性的管理体制或公司治理中，而是采取效仿其他企业的社会责任信息披露的羊群从众行为。

（3）同一证券市场——以沪市上市公司为例。和深市早在 2006 年就颁布实施《上市公司社会责任指引》鼓励深市公司定期披露社会责任报告相比，沪市相关强制性指引出台较晚，2008 年出台《关于做好上市公司 2008 年年度报告工作的通知》，要求上证标准治理、上证金融、上证海外这三个板块的上市公司必须发布社会责任报告。为了更好地观察沪市自愿性披露社会责任报告的公司数量趋势，样本剔除了 2008~2010 年沪市上证标准治理、上证金融、上证海外这三类强制性社会责任信息披露公司。

从表 6-3 可看到，在报告波动性方面，在该时间段内沪市披露企业社会责任报告公司每年上升，但增长率呈现出较大幅度的先增后减的趋势。2007 年披露社会责任信息的公司数量是 2006 年公司数量的近 2 倍，2008 年和 2007 年相比，增长幅度明显下降，2010 年的增长幅度约为 2009 年的一半，可见和上述两类公司类似，沪市公司也表现出一定波动性。在报告连续性方面[①]，2008 年和 2009 年连续报告两年的企业 24 家，2009 年和 2010 年连续报告两年的企业 27 家，2008~2010 年连续报告三年的企业 16 家，仅发布一次社会责任报告的企业有 76 家，另还有个别企业中途中断报告发布，可能原因是停牌、业绩准备、其他重大事项等原因。可见，大部分自愿性披露社会责任信息的上

---

① 宝钢股份、浦发银行、中国石油、中国平安、青岛海尔早在 2006 年开始连续报告公司社会责任报告，但这 5 家公司属于 2008 年沪市强制性披露社会责任信息的三类板块公司；另由于 2006 年和 2007 年公司样本较少，为了反映沪市公司自愿性披露社会责任信息的趋势，此处以 2008~2010 年为研究时间段。

市公司没有建立起长期性社会责任报告披露机制,具有较明显的短期跟风性的"羊群行为"。这种"羊群行为"可能与体制转轨时期上市公司较强的再融资动机有关。我国上市公司再融资,除了要达到规定的基本财务指标外,其公司市场形象也是获得再融资机会和提高再融资价格的重要条件。因此,上市公司自愿对外披露信息,特别是社会责任信息,以达到传递上市公司的真实类型和弱化上市公司与机构投资者之间的信息障碍的目的,就成为上市公司再融资行为最大化的一种理性选择之一。

3. 社会责任信息披露"羊群行为"产生原因

从以上分析可看出,我国企业社会责任信息披露近年虽然发展很快,但相关规定并不完善,企业之间相互模仿比较普遍,存在一定程度的"羊群行为",从而造成了近年来企业社会责任报告数量的波动和报告连续性较弱的现象。从行为金融理论的角度来看,这一行为主要源于竞争性资本市场和传递信号的动机、委托代理人名誉以及社会责任信息披露制度的不完善,从而为公司经理的相关认知和情绪上的弱点提供了发挥空间。

(1) 竞争性资本市场和传递信号的动机。

首先,从竞争的角度来看,为了保持投资者对企业的兴趣,社会责任业绩良好的企业有强烈的动机发布社会责任报告,竞争的压力迫使社会责任业绩中等的企业也会主动报告其社会责任信息,以避免被市场怀疑为社会责任业绩不良,不报告则被认为是一种坏消息,从而迫使社会责任业绩较差的企业也积极效仿他人,披露社会责任信息以保持在资本市场上的可信度。其次,从传递信号理论来看,企业具有自愿性向资本市场进行社会责任报告的动机。为了在资本市场的竞争中取得成功以获取稀缺资本,自愿性披露社会责任信息披露使公司有很好的报告声誉,从而提高企业形象和筹集资本的能力,降低企业的资本成本。

(2) 基于委托代理人名誉的"羊群行为"

在委托—代理关系下,公司经理道德风险的存在和风险厌恶是导致"羊群行为"的深层次原因。信息不对称问题使公司经理比投资者拥有更多的关于公司及其未来情景的信息,同时由于其素质、能力和努力程度具有不可观测性而产生道德风险,只能通过公司经营的有关信息来判定经理者的努力程度,公司通过自愿性披露社会责任信息的方式,向相关利益方进行信号传递,以显示公司经理层的努力工作程度和公司经营业绩。另外,公司管理层关注同样的市场信息，对相同的外部信息采用相似的经济模型、信息处理技术、组合及会计披露选择策略，在反应和行为上具有较高程度的同质性，对风险的厌恶使他在减少自己努力的同时，与其他公司行为保持一致，从而出于自身利益和自身声誉的考虑能会模仿其他公司。

（3）社会责任信息披露制度和相关规范不完善。

行为金融学研究表明，投资者的行为表现往往会受到认知过程、情绪过程、意志过程等心理因素的影响，产生行为偏差，行为受其他投资者的行为或市场上的主流行为所支配。在我国，企业社会责任信息披露还只是企业的自愿性行为，容易受到其他公司发布社会责任报告主流行为的影响。另外，我国企业社会责任信息披露相关制度、规定和条例千差万别，良莠不齐，还没能进一步划分出社会责任信息业务相似性和差异性之间的明确界限，在社会责任信息披露是否采取严格统一、有限统一还是差异披露上，并未形成明确观点，在政策制定指南的统一性和灵活性之间还未取得最佳平衡，这些制度缺陷为公司经理的相关认知和情绪上的弱点提供了发挥空间，形成社会责任信息披露"羊群行为"的深层来源。

本书以 2006～2010 年为研究时间段，选取央企、邮电通信业和沪市上市公司，以企业每年发布的社会责任报告总数量和比例增长，连续发布社会责任报告的企业数量（至少连续发布 3 年）和只发布一次社会责任报告的企业数量对比，对社会责任信息披露"羊群行为"进行了分析和验证，发现我国企业社会责任信息披露的"羊群行为"适度存在，总体表现为以某一企业的理性行为开端，通过其传染效应，其他企业渐渐表现出非理性倾向和社会责任报告数量的整体"非理性繁荣"，具体表现为披露社会责任信息的公司数量虽然逐年增长，但增长幅度具有一定的波动性，报告的持续性较弱。由于这些企业具有高度的同质性，它们通常关注同样的市场信息，采用相似的经济模型、信息处理技术、组合及对冲策略。在这种情况下，它们可能对相同外部信息作出相似反应。另外，基于对声誉的重视和声誉市场传递性对投资者的投资决策影响，企业经营者将采取有益于提升公司形象的策略，在市场活动中则表现为社会责任信息披露的"羊群行为"策略。

基于这种"羊群行为"，本书认为企业社会责任信息披露本身只是一种信息沟通，人们固然希望看到更多的企业积极履行社会责任，定期发布社会责任报告，但更希望企业能建立一套支撑和落实企业社会责任信息披露的有效体系。当然需要指出的是本书的研究也存在局限性,如"羊群行为"的衡量标准较为主观,没有采用可量化的"羊群行为"的测度方法,数据搜集的困难使选取行业或企业范围狭小有限,造成样本数量统计存在偏差,这些都会给本书的结论带来一定影响。

三、企业社会责任信息披露的"同形"特征

"同形"是指相同环境驱使同一群体中的个体模仿其他个体的限制过程,个体特征按照趋向环境特征的匹配方向改变(Hawley,1968)。"同形"现象已经得到很多学者的关注。Tyack(1974)和Katz(1975)发现公共学校的相似发展过程。Hannan和Freeman(1977)认为同形的存在是因为不合格形式已被群体淘汰,或是组织决策者知道如何适当回应并改变行为。Meyer和Rowan(1977)指出在一个高度精密化的制度环境里,组织变得日益相同是为了获得合法性和生存的资源。Starr(1980)发现医院建设发展过程中的相互模仿性。Coser等(1982)观察到美国大学教材由早期的多样化模式逐渐趋同演变为两种形式:普通大众读物和专业精深读物。Tolbert和Zucker(1983)发现美国城市公务员制早期实施受城市特征影响较大,后期与市政管理合法性结构形式的需求相关。DiMaggio和Powell提出"制度同形"的概念,指出组织在社会规范、规则和技术竞争等因素的影响下,结构设置方面日益相同或相似,包括强制同形、规范同形和模仿同形。中国社科院《中国企业社会责任报告(2014)》指出,我国社会责任报告同质化现象渐显。本书认为,我国企业社会责任信息披露在发展的过程中,也表现出一定程度的"同形"现象,具体表现为:披露行为的相互模仿、信息披露质量的相似和企业社会责任机构设置的相似。

(一)披露行为的模仿

自2006年国家电网发布央企首份社会责任报告以来,我国企业社会责任报告数量在2013年增长到1231份,而2006年,我国企业社会责任报告才几十份(《中国企业社会责任报告白皮书(2013)》)。同样,根据企业社会责任咨询机构商道纵横的2015年《价值发现之旅》系列研究报告显示,2014年我国企业社会责任报告数量达到2032份,较2013年增长17%。其中,上市公司发布785份企业社会责任报告,占当年企业发布社会责任报告总数的49%。

这种在较短时期内展现出来的相对集中的社会责任信息披露现象，非常类似于经济学中经济个体的从众跟风现象——"羊群行为"。

组织目标及其实现目标的方法常常是模糊的，他们之间的联系也是不确定的，当组织技术难以理解、目标模糊或当环境产生象征性不确定性时，组织就有可能通过模仿其他企业、遵循一定规范程序或构建某种结构来稳定自身的合法性。中国在经济转轨过程中，相同的经济和法律环境及高度结构化的行业组织领域，使个体企业在努力消除环境不确定性和模糊性的过程中，容易出现行业成员整体上在结构、行为和产出等方面的相似性。行业领头者、大型企业或成功企业的自愿性社会责任信息披露行为，也会对其他企业产生竞争或引领影响。出于竞争、利益和声誉的考虑，企业倾向于模仿这些企业的社会责任信息披露行为。我国一些学者已观察到社会责任信息披露的模仿行为，发现企业环境信息披露存在着模仿其他企业平均水平的频率模仿行为（沈洪涛、苏亮德，2012），社会责任信息披露羊群模仿效应适度存在（杨汉明等，2012）。

（二）披露质量的相似

质量研究一直是我国企业社会责任信息披露的研究热点，然而研究结论显示，早期和近期我国企业披露的社会责任信息质量相似，相差不大。较早以阳秋林、黎精明、沈洪涛、陈玉清、刘长翠等学者为代表的研究（2006~2010年）发现，我国有意识主动披露社会责任信息的公司很少，不同公司之间社会责任信息披露的内容差异较大，描述性披露的形式较多，信息披露连续性较差。近期学者的研究（2011~2014年）结论同样认为，企业社会责任信息披露不充分，披露形式简单，缺乏会计核算基础，行业披露水平有明显差异，各行业披露的重点不同（钱红光、邓杰，2008）。

纵观我国企业社会责任信息披露的发展历程，其质量水平主要有以下特征：从数量上看，自愿披露信息的公司较少；从时间上看，信息披露连续性较差；从内容上看，披露内容差异较大；从有用性上看，信息的有效性和市场反应较低；从审计上看，第三方独立审验比例低。我国企业社会责任信息披露之所以存在质量相似、难以提高的现象，主要有三个原因：第一，企业社会责任信息披露存在着一定的模仿行为，这种企业间的披露模仿行为，会导致企业之间的社会责任信息披露质量的相似性；第二，一些企业具有短期性披露动机，它们把企业社会责任报告视为一种作业式或公关式报告，并未从长远角度考虑社会责任信息披露的连续性和质量的提升；第三，我国相关机构以鼓励企业自愿披露社会责任信息为主，目前尚未出台企业社会责任信息披露质量的统一衡量标准。企业在是否披露、披露内容和披露方式方面，具有较大的灵活性。

（三）企业社会责任机构设置的相似

"制度同形"概念指出，外部制度因素的影响导致组织之间结构设置的日益相同或相似。随着我国社会责任信息披露的发展，与社会责任管理相关的企业管理体系呈现高度的结构相似性特征（买生、汪克夷、匡还波，2012）。从2005年开始，社会责任指标体系建设成为推进一些企业社会责任工作的重要内容。一些企业意识到，企业社会责任信息披露应该建立在组织管理体系和战略规划上，才能为社会责任行为的落实和信息的有效沟通提供保障。一些企业建立了社会责任管理体系，来支持和保障社会责任及其信息披露的运行，这些社会责任管理体系包括社会责任小组或办公室的设置、企业社会责任战略和关键社会责任活动的制定、企业社会责任的项目设计、执行与控制、企业社会责任绩效指标和风险管理指标的构建等。据统计，在企业社会责任信息披露质量相对较好的央企中，有五十多家企业已建立或筹备建立由公司高层领导的、多部门参加的社会责任委员会或领导小组；一些企业设立了负责推进社会责任工作的部门或处室，并推进下属企业建立社会责任归口管理部门（钟宏武、张唐槟，2010）。这些管理机构无论在机构设置、机构名称、人员构成和工作开展等方面都表现出极大的相似性。与其他企业相比，中央企业、国有企业和上市公司往往面临着更多的政府管制、政治压力和公众关注度，结构设置的同形可以改善组织正式结构，顺应制度压力，获得政治和社会的制度合法性。

四、企业社会责任信息披露的利益导向特征

2006~2016年，企业风起云涌地积极自愿性地披露社会责任信息。这种现象中有一个值得思索的问题是：是什么动机驱使企业主动向相关主体或公众披露社会责任信息？研究表明，公司可能为了某种特殊的目的会有策略性地选择信息披露的时间、内容和方式。从传统企业目标理论来看，企业只有一个目标：实现自身利润最大化，进而导致股东利润最大化，企业生存的天然首要使

命是追逐利益。另外，根据"理性经济人"假说，市场中的主体都是利已的，其行为动机都是为了谋求自身利益。已有大量文献表明，自愿性信息披露的动机主要有资本市场交易动机、控制权竞争动机、股票报酬动机、诉讼成本动机、管理能力信号动机和所有权成本动机。与强制性信息披露相比，自愿性社会责任信息披露较少受到政府或法规的直接干预，往往是公司在制度环境下，权衡利弊得失、成本收益后的理性权衡结果。

（一）提升企业形象或声誉的利益导向

声誉理论认为，从公司与外界沟通的角度来看，企业社会责任报告可维护或增强公司的形象或者声誉，会吸引更多客户购买公司产品或与公司合作，为公司创造市场竞争优势。KMRW（Kreps, Milgrom, Roberts and Wilson）声誉模型认为在一个有限重复博弈中，如果关于一个或者更多参与人的行动存在不确定性，以致参与人认为维持或者寻求一种声誉是值得的，那么不确定性就能实质性地影响博弈的进行。Williamson（1981）指出声誉可以通过避免买者的过度搜寻成本来改善研究交易的"测度"分支以及通过增加承诺的力度和有利于专用资产的投资来改善"治理"分支。Fridman 和 Milers（2001）提出声誉是企业社会责任信息披露的主要动机之一，提升公司的声誉或形象的目的，使得公司主动承担社会或环境责任并积极披露。Adams（2008）指出企业发布社会责任报告的最大动机是提升企业形象和利益相关方对企业的赞誉。企业声誉和企业形象通过战略、利益相关方管理和责任体系实现企业社会责任和竞争优势的关联（Vilanova, 2009），社会责任报告可以成为公司进行声誉风险管理、建立品牌效应的有效工具（Lai and al., 2010）。这些观点均与 Bebbington（2008）提出的社会责任报告是企业声誉管理的一部分的观点不言而和。国内学者沈泽（2006）选取零售行业、日用电子器具制造行业、日化行业三个行业，发现"环境保护责任""社区支持责任"以及"产品服务责任"三个维度对企业声誉用情感和认知两个维度存在着显著差异。吴奕彬（2011）以2007~2009年中国沪深两市非ST上市公司为研究对象，发现企业的社会责任表现形成声誉，有助于提升企业价值，企业社会责任信息披露在社会责任表现与声誉的关系中起到了显著的中介作用。李新娥、彭华岗（2010）以2008年中国100强企业为样本，发现企业社会责任信息披露对企业声誉有显著影响。廉春慧、唐婉虹（2010）从声誉角度验证了公司声誉与社会责任信息披露水平正相关。沈洪涛（2011）研究发现，企业社会责任报告能有效传递社会责任表现的信息，增强社会责任表现与企业声誉之间的正向关系。这些学者的研究均指出企业披露社会责任信息动机之一是期望可提升企业声誉或形象。另外，现实情况也表明，在我国发布社会责任报告的众多企业中，规模越大，盈利能力越好的公司倾向于披露社会责任信息（沈洪涛，2007），其中一些企业报告的发布受到政策的一定引导，如央企或上市公司，它们形成了我国企业社会责任报告发布的主体，这些主体企业影响着国家能源安全和经济命脉，在资金、技术、人才、管理以及贸易、投资、金融等方面有一定优势，其社会关注度、影响力和被监管度相对较高，关注自身市场形象及声誉的维持或提升，更加愿意主动积极地向社会公众披露其社会责任履行的情况。

（二）资本市场上企业市场价值提升的利益导向

公司价值最大化已成为人们普遍接受的公司目标假设。尽管对企业社会责任信息披露是否会提升公司股价的研究一直未有明确结论，甚至某些研究得出相反结论，认为企业社会责任信息披露会损害企业价值，两者关系不强或有负相关关系。但在研究企业社会责任信息披露经济后果的大量研究中，大部分观点仍然认同企业社会责任信息披露可以提升公司价值。

Igram（1978）最早利用资本市场反应来检验企业社会责任信息披露的有用性问题。其研究选取1969~1975年财富500强公司为样本，检验了公司社会责任信息披露与企业价值的关系，发现两者呈正相关关系。其他早期学者如Moskowitz（1972）、Vance（1975）、Ginter（1977）等从不同角度验证了企业社会责任和公司股价、每股收益、利润率等财务指标的正相关关系。近期学者Keim和Hillman（2001）发现企业披露社会责任信息对市场价值以及竞争力有正向效应。Johnson（2003）发现企业履行并披露社会责任信息使企业经营利润增加，提高了企业市场价值。

我国学者也有类似的研究结论。邹相煜、王一川（2008）发现上市公司对政府的贡献率与公司价值显著正相关。沈洪涛、杨熠（2009）考察公司社会责任信息披露所引起的股票价格的变动，发现我国上市公司披露的公司社会责任信息具有价值相关性，其披露的数量和质量与股票收益率之间存在显著的正相关关系。袁蕴（2009）利用托宾Q理论对中国上市公司社会责任信息披露与企业价值进行了实证研究，发现社会责任信息披露与企业市场价值正相关，其披露将促进公司价值的提升。李正（2006）、刘长翠（2006）等的研究结果也表明企业承担社会责任不会降低企业价值，社会贡献率与资产收益率存在一定正相关关系，企业社会责任信息披露带来企业价值提升，可实现公司价值最大化。李远慧（2012）认为上证金融、上证治理、上证海外和深证100指数公司发布的社会责任信息已经表现出较强的市场信息含量。

以上研究指出了社会责任信息披露的经济后果之一是公司价值的提升。但这些研究也表明了企业披露社会责任信息产生的这种后果在一定程度上也会使企业将其作为一个重要的披露动因来考虑。

（三）改善投资者关系的利益导向

从利益相关者理论来探讨企业社会责任信息动因的研究，是近年来该领域的一个研究热点，其文献资料可谓是汗牛充栋。Ullmann（1985）开创性地从利益相关者理论分析企业披露社会责任信息的动因，将社会责任信息披露的框架分为利益相关者权力、战略态度及经济绩效三个维度。Dierkes 和 Antal（1985）指出，披露企业社会责任信息是企业和利益相关者之间的对话的基础。Epstein 和 Freedman（1994）发现来自利益相关者的需求是企业披露社会责任信息的外在驱动因素之一。Kent 和 Chan（2003）用股东、监管者、游说团体代表利益相关者，发现利益相关者的权力大小以及战略态度的积极性与企业社会责任信息披露呈正相关关系，经济绩效与信息披露不存在相关关系。Smith 等（2005）认为，企业在社会中的角色以及利益相关者的界定，对企业年报中的社会责任信息披露的质量和范围具有重要影响。Marshall 等（2010）采用合理行为理论及利益相关者理论，发现主观的行为规范和模式及内部利益相关者的压力是新西兰及美国酒类企业披露环境信息的普遍因素，管理者的态度和外部利益相关者的压力没有决定性作用。我国学者也进行了大量的类似研究。张正勇（2013）认为企业通过社会责任信息披露建立良好的利益相关者关系影响企业价值。王竹泉（2006，2008）以企业的本质和利益相关者之间的经济利益关系为分析切入点，提出了会计信息披露外部性和"利益相关者会计"的概念。王红英（2006）认为人们对社会责任认识的加深使社会责任信息披露的范围不断地扩大，披露应包括其他利益相关者相关的信息，如能源利用、环境保护、公益事业贡献、企业职工、保护消费者利益方面等。朱智强、李斌（2013）认为在社会责任信息披露在提升政企关系、强化上下游协作和树立企业品牌的价值作用方面获得了管理层的认可。宋献中、龚明晓（2007）提出利益相关者对信息需求的多样化决定了社会责任信息披露的内容，这与马忠（2008）得出的上市公司的社会责任信息披露的外在因素是规章制度和利益相关者的要求的观点类似。张宁（2007）、万里霜（2008）、陈秀娣（2011）、李玲（2011）等从需求角度分析了不同利益相关者对企业社会责任信息披露的信息需求。牟涛、袁蕴（2008）以中石化为例，介绍了其社会责任报告的利益相关者导向及社会责任信息披露方式。这些研究均证明了企业社会责任信息披露具有改善企业与利益相关者关系和加强两者沟通的利益导向特征。

（四）基于信息不对称理论的降低资本成本的利益导向

企业披露社会责任信息可以降低企业资本成本。资本成本与企业的筹资和投资活动密切相关，它用于企业的价值评估、业绩评价和营运资本管理等，企业资本成本的横截面差异来源于信息不对称。在社会政治、经济等活动中，一些成员拥有其他成员无法拥有的信息，处于比较有利的地位，而信息贫乏的人员，则处于比较不利的地位，由此造成信息的不对称，产生交易成本和契约安排的不公平或者市场效率降低问题。资本市场上的柠檬问题为企业管理层创造了一个提供自愿披露来降低资本成本的动机（Healy and Palepu, 2001）。理论界认为提高信息披露能增加市场流动性和降低投资者预测风险，与其他财务信息类似，社会责任信息披露可适当缓解信息不对称、防止经营风险和财务风险溢价过高导致的资本成本。传递信号理论也解释了企业为了争夺稀缺的资本，具有自愿向资本市场进行报告的动机。国外学者研究发现，企业社会责任信息披露与资本成本呈负相关关系（Richardson, 1999），社会责任信息披露通过减少信息不对称、增加投资者的信息，减少交易成本和风险溢价从而降低资本成本（Senguptar, 1998; Verrecchia, 2001; Rodriguez et al., 2006），但也受到行业特征的影响（Plum et al., 2008）以及自愿性信息与资本成本受到盈余质量的影响（Francis, 2008）。国内学者李姝、赵颖、童婧（2013）研究发现公司披露社会责任报告有助于降低企业的权益资本成本，并且社会责任报告披露对权益资本成本的影响存在"首次披露"效应。孟晓俊、肖作平、曲佳莉（2010）以及朱文莉、张华（2011）等从信息不对称角度的研究结果也表明，企业社会责任信息披露有助于减少信息不对称，降低资本成本，同时基于社会责任表现的好坏，资本成本对社会责任信息披露也会受到不同影响，两种之间存在互动影响关系。此外，结合前述的声誉理论，也指出具有良好报告声誉的企业筹资能力也会提高，因为好的声誉可通过降低投资者的风险投资来降低企业资本成本。鉴于信息的不确定性，如果企业自愿报告能减少投资者对企业未来前景不确定性的担忧，企业社会责任信息披露就会成为企业的理性选择。

第七章

制度压力对企业社会责任信息披露影响的实证分析

自 Carpenter 和 Feroz(2001)开创了制度理论和披露决策的研究之后,制度理论的兴起为社会责任信息披露提供了极好的契机。制度理论的核心思想就是企业在实现其目标过程中,来自制度环境中的利益相关者的诉求形成了制度压力,影响着企业的特定行为。Di Maggio 和 Powell(1983)把制度压力对企业"同形"行为的影响分为强制压力、规范压力和模仿压力三种制度机制。Campell(2007)从制度环境视角分析了企业社会责任信息披露的影响因素,发现公共与私人规则、非政府组织对公司行为的监管、制度化规范对企业行为的关注、公司之间的关系以及公司与利益相关者之间的对话是社会责任信息披露的重要影响因素。本章分为四个部分。第一部分为相关变量说明;第二部分为强制压力对企业社会责任信息披露质量的影响研究;第三部分为规范压力对企业社会责任信息披露质量的影响研究;第四部分为模仿压力对企业社会责任信息披露质量的影响研究。

一、变量说明

(一)被解释变量

本书的被解释变量为企业社会责任信息披露质量(QCSRD),采用润灵环球 MCT 社会责任报告评级得分来衡量。虽然国内外很多学者采用内容分析法来衡量企业披露的社会责任信息质量,但该方法对社会责任信息内容的分类和赋值及权重分配而具有主观误差的缺陷。此外,社会责任报告并没有统一的内容和格式标准,普通读者无法从专业视角获取关键信息并对报告进行整体评价(李勤,2011;李姝等,2013)。润灵环球 MCT 评级系统汲取了 GRI3.0 报告指南、SustainAbility 报告评价框架、道琼斯可持续发展指数评价体系等国际主要社会责任报告标准，从整体性、内容性、技术性三个方面对报告进行评价，指标定量化程度较高，能比较全面客观地衡量了社会责任信息披露质量。借鉴刘忠和梁志钢（2012）、杨静（2013）、崔清泉等（2013）、冯照桢和宋林（2013）等的类似做法，本书采用润灵环球 MCT 社会责任报告评级得分来衡量企业社会责任披露的质量。

（二）控制变量

舒岳（2013）以企业规模、财务杠杆、财务业绩作为公司的财务变量对社会责任报告质量进行研究；沈洪涛、苏亮德（2012）以公司规模、盈利状况和财务杠杆等作为控制变量。因此，本书设置以下控制变量：（1）公司规模（Size）；（2）经营业绩（ROA）；（3）负债比率（Debt）。

二、强制压力的影响

（一）理论依据和研究假设

从国内文献来看，赵英会（2010）指出，中国目前企业最大的利益相关者是股东、债权人和政府，企业承担的压力就是经济、法律以及政府监管压力。企业披露社会责任信息时会根据压力选择媒介形式，以达到压力可见或监管可见。杜剑（2011）和蔡刚（2010）分别指出，我国上市企业社会责任信息披露的外在因素是规章制度和利益相关者的要求，主要受法律法规、政法部门规章等外部约束的推动，以满足政府要求和证交所的要求为主。基于中国国情，影响我国企业社会责任信息披露的强制性压力，主要包括政府政策规定和企业国有股比例。

1. 政府政策和企业社会责任信息披露

强制性要素主要以法律规则以及政府政策的形式出现，通过法律授权强迫或威胁引导组织活动和组织观念（肖华、李建发、张国清，2013）。由于企业内嵌的制度环境、规则和权力体系拥有的权威和奖惩制度对企业的长远发展有重要影响，企业有强烈的动力与法律、法规保持一致（郝云宏、唐茂林、王淑贤，2012）。当组织面临不可控的依存关系时，它需求使用更强大的体系力量和政府来消除阻碍和获得帮助（Pfeffer and Salancik，1978）。Llena 等（2007）

的研究发现西班牙新的环境会计准则的出台导致公司年报中环境信息披露的增长。Amran 和 Haniffa（2011）的研究表明马来西亚依赖政府合同的公司和社会责任报告有着紧密关系。Uadiale 和 Fagbemi（2011）指出企业社会责任是对企业强制性压力或自愿性动机的一种反应，是嵌入社会和环境因素的一种决策。这些研究表明，强大有效的法律法规能有效促进企业履行社会责任和保护环境。

我国是一个政府强制性制度供给的国家，制度供给方式往往自上而下。政策决策的周期性往往比市场运行规律更能左右企业行为和决策。政府赋予企业不同的社会责任和制度地位，要求企业按照各自的制度地位接受制度影响，给予满足相应制度要求的企业以对等的制度合法性收益（蓝海林，2014），并通过法律法规、证券监管和环境管制等强制方式来规范、监管和协调公司社会责任行为。受政府决策所主导，我国企业披露社会责任信息很大程度上可能是出于对法律和法规的遵从，以获得制度合法性和资源供给，并不完全是对经济利益的考虑。洪卓尔和王孟怡（2012）和王成方等（2013）均发现政治关联、政府干预与企业社会责任信息披露的程度有密切关系，政府出于政策目标对企业施加压力，促进企业履行社会责任，进而提高企业社会责任信息披露质量。我国企业社会责任报告主要受到两类强制性政策影响。

第一，证券交易所和证监会的规定。2008年12月，上海证券交易所出台《关于做好上市公司2008年年度报告工作的通知》，要求上证公司治理板块样本公司、发行境外上市外资股的公司以及金融类公司必须披露社会责任报告；深圳证券交易则所要求深证100指数上市样本公司必须披露社会责任报告。自2009年开始，证监会要求以上四类上市公司必须披露社会责任报告。自2009年以后，我国上市公司社会责任报告数量急剧增长。《2011年中国上市公司社会责任信息披露研究报告》显示，应强制性社会责任信息披露的要求而发布社会责任报告的企业成为我国上市公司的主流。

第二，国资委的要求。2008年，资产监督管理委员会（国资委）要求有条件的中央企业（央企）定期发布社会责任报告或可持续发展报告（《关于中央企业履行社会责任的指导意见》）。2011年，国资委明确提出，所有央企必须发布企业社会责任报告。来自国资委官方权威性的文件要求，无疑会对央企社会责任报告行为产生影响。在中央政府部门明确的政策要求下，目前我国央企已经全部发布了社会责任报告。《中国企业社会责任报告白皮书（2013）》

报告显示,央企社会责任报告质量最高。进一步来看,央企行为也对其控股子公司的社会责任信息披露产生强制性压力。Deegan 和 Unerman(2011)指出,组织可以对其所控制的组织产生强制压力,控制程度越高,被控制组织的结构、氛围和行为就越类似于控制组织。央企控股子公司的社会责任信息披露的意愿和质量,也会受到其控股母公司的影响。基于上述分析,本书提出假设 7-1:

假设 7-1a:与其他公司相比,上证公司治理板块公司、发行境外上市外资股的公司及金融类公司和深证 100 指数上市公司的社会责任信息披露质量更高。

假设 7-1b:与其他公司相比,央企上市公司的社会责任信息披露质量更高。

2. 国有股比例和企业社会责任信息披露

并不是所有的制度压力都是以法律法规等形式表现直接,强制制度压力也可以表现为隐性而间接。Swidler(1979)指出公立学校基于缓解关系压力的需要,需要一位中间负责人代表学校与外界部门沟通协商。Milofsky(1981)观察到郊区社区组织通过构建组织层级关系,来获取来自更多层级捐献组织的支持。North(1990)提出,在以书面文件、权力或所有权等方式执行或确定的正式规则中,包括显性激励、合同条款及通过股权位置确定的公司边界。股权结构是公司治理的一个重要层面,它代表不同性质的股份占股份公司总股本中的比例及其相互关系,是企业行为动因的一个重要隐性制度压力。从经济学角度来看,实现股东利益最大化和处理公司治理与代理问题的需要,使得具有不同股权结构的企业具有不同的目标。从社会学视角来看,不同股权结构的企业面临不同利益相关者具有差异化的影响力、期望和要求,尤其是来自核心利益相关者的压力,决定了企业的利益分享模式和组织结构模式的不同。从政治学视角来看,产权形成基础不同而衍生出的政治关联与政治干涉,对企业社会责任信息披露具有重要影响。可见,股权结构代表了制度环境中不同动机、职责和关系的利益相关者,它们有着不同的功能、权力和话语权,其中最具有影响力的利益相关者的意志,可通过股权比例得以间接地表达和实现。

如前所述,中国政府掌握着我国经济运行资源,对企业的经营行为和经济决策具有重要影响作用,大约 60% 的上市公司以政府为最终控制人(黎文婧,

2012)。由于公有制经济在中国国民经济中的比重较高,上市公司多由国有企业改制而来,政府可以行使股东权利直接干预企业的经营决策和行为。企业所受到的政治和社会压力的大小,影响企业社会责任信息披露的程度。政府对企业履行社会责任的态度越明确,企业越有动力履行社会责任,以获政府的认同和支持。国有企业受到的政治和社会压力更大,因此披露社会责任信息更积极(左乃键,2012)。特别是公司董事会成员或高管人员为政府任命官员的公司表现得更为明显。另外,与民营企业或外资企业相比,国有企业承担更多的社会责任,其国有股权性质意味着在特定条件下承担更多的政策性任务(毋蒙,2010)。国有控股股东承担着更多来自社会的期望,希望通过披露社会责任信息以获取较好的社会评价,增强其经营的社会合法性。可见,相对非国有股权公司而言,国有股公司受政府干预程度较大,而且企业的国有股比重越大,政府对企业的干预力越大,企业面临更多的政府强制性压力,越倾向于追随政府的期望值和体现政府利益,披露更好的社会责任信息。基于上述分析,本书提出假设7-2:

假设7-2:公司国有股比例和企业社会责任信息披露质量呈现正相关。

(二) 解释变量和检验模型

1. 解释变量

(1) 四类公司 Type1。

虚拟变量。样本公司如果是上证公司治理板块类、发行境外上市外资股类、金融类或深证100指数类这四类公司,取值为1,否则为0。

(2) 公司类型 Type2。

虚拟变量。样本报告公司如为央企上市公司,取值为1,否则为0。

(3) 国有股比例 S_Perc。为公司前十大股东的国有股比例之和。

综上所述,解释变量、被解释变量和控制变量定义具体见表7-1。

表7-1　　　　　　　　变量定义及说明

变量名称	变量代码	变量定义
被解释变量:		
企业社会责任信息披露质量	QCSRD	QCSRD 为润灵环球社会责任报告评级得分

续表

变量名称	变量代码	变量定义
解释变量：		
四类公司	Type1	哑变量。如果公司为上证治理板块、发行境外上市外资股、金融类公司、深证100指数上市公司之一，取值为1，否则为0
央企公司	Type2	哑变量。如果公司为中央企业所属上市公司，取值为1，否则为0
国有股比例	S_Perc	公司前十大股东的国有股比例
控制变量：		
公司规模	Size	总资产的自然对数
经营业绩	ROA	总资产报酬率，净利润/总资产
负债比例	Debt	总负债/总资产

2. 检验模型

本书采用多元线性回归法研究我国强制性制度压力因素对企业社会责任信息披露质量的影响，建立模型为：

$$QCSRD_{i,t} = \beta_0 + \beta_1 Type1_{i,t} + \beta_2 Type2_{i,t} + \beta_3 S\_Perc_{i,t} + \beta_4 Control_{i,t} + \varepsilon \quad (7-1)$$

(三) 实证结果与分析

1. 描述性统计

表7-2列示了2010~2013年的2190份样本报告各变量的描述性统计结果。

表7-2　　　　　　　变量的描述性统计

变量	最小值	最大值	均值	标准差
QCSRD	11.69	84.02	36.16	13.07
Type1	0	1	0.660	0.473
Type2	0	1	0.240	0.429
S_Perc	0	86.702	25.39	23.95
Size	14.98	30.57	23.11	1.786
ROA	-58.60	38.08	4.563	5.334
Debt	0.796	103.25	51.72	21.19

从表7-2可见：

(1) 2010~2013年，我国已发布社会责任报告的上市公司的社会责任信息披露质量（QCSRD）均值和标准差分别为36.16和13.07，最大值和最小值分别为11.69和84.02，表明一方面上市公司社会责任信息披露质量总体不高，另一方面公司之间的社会责任信息披露质量差距较大。样本数据也显示，大部分公司四年的社会责任信息披露质量没有太大变化，评级得分较低的则整个四年期间的分值都低，评级得分较高的则整个四年期间的分值都高，分值跳跃幅度小。

(2) 四类公司类型（Type1）均值为0.660，表明66%的报告公司为上证公司治理板块、境外上市外资股的公司、金融类公司和深证100指数样本股公司这四类强制性社会责任披露公司。

(3) 央企公司类型（Type2）均值为0.240，表明24%的样本报告公司为央企上市公司，所占比例偏低。国有股比例（S_Perc）的均值和标准差分别为25.39、23.95，最小值、最大值分别为0.00，86.702，说明不同公司的国有股比例差距较大，并且大部分公司的国有持股比例偏低。

2. 分组均值检验

为了进一步检验企业社会责任信息披露质量是否受到强制制度力量的影响，本书对样本公司按照是否为四类公司、是否为央企上市公司、公司是否有国有股三个组别检验。检验结果见表7-3。

表7-3　　　　　　　　　分组独立样本检验

检测值	分组公司1		分组公司2		分组公司3	
	四类	非四类	央企控股	非央企控	国有股	非国有股
	1450份	740份	532份	1658份	1690份	500份
QCSR均值	37.58	33.37	41.72	34.38	36.85	33.83
双尾T检验	7.832（0.000）		9.945（0.000）		4.987（0.000）	

从表7-3的分组公司1检验结果可看到，报告样本公司是否为四类公司的两个样本的社会责任信息披露质量平均数各为37.58和33.37。由t检验结果可知其均值存在显著差异。从分组公司2检验结果可看到，公司是否为央企上市公司的两个样本的社会责任信息披露质量均值各为41.72和34.38。由t

检验结果可知其均值存在显著差异。从分组公司3检验结果可看到，公司是否有国有股的两个样本的社会责任信息披露质量平均数各为36.85和33.83。由t检验结果可知其均值存在显著差异。另外观察到，四类公司、央企控股公司和国有股公司的均值均高于其相应的对比组。表7-3的结果初步验证了公司是否为强制性披露四类公司和央企上市公司、公司是否拥有国有股对企业社会责任信息披露质量具有影响。

3. Pearson 相关性分析

变量间的相关系数见表7-4。

表7-4　　　　　　　　　变量间相关性分析

Variable	QCSRD	Type1	Type2	S_Perc	Size	ROA	Debt
QCSRD	1						
Type1	0.149**	1					
Type2	0.241**	0.173**	1				
S_Perc	0.211**	0.334**	0.362**	1			
Size	0.566**	0.404**	0.196**	0.141**	1		
ROA	-0.031	-0.011	-0.108**	-0.110**	-0.083**	1	
Debt	0.232**	0.240**	0.186**	0.176**	0.255**	-0.465**	1

注：** 表示1%水平下双边检验显著。

从表7-4的Pearson相关系数检验结果可看出，Type1、Type2、S_Perc、Size、Debt与QCSRD显著正相关，其结果进一步说明，四类公司、央企上市公司和公司国有股比例等对企业社会责任信息披露质量有显著促进作用。另外，方差膨胀因子的检验表明，VIF值都小于2，模型不存在严重的多重共线性问题。

4. 多元回归结果和分析

为更好地考察制度因素对社会责任信息披露质量的影响，本书首先对各变量单独回归，然后将所有变量放在同一模型中进行回归。回归结果见表7-5。

表7-5　　　强制压力与企业社会责任信息披露质量关系回归结果

Variable	(1)	(2)	(3)	(4)
Type1	-0.085 (-4.479)***			-0.108 (-5.516)***
Type2		0.077 (4.235)***		0.065 (3.435)***

续表

Variable	(1)	(2)	(3)	(4)
S_Perc			0.057 (3.185)***	0.081 (4.077)***
Size	0.657 (25.365)***	0.597 (24.012)***	0.601 (24.054)***	0.631 (24.154)***
ROA	-0.011 (-0.555)	-0.010 (-0.477)	-0.011 (-0.527)	0.044 (0.965)
Debt	-0.168 (-6.840)**	-0.168 (-6.819)***	-0.168 (-6.802)***	-0.163 (-6.684)***
调整 R^2	0.351	0.350	0.348	0.362
模型 F 值	237.538	236.710	234.326	176.527

注：括号内的数值为 t 统计量，***、** 和 * 分别表示 1%、5%、10% 水平上的统计显著性。

从表 7-5 的第 1 列到第 4 列的回归结果可看出，无论是单个独立方程还是整体方程均在 1% 的水平上显著，表明方程整体有效，调整 R^2 均在 0.350 左右，方程的拟合优度较高，自变量对因变量的解释效果总体而言较好，本书假设进一步得到检验。

表 7-5 中的回归结果显示，央企上市公司（Type2）、公司的国有股比例（S_Perc）通过了 1% 水平下的显著性检验，并且与企业社会责任信息披露质量（QCSRD）呈显著正相关。这表明央企上市公司（Type2）、公司的国有股比例（S_Perc），显著促进了企业社会责任信息披露的质量，是企业社会责任信息披露质量的强制制度压力来源，书中假设 7-1b、假设 7-2 得到支持。

如果公司为央企上市公司（Type2），其社会责任信息披露的质量更高。中央政府的意志形成了央企上市公司披露社会责任信息及提高信息质量的强制性制度压力。另一个原因可能是，受国家改革政策法规和支持性产业政策的影响，一些央企形成行政性垄断，为企业履行包括社会责任在内的企业多重战略目标，提供了较多的可支配资源和经济基础。还有就是央企多为涉及国家安全和国民经济命脉的重要行业和关键领域，央企披露社会责任信息，可更好发挥央企在经济社会发展中的表率作用，符合政府赋予央企的制度地位。这也是与我国的现实是一致的。截至 2012 年年底，我国央企已经全部发布了社会责任报告，大部分央企已建立企业社会责任指标体系和评价体系以及信息披露机制。《中国企业社会责任报告白皮书（2013）》报告显示，央企社会责任报告质量最高。

上市公司的国有股比例越高（S_Perc），其社会责任信息披露质量越高。

首先,公司国有股比例越高,表明公司受到政府干预企业行为的影响力较大,政府通过企业贯彻国家政策的能力更强,公司希望通过发布社会责任报告及提升社会责任报告质量,以满足政府的制度性要求和维护合法性收益。其次,国有企业处于私人物品和公共物品的过渡地带,具有追逐利润的企业特性和非营利性的社会功能,决定了国有企业在提高经济效益的同时,还具有提高资源利用效率、减少排污和保护环境的社会责任(卢现祥、许晶,2012),企业目标可能更多涉及保证就业和社会稳定等方面的社会责任。《中国企业社会责任报告白皮书(2013)》报告显示,从企业性质看,国有企业领先于外资企业和民营企业。《中国企业社会责任报告(2014)》同样显示,国有企业为我国社会责任报告的主力军,国有企业在可比性数据披露方面优于民营企业。

表7-5中的回归结果显示:公司是否为四类公司(Type1)虽然通过了1%水平下的显著性检验,然而符号为负,与预期符号相反。表明强制性制度压力对我国上市公司的社会责任信息披露质量产生影响,但不是正向促进作用,未能完全支持书中的假设7-1a。这种情况发生的可能原因是:本书的被解释变量是企业社会责任信息披露质量,而不是公司是否披露社会责任信息。目前我国仅仅只是对相关上市公司有强制性社会责任信息披露要求,而对社会责任信息披露质量并无标准要求,导致公司仅以完成上级规定的硬性披露要求为目的,忽视了信息披露质量,导致出现我国社会责任报告数量虽然增加,然而质量却滞后不前的不匹配现象。

(四) 内生性检验与稳健性检验

1. 内生性检验

内生性问题是指在回归检验中,自变量和回归残差的协方差不为0,其可能的表现形式主要有三种:遗漏变量、测量误差及互为因果。基于本书的研究对象,本书重点分析互为因果的内生性问题。采用滞后一期的自变量的方法来进行处理互为因果的内生性问题。检验结果见表7-6。

表7-6　　　　　滞后一期自变量的内生性检验结果

Variables	Coef.	Std. Err	t	P>|t|	95% Conf. Interval	
Type1	-2.735852	0.687972	-3.98	0.000	-4.085372	-1.386332
Type2	3.203599	0.6994422	3.29	0.001	0.9316787	3.675618

续表

Variables	Coef.	Std. Err	t	P>|t|	95% Conf. Interval	
S_Perc	0.0363624	0.0131067	2.77	0.006	0.0106524	0.0620723
Size	4.711841	0.2311471	20.38	0.000	4.258425	5.165257
ROA	1.57502	6.434517	0.807	0.807	-11.04687	14.19691
Lev	-9.407447	1.879924	-5.00	0.000	-13.09509	-5.719805
Cons	-66.42277	4.705981	-14.11	0.000	-75.65398	-57.19156

从表 7-6 的结果可看出，Type1、Type2 和 S_perc 均在 5% 的水平下显著，表明变量之间不存在严重的内生性问题。

2. 稳健性检验

本书借鉴何贤圣、肖士盛和朱红军（2013）的研究方法，将企业社会责任报告评级得分进行分解，分别用企业社会责任报告整体性得分（CSRD_M）、内容性得分（CSRD_C）和技术性得分（CSRD_T）来代替 QCSRD，重新检验本书假设[①]。研究结果显示，采用整体性得分（CSRD_M）和内容性得分（CSRD_C）衡量企业社会责任信息披露质量，本书假设 7-1b 和假设 7-2 均成立。但当采用技术性得分（CSRD_T）衡量企业社会责任信息披露质量时，假设 7-2 不成立。这与何贤圣、肖士盛和朱红军的研究结论类似，可能是因为技术性得分（CSRD_T）更多反映报告的技术标准，而较少涉及信息披露内容质量实质。检验结果分别见表 7-7、表 7-8、表 7-9、表 7-10、表 7-11。

表 7-7　　　　　　　　CSRD_M 检验结果

Model	Unstandardized Coefficient		Standardized Coefficient	t	Sig.
	B	Std. Error	Beta		
1（Constant）	-22.260	1.442		-15.437	0.000
Type1	-1.427	0.200	-0.146	-7.124	0.000
Type2	0.514	0.213	0.048	2.411	0.016

---

① 润灵环球 2012 年度采用的 MCT2012—1.2 版里增加了行业性指标 I 值得分，但考虑到本书 2010 年的样本没有 I 值得分，这里仍只从整体性、内容性和技术性进行分解。

续表

Model	Unstandardized Coefficient		Standardized Coefficient	t	Sig.
	B	Std. Error	Beta		
S_perc	0.014	0.004	0.075	3.677	0.000
ROA	-4.385	1.867	-0.049	-2.349	0.019
Lev	-3.912	0.560	-0.179	-6.990	0.000
Size	1.560	0.071	0.603	21.992	0.000

表7-8　　　　　　　　　　CSRD_C 检验结果

Model	Unstandardized Coefficient		Standardized Coefficient	t	Sig.
	B	Std. Error	Beta		
1 (Constant)	-27.264	1.901		-14.340	0.000
Type1	-1.035	0.264	-0.079	-3.921	0.000
Type2	1.213	0.281	0.084	4.312	0.000
S_perc	0.012	0.005	0.045	2.259	0.024
ROA	4.932	2.461	0.041	2.004	0.045
Lev	-3.847	0.738	-0.132	-5.213	0.000
Size	2.000	0.094	0.579	21.376	0.000

表7-9　　　　　　　　　　CSRD_T 检验结果

Model	Unstandardized Coefficient		Standardized Coefficient	t	Sig.
	B	Std. Error	Beta		
(Constant)	-7.582	0.694		-10.918	0.000
Type1	-0.296	0.096	-0.063	-3.065	0.002
Type2	0.277	0.103	0.053	2.693	0.007
S_perc	0.001	0.002	0.016	0.777	0.438
ROA	1.468	0.899	0.034	1.633	0.103
Lev	-1.078	0.270	-0.102	-4.000	0.000
Size	0.633	0.034	0.506	18.531	0.000

表 7-10　　　　　　　　CSRD_M + C 检验结果

Model	Unstandardized Coefficient		Standardized Coefficient	t	Sig.
	B	Std. Error	Beta		
(Constant)	-49.523	3.108		-15.932	0.000
Type1	-2.462	0.432	-0.114	-5.703	0.000
Type2	1.727	0.460	0.072	3.756	0.000
S_perc	0.026	0.008	0.061	3.088	0.002
ROA	0.547	4.024	0.003	0.136	0.892
Lev	-7.760	1.206	-0.160	-6.432	0.000
Size	0.026	0.153	0.620	23.277	0.000

表 7-11　　　　　　　　F1 × F2 交叉项检验结果

Model	Unstandardized Coefficient		Standardized Coefficient	t	Sig.
	B	Std. Error	Beta		
(Constant)	-58.747	3.837		-15.311	0.000
F1 × F2	1.640	0.640	0.050	2.563	0.010
S_perc	0.024	0.010	0.044	2.334	0.020
ROA1	-2.294	5.051	-0.009	-0.454	0.650
Lev	-10.262	1.520	-0.166	-6.753	0.000
Size	4.293	0.187	0.587	22.980	0.000

表 7-7 结果显示,当以企业社会责任报告整体性得分(CSRD_M)为被解释变量、代替 CSRD 时,Type2 和 S_perc 在 5% 的水平下显著,支持书中假设 7-1b 和假设 7-2。Type1 虽然显著,但符号为负。

表 7-8 结果显示,以企业社会责任报告内容性得分(CSRD_C)为被解释变量,代替 CSRD 时,Type2 和 S_perc 在 5% 的水平下显著,支持书中假设 7-1b 和假设 7-2。Type1 虽然显著,但符号为负。

表 7-9 结果显示,以企业社会责任报告技术性得分(CSRD_T)为被解释变量,代替 CSRD 时,Type2 仍然在 5% 的水平下显著,支持书中假设 7-1b,但 S_perc 不显著,不支持假设 7-2。Type1 虽然显著,但符号为负。

进一步用整体性得分(CSRD_M)和内容性得分(CSRD_C)之和衡量社会责任信息披露质量,结论与前文的回归结果保持一致。检验结果见表 7-10。

表 7-10 结果显示，Type2 和 S_perc 在 5% 的水平下显著，支持书中假设 7-1b 和假设 7-2。Type1 虽然显著，但符号为负。

本书进一步严格强制性制度压力条件，用必须同时满足四类公司和央企上市公司的公司类型衡量 Type1 和 Type2、以用总资产净利润率和资产报酬率分别代替总资产报酬率（ROA），检验结果见表 7-11。

表 7-11 结果显示，S_perc 和 F1×F2 在 5% 的水平下显著，支持假设 7-1b 和假设 7-2，与前面的回归结果一致。

从以上稳健性检验结果可见，得出的结论基本上与前面的结果保持一致，假设 7-1b 和假设 7-2 通过检验，而假设 7-1a 未通过检验。

本书以 2010~2013 年纳入润灵环球评价系统的上市公司社会责任报告为研究样本发现，我国上市公司的企业社会责任信息披露质量受到强制压力的影响，具体体现在：（1）公司是否为央企上市公司与企业社会责任信息披露质量显著正相关。（2）公司国有股比例与企业社会责任信息披露质量显著正相关。

三、规范压力的影响

（一）理论依据和研究假设

规范压力一般以经验、标准操作程序、职业标准或教育履历等形式出现，包括专业化的职业规范、专业凝聚力、群体共识和专业团体对组织所带来的压力（宋铁波等，2012），即企业行为受到外部利益相关者的规范、标准和期望的约束。为了适应组织领域内的职业化要求产生的规范性压力，企业需要调整内部机制，使其符合组织领域的公认行为规范以获得认可和支持。规范压力体现的是组织领域内各利益相关主体所认同的价值和规范。

国内学者已经关注到规范制度压力对企业行为的影响。沈洪涛（2010）认为，企业社会责任信息披露是企业面临规范压力的重要规范措施。无论是发生合法性危机后的事后补救，还是树立良好社会形象的主动预防，社会责任信息披露是实现规范机制的一种措施。李彬等（2011）把对旅游企业的调研结果纳入结构方程模型分析得出，不同的制度压力对企业的社会责任影响程度不同，规范压力最大，认知压力次之，规制压力的影响最不显著。郝云宏等（2012）指出，正是在消费者权益保护运动、环保运动、农民维权行动等形成的规范压力的作用下，企业才更可能主动承担社会责任。规范压力对于企业社会责任行为的影响是明显的。冯臻（2014）指出，企业社会责任行动不可避免地受到外部制度环境影响，制度环境中的强制性、规范性压力是直接影响高层管理者对社会责任行动参与决策的主要驱动因素。沈奇泰松、葛笑春、宋程成（2014）通过结构方程模型方法研究发现，制度环境中的规制、规范和认知三种压力都显著正向影响社会战略反应。

以上文献尝试性的有益研究为本书提供了有价值的参考，但研究对象多关注企业社会责任行为，缺乏对企业社会责任信息披露的研究。另外，已有研究多停留在制度压力的总体层面上，对于具体规范压力的计量，缺乏明确的替代变量。本书试图明晰规范压力的计量指标，揭示规范压力与企业社会责任信息披露之间的关系。

1. 高管职业化背景与社会责任信息披露

与强制压力相比，规范压力是隐性的，主要是指国家和地区文化、价值观、规范信念和行为假设中形成的共享概念和意义准则，是社会生活中约定俗成的、可评估的以及义务性的维度（Scott，2001）。由于隐性而不可见，规范压力主要是通过间接路径影响企业社会责任信息披露质量。在中国企业社会责任信息披露发展过程中，这种间接路径可以体现在公司高管的职业化过程中。公司高管职业化是指公司的高管达到了公认的职业身份和地位，拥有专业化的知识和技能，或达到权威的职业任职标准和资质认定体系。公司高管，作为企业的核心人力资源，对企业行为有着重要影响。"高层梯队理论"（Hambrick and Mason，1984）指出，公司高管人员特征影响他们的决策行为，进而影响他们所领导的公司的行动。处于外部压力感知中心和首要位置的企业高层管理者，对企业社会责任行动起着重要作用。强制性和规范性压力是直接影响高层管理者对社会责任行动参与决策的主要驱动因素（冯臻，2014）。孙德升（2009）和臧伟（2010）发现高管的教育程度、名校毕业的高管比例以及有经济工作背景的高管比例，对企业社会责任信息披露程度有促进影响。Colwell和Joshi（2011）通过调查加拿大199个制造业公司制度压力和企业环境的响应之间的关系时发现，当公司高管对环境有更多的投入奉献更多时，两者之间的关系更加密切。

公司高管职业化背景作为重要的高管特征之一，主要包括高管教育水平和海外背景经历。高管教育水平和海外背景经历使得公司高管在教育阶段和工作经历中,将所接受的企业社会责任期望和社会义务的理念传递到公司战略和经营过程中,从而形成公司文化、共享价值观和公司规范等。

(1) 公司高管的教育水平。

公司高管的教育水平是高管职业化过程中一个重要的影响因素。首先,教育和专业形成的职业化规范压力使与企业社会责任相关的意识、观点或技能在公司之间快速交流和应用。促进企业社会责任信息披露的发展。学校课程或专业书刊提供的社会责任/企业伦理的认知、培训或信息,形成了职业模式化的思想、类似感受及反应,它们渗透于企业未来高管的世界观和思维体系,使处于不同组织的管理者个体可能具有相似的倾向和决策制定(杨汉明、吴丹红,2014)。大学等教育机构的商业课程开设的企业社会责任、企业伦理等课程,都有可能潜移默化地影响着管理者对企业社会责任的理解和认知。Palmar 等(1993)观察到美国越来越多的大型企业组织结构趋同于多元化。发现企业是否采用多元化的组织结构与企业 CEO 是否毕业于商业名校或是否曾任职于采用多元化结构的公司这两个因素密切相关。Bebbington 等(1994)通过考察英国公司高级财务主管的认知态度,发现高管的大学前教育和会计职业团体的会员资格影响着公司会计人员对社会责任信息披露的认知和理解。

其次,高管的教育背景和工作经验使其具有特定的技能和工作风格、个人信念与性格情绪,形成高管特定的知识存量和思维方式,对公司的行为产生了极大的影响。而教育程度的不同影响着高管的认知能力、辨别能力、创新能力等。教育程度越高,就越有整合、处理信息和聚焦战略资源的能力,越有可能从企业可持续发展的战略角度规划企业目标。如果公司高管有较好的企业社会责任理解,或较好的企业社会责任或企业伦理等教育背景,那么他们倾向于对企业社会责任信息披露等一些新兴事物、新技术和新方法进行模仿和创新,促进公司的持续成长和良好的业绩水平(Hambrick and Mason,1984)。由此可见,公司高管接受各类教育的过程中,面临各类教育机构的职业化要求产生的规范压力,影响高管任职的未来公司的社会责任的运作发展。基于以上分析,本书提出:

假设 7-3a:公司高管的教育水平程度越高,企业社会责任信息披露质量越好。

(2) 公司高管的海外背景。

公司高管专业化过程中另一个重要的影响因素是公司高管的海外背景。改革开放30余年来，大批中国优秀人才选择去欧美等国家留学后回国工作或选择在国外公司历练后回国工作。这些具有海外留学或海外工作背景的高管在其海外教育或工作的过程中，带回国外先进的管理能力和宽广的国际视野，对企业社会责任有更深入的认识，其社会责任思维体系和价值观的塑造和形成更加全面。与此同时，随着外资企业的在华投资和一些中国企业的跨国投资和业务的海外拓展，外籍人士担任企业高管的比例逐步增大，公司高管多元文化趋势逐渐明显。这些担任公司要职的外籍高管熟悉国际规则，具备敏锐的国际市场洞察能力、更广泛的战略思维和国际视野和更强的沟通能力和资源整合能力。具有国际化背景的高管对海外市场更熟悉，能更好地整合国内外的资源和文化，获得国际化形象，对国际环境更具有洞察力（Herman and Datta，2005）。随着企业社会责任信息披露在全球范围内的迅速发展，尤其是在西方发达国家的普及，具有海外背景的公司高管具有更为开阔的国际化经营视野、强烈的社会责任意识和企业可持续发展理念。基于以上分析，本书提出：

假设7-3b：公司拥有海外背景的高管比例越高，企业社会责任信息披露质量越好。

2. 企业社会责任专业化进程与社会责任信息披露

规范压力对企业社会责任信息披露质量的间接影响，还可以通过企业的社会责任进程来体现。不同企业的社会责任进程是不一样的。本书在分析样本报告时发现，一些企业加入相关的企业社会责任机构组织成为会员，或因为社会责任行为而获得社会责任奖项，或制定目标明确的企业社会责任战略，这些都可以体现出企业在社会责任方面的重视和参与程度。

（1）企业是否有社会责任组织会员身份。

企业社会责任组织是一个重要的组织领域。通过界定与传播企业社会责任行为的规范性准则，企业社会责任组织形成了协会治理权的合法性基础，促使会员采取符合组织领域内的行为规范。Marquis等（2007）发现，企业与本地非营利组织联系紧密，会导致企业公益活动水平的提高。当前在我国，致力于企业社会责任建设的大部分组织为国际组织或非政府组织，它们通过宣传、培训、研讨、评选等系列活动，改变着公司的实践行为和战略政策，成为企业履行社会责任的代理、监督、标准制定及环境创造机构（程红丹、郑永松，2011）。一些社会责任组织有着严格的会员入会条件、会员制度和会员资格保留要求，其中涉及对企业社会责任报告的严格披露要求。与政府使用行政强制手段产生的较高执行成本相比,企业社会责任组织会员身份,将对其形成的契约安排具有较高的自愿执行能力,执行成本较低,能积极主动践行这些组织对会员提出的社会责任规范要求,增加了企业履行企业社会责任的可信度和问责依据。因此,与非社会责任组织会员相比,社会责任组织会员企业的社会关注度更高,不仅面临着这些组织社会责任规范要求,也面临着社会公众的压力,这些压力使企业积极参与社会责任并有更好的表现,包括披露更好的社会责任信息。基于以上分析,本书提出:

假设 7-4a: 与非社会责任组织会员相比,社会责任组织会员的企业社会责任信息披露质量更高。

(2) 企业社会责任奖项的数量。

不同企业的社会责任行为具有很大差异,而这种差异较难被外界获知。为了使其社会责任的表现在一个信息不完美的市场中被全体相关利益者所充分了解,增加企业在竞争环境和制度环境地位的综合能力,企业需要借助信息传递机制(沈洪涛、王立彦、万拓,2011)。面对规范压力,国际化企业需要通过沟通宣传凸显组织在合理性属性,如在行业标准、环保标准、社会责任上的表现(刘洪深等,2014)。在企业的对外沟通渠道中,企业社会责任奖项是企业展示其对社会负责的形象,获得合法性和利益相关者尊重的有效信息传递机制,向社会公众传递了企业履行社会责任的积极程度。根据 The Rising CCO 2012 年对来自总部设在北美、欧洲和亚太地区企业 CCO(首席对外沟通官)的调查,在亚太地区,企业所获得的奖项和认可是媒体报道的衡量标准,亚太地区的 CCO 比较注重奖项和认证。企业的社会责任奖项的获得和数量在一定程度上,展示了相关部门对企业在社会责任活动及其社会责任规范遵循的认可度,企业获奖的次数越多,表明企业在社会责任相关领域的表现更加优秀,也意味着他人和社会对企业行为的更多期待和规范,这种规范压力促使企业不仅倾向于主动披露这种社会声誉利好消息,而且会更好地披露社会责任信息,以区别其他企业。基于以上分析,本书提出:

假设 7-4b: 企业的社会责任奖项数量越多,企业社会责任信息披露质量越高。

(3) 企业是否制定社会责任目标。

制度理论认为,组织行为背后的驱动力是一个符合组织规范的目标。管理大师德鲁克认为:"企业的使命和任务,必须转化为目标。"如果一个工作领域缺乏目标,这个领域的工作必然被忽视。企业社会责任目标是指企业综合内部环境和资源设定的一个预期要达到的社会责任成果。企业社会责任目标是企业社会责任活动的内在决定因素,是组织成员所共有的一整套社会责任价值观念和行为规范的总和,企业社会责任目标的设立为组织提供了努力的焦点,也为企业其他目标提供了一个相互促进和融合的方向。有了企业社会责任目标,企业才会有相应的具体的社会责任行动和活动的安排,以及计划的控制和调整。企业社会责任目标的制定体现了企业高管层的共识和价值观,确定了企业社会责任风气和员工的社会责任行为准则。企业通过正式规划,把其对社会责任议题的思考和公司经营计划相结合(沈奇泰松等,2014)。这种工作目标实现进程中产生的规范性压力,使企业会有更好的社会责任信息披露表现。社会责任目标的制定还可以增加政策执行的透明度,有利于企业利益相关者的监督和问责。基于以上分析,本书提出:

假设7-4c:与无企业社会责任目标的公司相比,制定了企业社会责任目标的企业的社会责任信息披露质量更高。

(二)解释变量和检验模型

1. 解释变量

(1) 企业高管职业化背景 (Edu 和 Overseas)。

我国上市公司社会责任信息披露目前多以公司自愿性披露为主,很多公司并未设置专门的社会责任管理机构及其负责人,企业社会责任事务的处理多由公司高层高管兼管并融于企业的日常管理活动中。本书参考徐经长、王胜海 (2010),魏立群、王智慧 (2002),陈晓红等 (2006),姜付秀、伊志宏、苏飞、黄磊 (2009) 等学者以往定义的范畴,并考虑数据取得的可行性和公司年报中披露的高层管理者信息,界定公司高管为总裁、副总裁、董事长、副董事长、总经理、副总经理、行长、副行长、总会计师(财务总监、财务负责人或财务官)、董事、独立董事和监事(监事会主席)、董事会秘书。

本书采用两个指标来衡量企业高管职业化背景:高管教育水平 (Edu) 和高管海外背景 (Overseas)。参照徐经长、王胜海 (2010),姜付秀等 (2009) 等的研究,高管教育水平设置如下:博士及以上为5,硕士计为4,本科计为3,专科计为2,高中或中专及以下计为1。根据公司高管学历总值和公司高管总人数,计算出高管学历均值。高管海外背景比例为公司中具有海外背景的高管人数占公司高管总人数的比例。海外背景是指高管曾经在海外留学、海外工作、海外继续教育或培训或籍贯为外籍。如果高管具备其中条件之一，则认为其有海外背景，同一高管不重复认定。以上两个数据均为手工搜集汇总。

（2）企业社会责任机构会员背景（Memb）。

该变量为哑变量，如果公司在样本期间是某社会责任组织的会员，取值为1，否则为0。为了使资料数据既可获取又具有全面性，本书的社会责任组织来源于"商道纵横"网站①上社会责任机构库中的"国际组织"和"非政府组织"两项中的组织机构，其中国际组织20家，多为联合国相关组织。非政府组织217家，涉及教育文化、生态、气候、环保、儿童、妇女、青年、智障人士、能源、动物和疾病等领域。该数据为手工搜集汇总。

（3）企业社会责任获奖数量（Award）。

本书的社会责任奖项是指企业社会责任报告里企业获得的带有"社会责任"字眼的各种奖项，不考虑企业社会责任报告中所陈列的其他类别奖项。参照李新娥、彭华岗（2010）的研究，按照每一个奖项1分的赋值，计算出的得分总和为公司的社会责任奖项数量。该数据为手工搜集汇总，最后汇总出73项社会责任奖项。

（4）企业社会责任目标（Goal）。

该变量为哑变量，凡是企业在企业社会责任报告中以文字或图表形式独立披露了企业下一年度或未来的社会责任计划或目标（包括规划、举措、展望等措辞），则该企业有明确的社会责任目标陈述，取值为1，否则为0。该数据为手工搜集汇总。

综上所述，解释变量、被解释变量和控制变量定义具体见表7-12。

表7-12　　　　　　　　　　变量定义及说明

变量名称	变量代码	变量定义
被解释变量：		
企业社会责任信息披露质量	QCSRD	QCSRD为润灵环球社会责任报告评级得分

---

① 商道纵横是2005年成立的国内较早从事企业社会责任领域的一家研究咨询公司。

续表

变量名称	变量代码	变量定义
解释变量：		
高管教育水平	Edu	高管学历均值＝高管学历总值/高管人数。博士及以上为5，硕士为4，本科为3，专科为2，高中或中专及以下为1，分别赋值5、4、3、2、1
高管海外背景比例	Overseas	具有海外背景的高管占公司高管总人数的比例。如果高管拥有海外留学、海外工作、海外继续教育或培训或籍贯为外籍，即具备其中条件之一，则认为其有海外背景
CSR 组织会员	Memb	哑变量。如果公司在样本期间为企业社会责任组织会员，取值为1，否则为0
CSR 奖项数量	Award	公司所获得的社会责任奖项数量
CSR 目标	Goal	哑变量。如果企业在企业社会责任报告中明确陈述企业社会责任目标，取值为1，否则为0
控制变量：		
公司规模	Size	总资产的自然对数
经营业绩	ROA	总资产报酬率，净利润/总资产
负债比例	Debt	总负债/总资产

2. 检验模型

本书采用多元线性回归的方法研究我国强制性制度压力因素对企业社会责任信息披露质量的影响，建立的模型为：

$$QCSRD_{i,t} = \beta_0 + \beta_1 Edu_{i,t} + \beta_2 Overseas_{i,t} + \beta_3 Memb_{i,t} + \beta_4 Award_{i,t} \quad (7-2)$$
$$+ \beta_5 Goal_{i,t} + \beta_6 Control_{i,t} + \varepsilon$$

（三）实证结果与分析

1. 描述性统计

表 7－13 列示了 2010～2013 年的 2039 份样本报告[①]的社会责任信息披露质量、公司高管教育水平和海外背景比例、公司是否为社会责任组织会员、公

---

① 由于该部分的解释变量中有部分数据无法搜集或不全，经删除后得到观察样本 2039 份，不同于前面检验强制压力时采用的 2190 份观察样本，导致该部分的社会责任信息披露质量的均值、标准差不同。

司社会责任奖项数量、公司是否有企业社会责任目标的描述性统计结果。

表7-13 各变量的描述性统计结果

变量	最小值	最大值	均值	标准差
QCSRD	11.690	84.019	35.823	12.596
Edu	1.929	4.500	3.544	0.356
Overseas	0.000	0.842	0.069	0.094
Memb	0.000	1.000	0.019	0.137
Award	0.000	8.000	0.246	0.780
Goal	0.000	1.000	0.210	0.408
Size	14.984	30.571	23.105	1.760
ROA	-0.586	0.381	0.046	0.052
Debt	0.008	1.033	0.517	0.213

从表7-13可看出：

（1）2010~2013年，我国发布社会责任报告的上市公司的社会责任信息披露质量（QCSRD）均值和标准差分别为35.823和12.596，最大值和最小值分别为11.690和84.019，说明上市公司社会责任信息披露质量总体不高，公司之间的社会责任信息披露质量差距较大。另外发现，大部分公司在样本期间的社会责任报告得分比较接近，如果第一年评级得分较低，则后续期间的分值也较低，如果第一年评级得分较高，则后续期间的分值也较高。

（2）公司高管背景变量（Edu和Overseas）数据显示，公司高管的学历水平（Edu）最小值为1.929，最大值为4.500，说明公司高管学历水平差距较小。公司高管的海外背景比例（Overseas）最小值为0，最大值为84.20%，说明不同公司拥有海外背景的高管比例差距较大。公司高管海外背景比例的均值仅为6.90%，反映公司拥有海外背景的高管人数比例整体偏低。公司是否为社会责任组织会员的数据（Memb）的均值显示，仅有约为1.9%的公司为企业社会责任组织会员，数量明显偏少；公司的社会责任奖项数量（Award）数据显示，不同公司之间所获得的企业社会责任奖项数量差距较大，最小值为0分，最大值为8分，大部分公司所获奖项为3分左右。公司是否有社会责任目标（Goal）数值同样说明，仅21%公司的社会责任报告中陈述企业社会责任目标。

2. Pearson 相关性分析

变量间的相关系数列示于表 7-14。

表 7-14　　　　　　　　　　变量间相关性分析

变量	QCSRD	Edu	Overseas	Memb	Award	Goal	Size	ROA	Debt
QCSRD	1								
Edu	0.293***	1							
Overseas	0.307***	0.253***	1						
Memb	0.227***	0.077***	0.123***	1					
Award	0.503***	0.223***	0.292***	0.236***	1				
Goal	0.237***	-0.045**	0.117***	0.139***	0.163***	1			
Size	0.550***	0.404***	0.308***	0.134***	0.491***	0.072***	1		
ROA	-0.040*	-0.061***	-0.001	0.022	-0.043*	-0.008	-0.147***	1	
Debt	0.252***	0.233***	0.116***	0.033	0.253***	-0.001	0.616***	-0.467***	1

注：***，**和*分别表示1%，5%和10%水平下双边检验显著。

从表 7-14 可看出，Edu、Overseas、Memb、Award、Goal、Size 和 Debt 与 QCSRD 显著正相关，其结果说明，公司高管职业化背景、公司是否为企业社会责任组织会员、公司社会责任奖项数量、公司是否有社会责任目标等对企业社会责任信息披露质量具有显著促进作用。方差膨胀因子的检验表明，VIF 值基本上都小于 2，模型不存在严重的多重共线性问题。

3. 哑变量分组均值检验

本书按照公司是否为企业社会责任组织会员和企业是否阐述了企业社会责任目标将全部样本分为两组，检验在这两组样本的企业社会责任信息披露质量均值是否具有显著差异，以初步检验本节假设，检验结果如表 7-15 所示。

表 7-15　　　　　　　　　　分组独立样本检验

	分组 1		分组 2	
	CSR 协会会员 39 份	非 CSR 协会会员 2000 份	陈述 CSR 目标 429 份	未陈述 CSR 目标 1610 份
QCSR 均值	56.29	35.42	41.62	34.28
双尾 T 检验	-10.5182 (0.0000)		-11.0324 (0.0000)	

从表 7-15 的检验结果可看到，企业是否为社会责任协会会员和企业是否

陈述社会责任目标的均值均高于对比组均值。分组 1 的 t 检验结果显示均值存在显著差异，表明企业是否为社会责任组织会员对企业社会责任信息披露质量有显著影响。同样，分组 2 的 t 检验结果显示均值存在显著差异，表明企业是否陈述社会责任目标对企业社会责任信息披露质量有显著影响。假设 7 -4a 和假设 7 -4c 初步得到验证。

4. 多元回归结果和分析

为更好地考察规范压力对社会责任信息披露质量的影响，本书首先将各个变量单独进行回归，最后将全部变量放在同一模型中进行回归。回归结果见表 7 -16。模型（1）~模型（5）分别表示当单独考虑公司高管教育水平、公司高管海外背景比例、公司是否为企业社会责任组织会员、公司社会责任奖项数量、公司是否有社会责任目标时的回归分析结果，模型（6）是将所有变量放入回归模型的结果。

表 7 -16 规范压力与企业社会责任信息披露质量关系回归结果

变量	模型（1）	模型（2）	模型（3）	模型（4）	模型（5）	模型（6）
Edu	2.654*** (3.81)					2.381*** (3.67)
Overseas		19.06*** (7.56)				9.830*** (4.09)
Memb			14.02*** (8.51)			7.732*** (4.92)
Award				5.022*** (15.85)		4.092*** (12.86)
Goal					5.755*** (10.55)	4.378*** (8.36)
Size	4.195*** (23.59)	4.032*** (23.19)	4.221*** (25.26)	3.200*** (18.13)	4.264*** (25.91)	2.795 (15.45)
ROA	3.708 (0.73)	3.589 (0.72)	3.087 (0.62)	4.362 (0.91)	4.633 (0.93)	4.949 (1.07)
Debt	-6.741*** (-4.32)	-5.857*** (-3.78)	-6.193*** (-4.02)	-5.173*** (-3.49)	-5.961*** (-3.90)	-3.790*** (-2.63)
调整 R^2	0.342	0.355	0.36	0.41	0.372	0.448
F 值	152.31	161.52	164.81	203.53	173.22	151.35

注：括号内的数值为 t 统计量，***、** 和 * 分别表示 1%、5%、10% 水平上的统计显著性。

从表 7-16 的从第 1 列到第 5 列的回归结果可看出,无论是单个独立方程还是整体方程均在 1% 的水平上显著,表明方程整体有效,调整 R^2 均在 0.350 左右,方程的拟合优度较高,自变量对因变量的解释效果总体较好。

表 7-16 中的回归结果显示,公司高管学历水平(Edu)、公司高管海外背景比例(Overseas)、公司是否为企业社会责任组织会员(Memb)、公司社会责任奖项数量(Award)、公司是否有社会责任目标(Goal)均通过了 1% 水平下的显著性检验,与企业社会责任信息披露质量(QCSRD)显著正相关,书中假设均得到支持。这表明公司高管的学历水平、公司高管的海外背景比例、公司是否为企业社会责任组织会员、公司社会责任奖项数量、公司是否有社会责任目标显著促进了企业社会责任信息披露的质量,是促进企业社会责任信息披露质量的规范制度压力。具有更高教育学历水平和拥有海外背景的高管的公司,更加注重企业的社会责任形象和信息披露质量。公司的社会责任组织会员身份、公司是否有社会责任目标和公司所获得的社会责任奖项数量所产生的规范性压力,将促使企业更好地遵从一定社会责任规范,披露更好的企业社会责任信息。

(四) 内生性检验与稳健性检验

1. 内生性检验

本书采用 Hausman 内生性检验来检验变量的内生性问题。Hausman 的原假设是 corr(a_i, Xit) = 0 (Ho: difference in coefficients not systematic),即不存在内生性问题,Hausman 不显著意味着无法拒绝原假设,不存在内生性问题。检验结果见表 7-17。

表 7-17   Hausman 内生性检验结果

Edu	chi2(3) = (b − B)'[(V_b − V_B)^(−1)](b − B) = 4.04	Prob > chi2 = 0.2575
Overseas	chi2(3) = (b − B)'[(V_b − V_B)^(−1)](b − B) = 4.83	Prob > chi2 = 0.1848
Memb	chi2(3) = (b − B)'[(V_b − V_B)^(−1)](b − B) = 3.45	Prob > chi2 = 0.3278
Award	chi2(3) = (b − B)'[(V_b − V_B)^(−1)](b − B) = 31.24	Prob > chi2 = 0.0000
Goal	chi2(3) = (b − B)'[(V_b − V_B)^(−1)](b − B) = 2.93	Prob > chi2 = 0.4020

由表 7-17 可见,除了公司社会责任奖项数量(Award)的 p 值为零,结

果显著拒绝原假设外,其余变量的 p 值均大于 0,结果不显著,无法拒绝原假设,因此基本认为变量没有严重的内生性问题。

2. 稳健性检验

本书采取同样做法,借鉴何贤圣、肖士盛和朱红军(2013)的研究方法,将企业社会责任报告评级得分进行分解,进行稳健性检验。回归结果见表 7-18。

表 7-18　规范压力与企业社会责任信息披露质量关系稳健性回归结果

变量	CSRD_M	CSRD_C	CSRD_T
Edu	1.021*** (4.49)	0.790* (2.43)	0.219 (1.89)
Overseas	3.818*** (4.53)	4.959*** (4.11)	0.915* (2.13)
Memb	2.743*** (4.98)	3.680*** (4.67)	0.829** (2.96)
Award	1.228*** (11.00)	1.735*** (10.86)	0.840*** (14.78)
Goal	1.771*** (9.63)	1.770*** (6.72)	0.619*** (6.62)
Size	0.800*** (12.61)	1.297*** (14.28)	0.429*** (13.29)
ROA	0.101 (0.06)	3.905 (1.67)	0.211 (0.25)
Debt	-0.945 (-1.87)	-1.932** (-2.67)	-0.602* (-2.34)
Cons	-14.20*** (-10.79)	-15.37*** (-8.16)	-4.359*** (-6.51)
N	2039	2039	2039
调整 R^2	0.466	0.377	0.392
F 值	162.63	113.35	120.7

注:括号内的数值为 t 统计量,***,** 和 * 分别表示 1%、5%、10% 水平上的统计显著性。

表 7-18 的结果显示,采用整体性得分和内容性得分来衡量企业社会责任

信息披露质量,各解释变量均通过1%水平的显著性检验,本书假设均成立。采用技术性得分衡量企业社会责任信息披露质量时,除了高管学历水平变量(Edu)未通过检验和高管海外背景通过10%的水平性检验外,其他变量均通过1%水平的显著性检验。可能是因为技术性得分偏重从报告政策、编写规范、报告的可获得性和表达形式等方面反映报告的技术标准,导致部分变量的检验结果有一定偏离。综合考虑上述稳健性回归结果,稳健性检验结果与前面的回归结果基本一致。

本部分考察了规范压力对企业社会责任信息披露质量的影响。研究发现,规范压力对我国上市公司社会责任信息披露质量有明显影响。具体表现在:公司高管学历水平、公司高管拥有海外背景的比例、公司是否为企业社会责任协会会员、公司社会责任奖项数量、公司是否有社会责任目标与企业社会责任信息披露质量显著正相关。

四、模仿压力的影响

(一)理论依据和研究假设

企业的某种行为往往会促使其他企业相应地做出类似的模仿选择。大部分研究试图从经济效益、资源禀赋和市场竞争等经济逻辑来解释企业的这种模仿现象,认为企业的模仿决策主要受到企业经济动机的内在驱动。企业社会责任具有多面性和外部性问题,纯粹的经济学理论无法全面解释企业行为和经济现象,而制度理论的合法性视角则为本书重新解读企业模仿行为提供了一个全新视角。制度合法性视角指出,某一实体行为必须符合由一定标准体系、价值体系和信仰体系形成的社会结构所认定的一般理解或假定(Suchman,1995)。这种随时间稳定下来的社会行为合法性形式形成了制度,由认知、规范和管制三大要素构成,并和其他活动和资源一起为社会提供了稳定性和价值观(Scott,2001),构成了组织领域内何种企业行为是合法的观念,形成制度性压力,使企业通过遵从其所处组织领域里的主要规范获取合法性。这种合法性强调了在社会认可的基础上建立的一种权威关系(周雪光,2003)。

在制度理论的合法性视角下,模仿是组织在寻求最佳行为的过程中对环境不确定性的一种反应。当组织面临无法做出最佳决策行为的模糊环境时,它们可能会模仿其他大部分组织或制度环境中的普遍流行现象或成功组织的组织结构或行为（Carpenter and Feroz，2001）以降低其不确定性，增加利益相关者对这种行为的合法性认可。组织领域的形成产生同质性的巨大动力推动企业的相似性，促进企业对不确定进行合乎公认反应的模仿同形（Di Maggio and Powell，1983）。胡少东等（2012）研究结果表明，在不同层面的制度环境中，企业为了获得合法性，在进入模式的选择上存在模仿行为。表明在多层面制度环境中，企业倾向于在狭窄的制度环境中寻求合法性。可见，制度理论为认识信息披露中的决策者行为提供了一个有别于经济学理论的全新视角。

许多学者观察到企业的模仿行为，如公共学校和医院建设过程中的相互模仿和相似发展过程（Tyack，1974；Katz，1975；Starr，1980）。Knoke（1982）分析美国市政府改革事件史发现，邻近的城市采纳改革导致的模仿和传染导致了市政府改革采纳的地区差异。Tolbert 和 Zucker（1983）发现美国早期城市公务员制实施受城市特征影响较大，后期则与市政管理的合法性结构形式的需求相关。我国学者支晓强等（2014）、王疆（2014）的研究分别表明公司在股权激励方案设计以及对美国直接投资区位选择过程中，模仿起着重要的影响作用。企业的模仿行为也体现在信息披露方面，以企业自愿性资本性支出预告披露为例，其披露概率与同行业中已经披露的公司比率成正相关关系，并随已有披露的内容和精确度的变化而变化（梁飞媛，2010）。沈洪涛和苏亮德（2012）验证了企业的环境信息披露存在同形，是模仿其他企业平均水平的频率模仿，这个结论与杨涛（2013）的结论基本一致。

自 2006 年国家电网发布中央企业首份社会责任报告以来，我国不同规模、行业和性质的企业社会责任报告数量迅速增长，企业社会责任信息披露已经成为很多企业的自愿性行为。相关政府文件的出台对企业披露社会责任信息提出了明确的要求和定位。在政府主导和市场竞争激烈的制度环境中，我国社会文化、各类制度和组织模式等尚在发展完善之中，存在着较大的制度环境不确定性。与公司财务报告相比，企业社会责任信息披露并未有统一和规范的披露规则，在披露形式、方法和策略以及披露产生的收益方面存在着高度不确定性。以上制度环境的不确定性使企业存在强烈的社会责任信息披露模仿动机。在企业社会责任信息披露已经成为很多企业的自愿性行为的情况下，企业会相互模仿对方的社会责任信息披露，以确保组织的社会责任行为受到合法性认可

（Campbell，2007）。模仿其他企业的社会责任报告使企业社会责任报告具有相似性，这种决策成为企业适应运营背景恰当行动的必要部分（Bebbington，2009）。沈洪涛和苏亮德（2012）、杨涛（2013）、蔡宁等（2009）、郝云宏等（2012）、杨汉明等（2012，2015）近期的研究也开始关注制度压力对企业社会责任、环境信息披露或社会责任信息披露的影响问题，但这些研究针对企业社会责任信息披露的研究甚少，且缺乏实证检验的证据支持。鉴于此，基于制度理论和我国的制度背景，本部分将实证检验以下三个问题：第一，我国企业社会责任信息披露是否存在模仿行为？第二，企业模仿的对象是谁？第三，企业社会责任信息披露模仿行为表现突出吗？

1. 企业社会责任信息披露的模仿行为

降低不确定性是企业社会责任信息披露模仿其他企业以寻求合法性的主要动因。从信息披露环境的不确定性来看，我国正处于复杂的经济转轨的制度变迁时期，政策法律环境、资本市场和经济政策等诸多制度要素存在不稳定性、复杂性和多变性，这些都将影响企业经济管理的稳定性。而改革的深化将继续加大企业竞争环境的严峻性和环境的不确定性。政府资源以及由此带来的金融资源是我国企业生存发展所依赖的关键性资源，由于不存在正式契约，企业与政府之间是一种不平等的互惠交换关系（李维安、王鹏程、徐业坤，2015），这种交换关系具有不确定性和风险。

企业社会责任信息披露的披露决策过程和披露行为的结果存在着不确定性。企业社会责任信息披露是一种自愿性报告，我国尚未出台统一规范企业社会责任信息披露的相关文件，与具有统一性和会计法规约束的财务报告相比，企业在披露意愿和披露内容、形式、方法和策略方面存在高度不确定性。另外，独立的社会责任报告存在披露成本，越多的自愿性信息生产意味着更多的成本。而企业社会责任信息披露的收益和价值实现是一种潜在的长期过程，社会责任信息成本和披露收益之间的因果关系不确定。企业在披露社会责任信息时往往并不能即时确定社会责任报告的收益或价值，在"专有性成本"存在的情况下，公司必须基于成本与效益的比较，对信息披露的积极和消极效应进行权衡（李建标、赵爱莉、王静，2015），这种权衡和决策过程充满着不确定性。

近年来，政府部门、媒介舆论和行业协会等对我国企业披露社会责任信息的要求越来越明朗，越来越多的企业开始发布社会责任报告。当许多企业披露社会责任信息时,这种行为可能成为大多数企业所认可的适应制度环境的程序和策略,这使其他企业开始审视不披露行为的合适性,转向模仿这种行为以获得广泛的合法性认可。在中国现有制度环境下,保持与其他企业相似的做法,成为现有考核机制和风险规避倾向下带有保险性质企业的一种合适性表现和防御策略。模仿成为企业增强利益相关者对企业行为的认可程度、应对不确定性的一种合宜性选择。基于上述分析,本书提出:

假设7-5:我国企业在社会责任信息披露水平方面存在模仿行为。

2. 企业社会责任信息披露模仿对象

如果企业社会责任信息披露水平存在模仿行为,那么被模仿的企业具有哪些特征呢?Haunschild和Miner(1997)将模仿机制分为三种不同的形式:从众式模仿、特征模仿和成果模仿。从众式模仿是指组织的模仿行为受其他组织采纳某种行为的影响。采用某种行为的组织越多,越能表明这种行为是被广为接受的社会事实。特征模仿是指组织的模仿行为受到具有某种特定特征的组织行为的影响,如企业模仿成功或大型厂商的模式以取得同等地位(Fombrun and Shanley,1990)。成果模仿是经济学的基本逻辑,指企业的模仿是基于成本效益基础上的选择,企业在试误学习过程中会避免别人的错误,吸收他人成果的精华,因此高收益或正收益的公司成为模仿的对象。

模仿行为来源于对不确定性的本能反应。为了减少不稳定性、决策判断错误和提高生存能力,企业会以典范企业(领导企业、成功企业或大型企业等)或同行中已经存在或较为流行的经验与行为方式,作为标杆模仿的参考依据。通过标杆学习,企业寻求行业内最佳的产品、流程、服务和实践,将其与本企业进行比较以提高自身的经营绩效(Lucertini,Nicolo and Telmon,1995)。企业对模仿对象具有很强的选择性,模仿成功或盈利能力强的企业被证明是最快捷有效的成功方式。国内外已有研究表明,在不确定环境下,模仿成功组织是一种安全战略,组织的模仿行为受到收益较高的组织行为的影响(Haunschild and Miner,1997)。规模较大、较为成功或者较有声望的企业更容易成为模仿的对象(Lieberman and Asab,2006)。处于行业领导地位,高绩效、高盈利的企业都可以成为企业的模仿对象(魏江、勾丽,2008)。因此,企业会根据其所感知到的模仿性压力的影响和行为结果,有意识、选择性地仿照行业企业的行为。市场成功企业或行业成功企业为其他企业提供了可以借鉴的模式。基于上述分析,本书提出:

假设7-6a：我国企业在社会责任信息披露水平方面，模仿市场成功企业。

假设7-6b：我国企业在社会责任信息披露水平方面，模仿行业成功企业。

除了成功企业和行业企业之外，具有某种特定特征的企业决策和行为也会成为企业模仿的对象。企业竞争优势及经济租金的存在说明优势企业的特殊资源能被其他企业模仿。Han（1994）发现，社会地位不同的企业所处的制度环境不同，企业会根据自己在不同制度环境中的定位，采取合乎情理的行为方式，地位低的企业模仿地位高的企业。基于我国国情，央企是一类非常特殊而重要的企业，这些企业多涉及国家安全、重要公共产品、服务行业、支柱产业等与国有经济命脉密切相关的重要行业和关键领域，具有较大的规模、较强的创新能力和国际化程度等特征，企业承担社会责任及其信息披露的经济可行性更高。国资委明确提出，所有央企必须发布企业社会责任报告，其目的在于推动央企全面履行社会责任工作，树立央企积极履行社会责任的良好形象，发挥国有经济的主导作用。截至2012年年底，我国全部央企都发布了企业社会责任报告。根据2010年《关于中央企业社会责任报告专题分析报告》，央企社会责任发布报告的数量和质量均走在了企业的前列。《中国企业社会责任报告白皮书（2013）》报告显示，央企社会责任报告质量最高。央企的信息披露质量一直处于各类企业的前列，率先做出了较好的领导表率，容易成为其他企业的标杆学习对象。基于上述分析，本书提出：

假设7-7：企业在社会责任信息披露水平方面，模仿央企。

行业构成了组织领域。在同一行业中，企业之间在经营方式、产品产销等方面具有较大的相似性。Haunschild和Miner（1997）发现组织的模仿行为更多地受到与自身具有相同特征组织行为的影响。Unerman和Bennet（2004）指出，在同一个行业，如果组织未能成功地追随其他组织的创新举措或程序，那么组织有可能失去合法性，为了维持和增加利益相关者对组织合法性的认同，组织出现模仿同形。郝云宏等（2012）认为在制度环境中，受环境中其他类似企业的社会责任表现的影响，企业的社会责任行为可以区分为两种不同的类型：传染效应和对比效应。传染效应和对比效应机制对其行业成员具有使其行为趋向一致的压力。一方面，在行业领域内，同行业成员集体界定工作条件和方法的专业化进程，确立一种共享的观念、思维方式和做法，这种认知压力使同行业企业具有共享的价值观，产生类似的行为和结构（余光远，1990）。另一方面，根据信号理论，信息用户会依据行业企业的社会责任信息披露行为，来对比推断行业其他企业的披露行为，产生"对比效应"。对比效应的压力迫使同行业企业积极披露信息，不披露则被认为是一种坏消息。因此通过模仿，即使是仪式性模仿，企业可以减少局外人士对企业未来前景不确定性的担忧，保持资本的可信度。可见，企业的社会责任信息披露水平往往与行业内的传染效应和对比效应有较大关系。

此外，虽然企业倾向模仿成功企业，但模仿这些领先者有时可能受到企业自身经济能力和技术能力的限制，此时企业在应对合法性压力时的模仿可能只是一种防御性行为，只保持与同类组织最低受托标准一致，而不是竞争性行为。管理者更多的是出于随大流的"从众"心理去模仿同类，并不想"木秀于林"（沈洪涛和苏亮德，2012）。基于上述分析，本书提出：

假设7-8：企业在社会责任信息披露方面，模仿行业平均水平。

（二）解释变量和检验模型

1. 解释变量

本书的解释变量为以下四类企业的社会责任报告评级得分均值。这四类企业分别如下：（1）市场成功企业（Top100），为综合实力前100强上市公司（按营业收入排名）。（2）行业成功企业，采用两个指标来衡量，分别为行业净利润排名前10%上市公司（Income10）和行业总资产排名前10%上市公司（Asset10）。行业划分标准按证监会2001年颁布的《上市公司行业分类指引》划分。（3）中央企业（State）。（4）行业企业（D_Ind）。

解释变量采用均值的原因是因为自2011年起，润灵环球MCT社会责任报告评级得分并非可免费获取，基于信息获取成本，公司在模仿过程中，难以知晓被模仿企业的MCT评级得分，相比之下，企业社会责任报告则可以从许多渠道获得，而这些社会责任报告在润灵环球MCT评级体系中的得分则高低不等。另外，企业在模仿时，选取的模仿对象并非唯一，可能模仿多家企业，往往会比较多家企业的社会责任信息披露而择优选择，使企业的社会责任信息披露是一种多家综合比较后的平均结果。因此解释变量取均值是较合理的可行做法。

综上所述，解释变量、被解释变量和控制变量定义具体见表7-19。

表 7-19　　　　　　　　　　变量定义及说明

变量名称	变量代码	变量定义
被解释变量：		
企业社会责任信息披露质量	QCSRD	QCSRD 为润灵环球社会责任报告评级得分
解释变量：		
市场领先企业	Top100	综合实力前 100 强公司（按营业收入排名）社会责任报告的评级得分均值
行业领先企业	Income10	行业净利润排名前 10% 的公司社会责任报告的评级得分均值
	Asset10	行业总资产排名前 10% 的公司社会责任报告的评级得分均值
中央企业	State	央企上市公司社会责任报告的评级得分均值
行业企业	D_Ind	行业上市公司社会责任报告的评级得分均值
控制变量：		
公司规模	Size	总资产的自然对数
经营业绩	ROA	总资产报酬率，净利润/总资产
负债比例	Debt	总负债/总资产

2. 检验模型

本书的检验模型思路来自高波和洪涛（2008）和沈洪涛和苏亮德（2012）的相关研究。高波和洪涛在验证中国住宅市场"羊群行为"的模型推导过程中，认为个体消费者之间的相互模仿，造成住宅市场中总体交易量受到上期交易量的显著影响，上期交易量的系数可以作为"羊群行为"的一个度量指标，如果该系数大于 0，表明市场存在"羊群行为"，并且系数值越大，"羊群行为"越严重。沈洪涛和苏亮德在检验企业环境信息披露的模仿行为时，发现企业当期环境信息披露行为也显著受到上期市场和市场领先企业环境信息披露水平的影响。以上学者对企业模仿行为研究均认为，采取模仿策略的企业，往往不能及时对其他企业的行为做出反应，而是具有一定的滞后性，会受到被模仿企业上期行为的影响。从中得到启示，本书模仿行为的验证模型为：

$$QCSRD_{i,t} = \alpha + \beta MockObject_{i,t-1} + \lambda \sum Controls \quad (7-3)$$

在上述模型的解释变量中，$\beta MockObject_{i,t-1}$ 为被模仿企业模仿对象的社责任信息披露质量,分别用上一期综合实力前100强上市公司、行业净利润排名前10%上市公司、行业资产总额排名前10%上市公司、央企上市公司、行业上市公司的MCT社会责任报告评级体系得分的均值放入回归模型。

(三) 实证结果及分析

1. 描述性统计

表7-20　　　　　　　　　变量的描述性统计

变量代码	样本数	最小值	最大值	均值	标准差
QCSRD	1723①	13.33	84.02	37.09	13.15
Top100	1723	40.74	52.40	48.35	4.98
Income10	1477②	15.40③	74.93	43.40	12.16
Asset10	1477	15.40	74.93	45.32	12.25
State	1723	35.49	41.00	38.66	2.24
D_Ind	1723	21.85	52.75	34.51	5.17
Size	1723	19.54	30.57	23.14	1.78
ROA	1723	-0.59	0.38	0.04	0.05
Debt	1723	0.01	1.03	0.51	0.22

注:①本书解释变量采用的是滞后一期的数据,因此回归检验实际只用到了2011~2013年三年的观察值1723。

②在衡量行业领先企业时,采用的是以行业净利润排名前10%或资产总额排名前10%公司社会责任报告的均值,按此标准经过筛选后,列入本书的行业有14类。这是因为部分行业由于自身样本量太少,再按照10%的标准挑选后的样本量甚至不足1家,为了保证每个行业按照10%的标准挑选出来的样本量至少有1家,我们删除了自身样本量低于(不含)10个样本的行业,导致表7-20中的Income10和Asset10的样本量为1477个。

③Income10和Asset10的最小值都为15.4和最大值都为74.93的情况属于数据巧合。以最小值为例,按行业净利润和总资产排名前10%的均为同一家公司。以最大值为例,按净利润和总资产排名前10%的均为同一家公司。

从表7-20可以看出:(1)2010~2013年,我国上市公司的社会责任信息披露质量(QCSRD)均值为37.09,最大值和最小值分别为84.02和13.33,上市公司社会责任信息披露水平总体不高,并且不同公司的社会责任信息披露水平存在很大差距。(2)对比解释变量的最小值,发现最小值栏中,披露水平最高的综合实力前100强公司(40.74),其次为央企(35.49),行业水平居中(21.85),披露水平最低的为行业净利润排名前10%的公司和行业资产总额排名前 10% 的公司。在最大值栏，披露水平最高的是行业净利润排名前 10% 的公司和行业资产总额排名前 10% 的公司。与其他企业相比，央企和综合实力前 100 强公司的社会责任信息披露的最小值和最大值相差不大。而行业净利润排名前 10% 的公司和总资产排名前 10% 的公司最小值和最大值相差很大（15.40 和 74.93）。行业企业社会责任信息披露质量差异也较大（21.85 和 52.75）。(3) 对比解释变量的均值，披露质量最高的仍为综合实力前 100 强公司，为 48.35；行业社会责任信息披露最低，为 34.51。其他类型的公司信息披露均值差异不大，均在 40 分左右，说明被模仿企业的社会责任信息披露质量比较平均。

2. 企业社会责任信息披露质量的模仿检验

(1) 企业社会责任信息披露质量频数分布。

图 7-1 横坐标为企业社会责任信息披露质量，纵坐标为企业数量。从图 7-1 可以看出，频数分布呈现出明显的左侧集中和右侧肥尾的现象，说明仅少部分企业的社会责任信息披露得分较高，大部分企业的社会责任信息披露得分较低，集中于 20~40 分之间，分布于图中得分偏低的左侧。该频数图表明，当众多个体公司产生社会责任信息披露模仿时，分值会相互趋近，出现图中高度集中在得分水平较低的左侧一端。假设 7-5 得到初步检验，我国企业社会责任信息披露质量存在模仿同形。

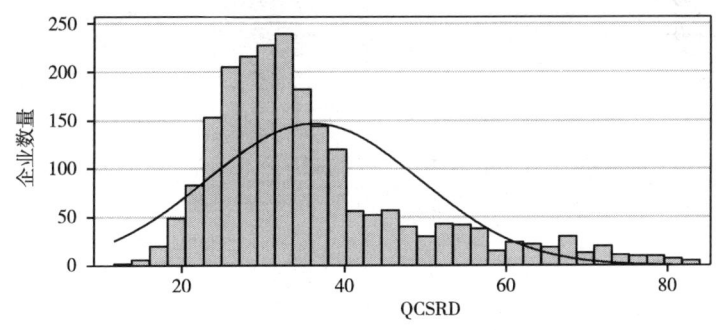

图 7-1 社会责任信息披露质量频数分布

(2) 企业社会责任信息披露的模仿对象的检验。

由于本书数据存在两个样本数，因此按照两个样本对企业社会责任信息披露中模仿行为进行检验。为了检验企业是否模仿 Top100、State 和 D_Ind 的社会责任信息披露，本书选择样本期间均有润灵环球企业社会责任信息披露评分的公司，经 Hausman 检验采用固定效应模型分别用滞后一期的综合实力前100强公司的社会责任报告得分均值、央企的社会责任报告得分均值和行业公司的社会责任报告得分均值作为解释变量放入回归模型，得到实际数据1723个和表7-21里回归模型（1）~模型（3）的回归结果。在检验企业是否模仿行业领先企业的社会责任信息披露时，本书发现由于部分行业样本量偏少，如果再按照净利润排名前10%或资产总额排名前10%进行筛选，则行业样本量甚至不足1家，因此删除自身样本量低于10家（不含）的行业，得到实际数据1477个，分别用滞后一期的行业净利润排名前10%和总资产排名前10%公司的企业社会责任报告均值作为解释变量放入回归模型，得到表7-21里回归模型（4）~模型（5）的回归结果。

表7-21　企业社会责任信息披露模仿行为的检验回归结果

变量	模型（1）	模型（2）	模型（3）	模型（4）	模型（5）
Top100	0.447 *** (9.55)				
State		0.777 *** (10.40)			
D_Ind			0.179 *** (5.08)		
Income10				0.0111 (0.47)	
Asset10					0.0372 (1.44)
Size	1.739 (1.70)	0.728 (0.70)	6.516 *** (7.62)	8.692 *** (9.21)	8.321 *** (8.59)
ROA	-0.878 (-0.19)	0.0307 (0.01)	-12.37 ** (-2.78)	-13.48 ** (-2.73)	-12.91 ** (-2.62)
Debt	-1.648 (-0.61)	-1.186 (-0.44)	-5.707 * (-2.07)	-5.544 (-1.77)	-5.443 (-1.75)
常数项	-24.44 (-1.12)	-10.67 (-0.49)	-116.4 *** (-6.10)	-161.2 *** (-7.60)	-153.9 *** (-7.11)
调整后 R^2	0.3253	0.1983	0.3423	0.3120	0.3135
F 值	14.92	15.15	13.83	12.62	12.63

注：括号内的数值为 t 统计量，***、** 和 * 分别表示1%、5%、10%水平上的统计显著性。

由表 7-21 中的回归模型（1）~模型（3）可见，Top100、State、D_Ind 的回归系数分别为 0.447、0.777 和 0.179，并且三者都在 1% 的水平上显著为正，说明企业在披露社会责任信息时，存在着模仿市场领先企业、模仿央企和行业平均水平的行为，上一期的综合实力前 100 强、央企和行业企业的社会责任信息披露质量，对本期企业社会责任信息披露质量有明显的促进影响，支持了研究假设 7-6a、假设 7-7 和假设 7-8。另外，State 的回归系数最大，表明我国企业模仿央企社会责任信息披露的行为比较突出。这也是与现实情况是一致的，我国央企不仅是披露社会责任信息的主力军，其披露质量也被认为处于各类企业前列，因此备受其他企业关注并模仿。由表 7-21 中的回归模型（4）~模型（5）可见，Income10 和 Asset10 的回归系数虽然为正，但都不显著，说明上一期行业领先企业的社会责任信息披露质量，对本期企业的社会责任信息披露质量没有显著影响。企业在披露社会责任信息时，没有模仿本行业中成功企业的行为，本书假设 7-6b 未得到支持。

综合表 7-21 的结果可见：①企业社会责任信息披露存在着模仿市场领先企业和央企水平的成果模仿和特征模仿。企业更关注并模仿市场中最优秀的领导者或具有显著特征的企业的举措。市场领先企业和央企具有明显的社会责任信息披露"示范效应"。②在市场领先企业和行业领先企业的选取上，市场领先企业排斥了行业领先企业，具有明显的模仿"取代效应"。③在行业范围内，企业社会责任信息披露存在着在模仿行业平均水平的从众式模仿，并非是对该行业领先企业的模仿。这可能是因为在该行业中，受传染效应和对应效应的影响，管理者可能出于从众心理去模仿本行业的普遍现象，倾向于与同行平均标准保持一致。

（3）对企业社会责任信息披露模仿程度的检验。

以上检验明晰了我国企业社会责任信息披露存在着模仿市场领先企业、央企和行业平均水平的行为，这些企业上一期的社会责任信息披露的质量水平影响着本期企业的社会责任信息披露水平。那么，我国企业社会责任信息披露模仿行为是强度模仿还是轻度模仿？Deephouse（1999）在考察商业银行的组织同形时，用战略一致性来测量商业银行的战略同形。Chang, Cheng 和 Khurana（2000）提出经典的 CSAD 方法来检验资本市场的"羊群行为"效应，这种方法用个股收益率对市场整体收益率的横截面绝对偏离度（cross-sectional absolute derivation, CSAD）来衡量投资者行为的一致性来判断"羊群效应"，可以检测到市场强烈的模仿行为,即使在波动幅度较小的情况中也可以较准确地检测出模仿行为的存在,是灵敏度更高的模仿行为检验方法之一。CSAD 法认为,在理性的资本资产定价模式下,横截面绝对偏离度和市场收益率之间应为线性递增关系,然而当投资者产生"羊群行为"时,个股的收益率将向市场收益率趋近,此时横截面绝对偏离度和市场收益率之间的线性递增关系不再成立,而呈现非线性的递减关系。

从以上研究中得到启示,本书将通过检验模仿行为是如何反映在以上三类被模仿企业的社会责任信息披露质量的变化中,以进一步考察我国企业社会责任信息披露模仿程度。本书将 $CSAD_t$ 作为社会责任信息披露质量变化趋同的衡量指标。假设市场上某年度 t 有 n 家公司,公司 i 在某年度 t 的社会责任信息披露质量得分为 $CSRD_{i,t}$,上一期综合实力前 100 强公司、央企公司和行业社会责任信息披露均值为 $CSRD\_Avg_{k,t-1}$,那么在某年度 t,企业社会责任信息披露横截面绝对偏离度 $CSAD_{k,t}$ 为:

$$CSAD_{k,t} = \frac{1}{n}\sum_{i=1}^{n}|CSRD_{i,t} - CSRD\_Avg_{k,t-1}|$$

从中可见,$CSAD_{k,t}$ 反映了样本期间各年度样本公司的社会责任信息披露得分偏离被模仿企业社会责任信息披露得分的一个平均偏离度。这个平均偏离度的高低可以反映出公司追随被模仿企业的程度。当公司有模仿行为时,其社会责任信息披露得分会接近被模仿企业均值,导致 $CSAD_{k,t}$ 趋小,并且模仿行为越明显,$CSAD_{k,t}$ 就越小,无限趋近于零,模仿行为的程度与 $CSAD_t$ 为反向关系。当公司模仿行为不明显或没有模仿行为时,其社会责任信息披露得分会远离被模仿企业均值,导致 $CSAD_{k,t}$ 趋大,并且模仿行为越不明显,$CSAD_{k,t}$ 就越大,模仿行为程度与 $CSAD_t$ 为正向关系。可见,当企业社会责任信息披露存在模仿行为时,由于企业行为趋同,会破坏 $CSAD_{k,t}$ 和 $CSRD\_Avg_{k,t-1}$ 的线性递增关系,而使之转变为非线性关系,当模仿效应突出时,会出现递减关系。由此,企业社会责任信息披露模仿行为验证思路如下:如果上一期综合实力前 100 强公司、央企公司和行业社会责任信息披露均值发生变动,其他公司如果存在强度的模仿行为,则模仿企业和被模仿企业的评级得分具有较高程度的相似性,$CSAD_{k,t}$ 跟随 $CSRD\_Avg_{k,t-1}$ 增加的速率将发生下降。根据以上公式计算出各年度的 $CSAD_{k,t}$ 值后,本书参照 Chang,Cheng 和 Khurana(2000)的"羊群效应"检验模型,来检验企业社会责任信息披露的模仿行为程度,其验证模型为:

$$CSAD_{k,t} = \alpha + \gamma_1 CSRD\_Avg_{k,t-1} + \gamma_2 (CSRD\_Avg_{k,t-1})^2 + \varepsilon_k \quad (7-4)$$

在上述模型中，$CSAD_{k,t}$ 和别为 $CSRD\_Avg_{k,t-1}$ 分别为某年度 t 的社会责任信息披露横截面绝对偏离度和上一期综合实力前 100 强公司、央企和行业社会责任信息披露得分均值。根据以上分析，如果一次项系数显著为负，说明存在严重的模仿效应。如果一次项系数显著为正，则考虑二次项的系数是否显著为负，如果其系数显著为负，说明存在模仿效应（王文杰，2011）。检验结果如表 7-22 所示。

表 7-22　　企业社会责任信息披露模仿行为程度的检验回归结果

Model	Unstandardized Coefficient		Standardized Coefficient	t	Sig.
	B	Std. Error	Beta		
Constant	40.010	3.743		10.690	0.000
$CSRD\_Avg_{k,t-1}$	-1.781	0.203	-4.789	8.786	0.000
$(CSRD\_Avg_{k,t-1})^2$	0.026	0.003	5.305	9.732	0.000

从表 7-22 的检验结果可见，回归一次项系数在 1% 置信水平上显著为负，表明 $CSAD_{k,t}$ 随着被模仿企业的社会责任信息披露均值幅度的增加而变小。其推理如下：当被模仿企业的社会责任信息披露均值发生变动时，如果企业存在突出的模仿行为，企业的社会责任信息披露得分就会向被模仿企业的社会责任信息披露均值越趋近，导致 $CSAD_{k,t}$ 值偏小。表明样本期间我国企业社会责任信息披露存在着突出的模仿行为。表 7-22 回归结果的一次项系数为负，二次项系数为正，表明 $CSAD_{k,t}$ 与 $CSRD\_Avg_{k,t-1}$ 具有正"U"形库兹涅茨曲线关系。根据两者的曲线拐点计算公式 $=\frac{\gamma_1}{2\gamma_2}$，可以得到 $CSAD_{k,t}$ 库兹涅茨曲线临界值为 $CSRD\_Avg_{k,t-1} = 45.13$ 分，$CSAD_{k,t} = 0.0063$，此时社会责任信息披露横截面绝对偏离度已达到最小值，模仿行为最为强烈。

临界值的左边曲线表明，随着被模仿企业信息披露均值幅度的增大，横截面绝对偏离度减小，模仿行为程度趋强；而当被模仿企业信息披露均值超过这个临界值时，位于"U"形曲线的右边曲线时，横截面绝对偏离度将会增大，模仿行为减弱。而在研究期间，本书发现，被模仿企业的社会责任信息披露均值超过上述临界值所占比例仅为 5.88%，有 94.12% 的样本均值都低于该临界值,恰好落于表示具有模仿行为的正"U"形库兹涅茨曲线的左边曲线。进一步发现,有 70.58% 的样本均值在 30~45 分之间,基本上位于表示模仿程度趋强的左边曲线的下半端,再次验证了我国企业社会责任信息披露存在着突出的模仿行为。这种突出的模仿行为导致大部分企业的社会责任信息披露质量相似,出现模仿同形,假设 7-5 再次得到支持。

(四) 内生性检验与稳健性检验

1. 内生性检验

本书采用 Hausman 内生性检验来检验变量的内生性问题。Hausman 的原假设是 corr(a_i, Xit) = 0(Ho: difference in coefficients not systematic),即不存在内生性问题,Hausman 不显著意味着无法拒绝原假设,不存在内生性问题。检验结果见表 7-23。

表 7-23　　　　　　　Hausman 内生性检验结果

Top100	chi2(3) = (b - B)′[(V_b - V_B)^(-1)](b - B) = 2.23	Prob > chi2 = 0.5252
State	chi2(3) = (b - B)′[(V_b - V_B)^(-1)](b - B) = 2.23	Prob > chi2 = 0.5252
D_Ind	chi2(3) = (b - B)′[(V_b - V_B)^(-1)](b - B) = 4.35	Prob > chi2 = 0.2257
Income10	chi2(3) = (b - B)′[(V_b - V_B)^(-1)](b - B) = 0.95	Prob > chi2 = 0.8140
Asset10	chi2(3) = (b - B)′[(V_b - V_B)^(-1)](b - B) = 1.35	Prob > chi2 = 0.7178

由表 7-23 可见,变量的 p 值均大于 0,结果不显著,无法拒绝原假设,变量没有严重的内生性问题。

2. 稳健性检验

本书采取前面类似做法,将企业社会责任报告评级得分进行分解,考察社会责任信息披露水平的频数分布和对模仿对象进行检验。

(1) 频数检验。

图 7-2、图 7-3 和图 7-4 分别为样本报告社会责任信息披露整体性得分(CSRD_M)、内容性得分(CSRD_C)和技术性得分(CSRD_T)的社会责任信息披露质量频数分布图。可以看出,频数分布均呈现出明显的左侧集中和右侧肥尾的现象,得分集中在得分水平较低的左侧一端,存在模仿同形。与图 7-1 的结果一致,假设 7-5 得到验证。

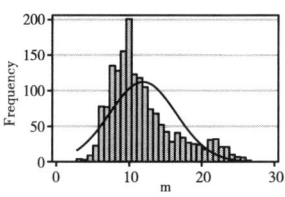 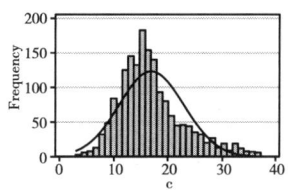

图 7-2 CSRD_M 频数图　　图 7-3 CSRD_C 频数图

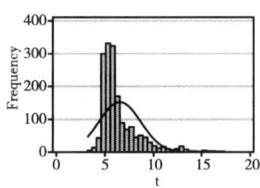

图 7-4 CSRD_T 频数图

(2) 回归检验。

由于存在两个研究样本，因此分别有表 7-24 对 Top100、State 和 D_Ind 的检验和表 7-25 对 Income10 和 Asset10 的检验。

表 7-24　企业社会责任信息披露模仿行为稳健性回归结果（一）

变量	CSRD_M			CSRD_C			CSRD_T		
Top100	0.217*** (10.26)			0.206*** (7.86)			-0.111*** (-10.87)		
State		0.439** (13.28)			0.341*** (8.09)			-0.160*** (-9.58)	
D_Ind			0.114*** (7.19)			0.0508** (2.58)			0.0273*** (3.48)
Size	0.961* (2.08)	-0.116 (-0.25)	3.040*** (7.91)	1.188* (2.08)	0.891 (1.51)	3.679*** (7.72)	-0.190 (-0.85)	-0.260 (-1.12)	-2.031*** (-10.67)
ROA	0.197 (0.10)	1.749 (0.88)	-5.259** (-2.63)	-2.878 (-1.13)	-2.789 (-1.10)	-8.551*** (-3.44)	0.836 (0.84)	1.228 (1.23)	4.372*** (4.41)
Debt	-0.527 (-0.43)	0.0654 (0.05)	-2.467* (-1.99)	-1.189 (-0.78)	-1.087 (-0.72)	-3.095* (-2.01)	0.0994 (0.17)	0.192 (0.32)	1.192 (1.94)
常数项	-20.84* (-2.12)	-3.326 (-0.34)	-60.89*** (-7.10)	-20.03 (-1.64)	-16.80 (-1.37)	-68.00*** (-6.39)	16.37*** (3.44)	18.89*** (3.88)	51.78*** (12.19)
调整 R^2	0.0063	0.2979	0.2857	0.0998	0.3040	0.2964	0.2926	0.0511	0.2675

注：括号内的数值为 t 统计量，***，** 和 * 分别表示 1%、5%、10% 水平上的统计显著性。

表 7-25 企业社会责任信息披露模仿行为稳健性回归结果（二）

变量	CSRD_M		CSRD_C		CSRD_T	
Income10	0.0211* (1.98)		-0.0199*** (-3.99)		0.00788 (0.61)	
Asset10		0.0571*** (4.95)		-0.0282*** (-5.17)		0.0177 (1.25)
Size	4.212*** (9.92)	3.687*** (8.56)	-1.491*** (-7.48)	-1.340*** (-6.58)	4.308*** (8.34)	4.161*** (7.85)
ROA	-5.726** (-2.58)	-4.955* (-2.26)	3.367** (3.23)	3.222** (3.11)	-8.652** (-3.21)	-8.446** (-3.13)
Debt	-2.163 (-1.54)	-2.052 (-1.48)	1.070 (1.62)	1.116 (1.70)	-3.257 (-1.90)	-3.237 (-1.90)
常数项	-85.08*** (-8.93)	-81.05*** (-6.99)	41.11*** (9.18)	-74.73*** (-7.76)	-78.12*** (-6.59)	38.01*** (8.35)
调整 R^2	0.2519	0.2587	0.2683	0.2686	0.2639	0.2609
F 值	7.88	8.06	8.95	8.96	7.33	7.43

注：括号内的数值为 t 统计量，***，** 和 * 分别表示 1%、5%、10% 水平上的统计显著性。

由表 7-24 中的回归结果可见，用报告整体性得分（CSRD_M）和内容性得分（CSRD_C）作为被解释变量对文章假设进行检验时，Top100、State 和 D_Ind 仍然都在 1% 的水平上显著为正，支持了研究假设 7-6a、假设 7-7 和假设 7-8，与前面的回归结果保持一致。当用技术性得分（CSRD_T）作为被解释变量进行检验时，Top100、State 的回归结果显著为负，假设 7-6a、假设 7-7 不成立，仅 D_Ind 通过检验，如前所述，可能是因为技术性得分更多地反映报告的技术标准，而较少涉及信息披露质量实质。

由表 7-25 中的回归结果可见，采用整体性得分（CSRD_M）进行检验时，仅 Asset10 通过了 1% 的水平性检验。采用内容性得分（CSRD_C）进行检验时，Income10 和 Asset10 的回归结果虽然显著，但是出现与预期符号相反的符号。采用技术性得分（CSRD_T）进行检验时，Income10 和 Asset10 的回归结果均不显著。综合表 7-25 的回归结果，可以认为，Income10 和 Asset10 的回归结果不支持本书假设 7-6b，企业社会责任信息披露不存在显著地模仿行业成功企业的行为，与前面结论一致。

本部分考察了我国企业社会责任信息披露中的同形现象及由此导致的模仿行为及其模仿程度。研究发现：（1）我国上市公司社会责任信息披露质量存在模仿同形。（2）我国企业社会责任信息披露存在着模仿市场领先企业和央企水平的成果模仿、特征模仿以及模仿行业平均水平的从众式模仿。市场领先企业和央企具有明显的社会责任信息披露示范效应。与行业水平相比，市场领先企业具有明显的取代效应。（3）本章采用CSAD法，即用企业社会责任信息披露横截面绝对偏离度衡量模仿程度，发现我国企业社会责任信息披露模仿行为突出，表现为正"U"形库兹涅茨曲线关系。

本章结论较好解释了我国企业社会责任信息披露质量目前存在数量与质量严重不配比、信息质量整体水平较低以及信息参考价值较低等的这些问题，主要原因是我国上市公司的社会责任报告在很大程度上是企业应对外部制度压力的一种策略手段。我国企业社会责任信息以企业自愿性披露为主，并未大规模的强制性披露要求，另外，我国尚未有社会责任信息披露质量奖惩机制，企业社会责任信息披露的好坏并不对企业的经济或政治地位产生根本性影响。在当前"企业社会责任""可持续发展"等话题成为越来越重要的政治话题时，企业可能更加重视企业是否紧跟形势披露了社会责任报告或达到规定性的信息披露水平，而不是社会责任信息披露质量。对大多数企业而言，企业发布社会责任信息与否与企业社会责任信息披露质量相比，前者可能已经能帮助企业获得实用、认同和道德等层面的合法性或与其制度地位对应的制度收益，从而实现企业经济或政治目的，因此，披露质量的考虑可能并不是企业关注的重点。

第三篇
我国企业社会责任信息披露的效率

近十年来,我国企业社会责任信息披露数量不断增加。然而由于缺乏规范的披露准则、有公信力的第三方鉴证以及企业自身存在的机会主义倾向,人们对社会责任信息披露的可靠性和实用性提出质疑。作为一种非财务信息,企业社会责任信息含量是非常重要的,其质量的高低在某种程度上决定着资本市场的有效程度和社会资源配置效率(林钟高、吴利娟,2004),影响到投资者对企业的社会责任行为是否真诚的判断,进而影响市场反应(江炎骏等,2011)。而决定社会责任报告信息含量和信息覆盖范围的价值衡量标准就是披露是否有效。信息披露效率是社会责任报告信息披露的基础和质量保证,缺乏效率性,社会责任报告就失去了报告价值。

本篇共有两章。第八章为社会责任报告实质性议题识别过程的调查分析,从横向和纵向角度了解我国企业社会责任报告对实质性议题识别的应用状况。第九章为企业社会责任有效信息的测度及分析,测度企业有效社会责任信息的披露比重,了解企业社会责任报告中社会责任信息是否有效披露的问题。

第八章

企业社会责任报告实质性议题识别过程的调查分析

一、实质性标准

实质性是指事物的本来形态、真实面目或事物的本质。根据我国《企业会计准则——基本准则》第16条"实质重于形式"原则的定义，财务会计在确认、计量和报告时应该更加看重经济业务的经济实质，而不是看重经济业务的法律形式。这个要求的目的是使信息更具有决策相关性和实用价值。挪威船级社DNV（2007）认为，实质性是指企业所反映的可持续发展绩效信息是否考虑了对利益相关方的影响，是否基于行业特点来细化实质性问题判定的原则和标准。企业社会责任报告（CSR报告）的价值作用主要体现在让投资者、监管者、其他各利益相关方和社会公众了解企业的经济效益、社会效益和环境效益及其履行过程，向内部和外部利益相关方描述企业在经济、环境和社会方面的状况与活动（吉利、杨慧，2010）。企业CSR报告参考价值的高低，取决于公司是否实质性地披露了企业在经济、环境和社会等方面具有重大影响的相关信息。实质性标准决定了CSR报告信息含量和信息覆盖范围，缺乏实质性信息的识别和披露，CSR报告就失去了报告的价值作用。

WTO经济导刊在《如何编制企业社会责任报告》连载（九）报告内容界定的四条原则中，首先谈到实质性标准，指出实质性原则是指报告所披露的议题和指标，应该能反映企业/机构对经济、环境和社会的重大影响，或是对利益相关方的判断及决策有着重要影响。这些议题或指标需要满足两个条件才达到实质性原则，第一，对利益相关方是重要的。第二，对机构战略是有影响的。《中国工业企业及工业协会社会责任指南（2010）》认为，实质性标准是指企业系统性地披露企业履行社会责任的关键议题和自身运营对利益相关方的重大影响,有效回应相关方的关注和诉求。商道纵横编制在《企业社会责任报告关键定量指标指引(2014)》强调,希望通过界定不同行业的实质性议题,促进企业在报告中披露实质性信息,促进企业 CSR 报告质量的提升。全球报告倡议组织(GRI)在《可持续发展报告指南》G4 版本中,特别强调了社会责任信息披露的"实质性议题"的概念,指出企业必须正确地界定经济、社会、环境活动对可持续发展产生积极或消极影响的核心问题,规避信息披露中无的放矢或顾左右而言其他的不良现象。2014 年,我国首份《企业社会责任报告关键定量指标指引》提出"实质性原则",认为"企业应披露具有实质性的定量信息,围绕重要的议题进行披露……,社会责任报告中所披露的事项需要反映企业在经济、环境和社会等方面的重大影响,并能对利益相关方的评价提供可靠依据。"《中国企业社会责任报告评级标准(2014)》在"实质性"原则中提出,实质性由企业所属行业、经营环境和企业的关键利益相关方等决定,披露企业可持续发展的关键性议题及其识别过程,以及企业运营对利益相关方的重大影响,充分披露企业在责任管理、市场责任、社会责任和环境责任等四大责任领域的关键议题,充分披露当年核心议题。

从以上不同机构给出的实质性定义中可以看出,实质性标准已经成为许多机构评估企业 CSR 报告质量的重要指标。实质性标准注重社会责任信息的相关性和重要性,强调企业社会责任报告正确、清晰地识别和界定与行业特征和利益相关者相关的企业在经济、社会、环境活动方面的核心可持续发展议题和信息,披露符合社会责任经济实质的内容事项,以实现 CSR 报告的经济决策参考价值。

二、我国企业社会责任实质性信息披露现状

《中国企业社会责任报告(2014)》指出,我国企业社会责任同质化现象渐显,报告实质性议题识别不足。纵观我国企业社会责任报告的发展,可以发现在实质性披露方面,主要存在以下问题:

(1)信息过载。企业社会责任报告篇幅越来越长。根据《中国社会科学院经济学部企业社会责任研究中心》2010 年对我国企业社会责任报告的调查报告,2010 年调查的 687 份报告的平均篇幅约为 24.5 页,10 页以下的报告 324 份,100 页以上报告 9 份。而根据《中国企业社会责任报告(2014)》的

显示,2014年我国企业社会责任报告平均篇幅由2013年的31.8页增至34.5页。此外,企业社会责任报告格式化严重,厂房、机器设备、员工活动、荣誉证书等图片占据报告的大量篇幅。

(2) 选择性披露。选择性披露表现在两个方面:第一,倾向性选择披露公益和慈善等信息,社会责任信息披露存在高度选择性,对行政管制、法规约束较多的环境信息和有利于体现公司积极形象的社区服务和慈善捐赠信息披露相对较多(陈思琴等,2013)。第二,企业在披露社会责任信息的过程中,考虑对企业自身形象的影响,往往报喜不报忧,极少披露负面消息。有亮点的部分浓墨重彩,作为披露的重点,而存在不足或未采取有效措施的部分,则一笔带过甚至只字不提。

(3) 信息不足。企业社会责任报告或仅寥寥数页,内容空洞、表述笼统,套话、无关紧要的话较多,或在内容设置和形式设计上模仿抄袭其他企业的社会责任报告,同质趋同化现象普遍,企业特征模糊。这些外在形式的表达或非实质性信息的披露,反映出一些企业并未真正考虑利益相关者是否需要这样的信息,仅追求报告形式上的合理,削弱了利益相关者对实质性社会责任信息的获取。

三、社会责任实质性议题识别的调查分析

(一) 样本选取

为从横向和纵向角度了解我国企业CSR报告对实质性议题识别的应用状况,本书选取2006~2014年连续9年之间发布CSR报告的企业报告,共得到15家企业的135份社会责任报告。样本企业的行业分布情况见表8-1。

表8-1　　　　　　　　　　企业的行业分布

企业名称	所属行业	企业数量
浦发银行、建设银行、中国平安	金融业	3
中国石油、中国海洋石油、中国中化	石油和天然气业	3
中国铝业、云南铜业、宝钢集团	冶炼业	3
闽东电力、国家电网、中国大唐	电力能源供应业	3
中国移动	信息传输和信息技术服务业	1
神龙汽车	汽车制造业	1
格力电器	家电制造业	1

从表 8-1 可见，这 15 家企业主要涉及金融、石油天然气、冶炼、电力、信息技术、汽车及家电制造业 7 个行业，其中，金融、石油天然气、冶炼、电力行业各有 3 家企业，占比 80%，信息技术、汽车及家电制造行业各有 1 家企业，占比 20%。另外，在这 15 家企业中，约有 50% 的企业为国有大型企业，包括中国石油、中国海洋石油、中国中化、中国铝业、宝钢集团、国家电网、中国大唐和中国移动等 8 家央企，可见，国有大型企业是我国企业 CSR 报告的主要力量。

（二）实质性议题识别的调查分析

从实质性标准的概念来看，该标准要求企业在 CSR 报告中首先需要识别与行业特征和利益相关者相关的企业在经济、社会和环境活动方面的核心可持续发展议题，企业依据核心议题，在 CSR 报告中以图片、表格或文字的形式披露利益相关方所关注的主要问题。依据这个标准，企业社会责任报告披露的重点在于实质性议题的识别和披露。实质性议题的识别和披露奠定了 CSR 报告的价值基础。

1. 实质性议题的识别方式

识别社会责任议题是近年来 CSR 报告的一个新变化。企业对实质性议题的识别主要采取两种方式：第一种是有明确的"社会责任议题"专栏，如中国铝业 2014 年 CSR 报告中的"实质性议题识别"专栏和中国移动 2014 年社会责任报告中的"实质性分析"专栏；第二种是识别"企业利益相关方和其关注焦点"或给出披露关键指标。如浦发银行在 2014 年 CSR 报告中的"加强利益相关方沟通"栏目下披露出各相关方对应的关键议题，中国大唐 2014 年 CSR 报告中的"利益相关方"栏目中指出各相关方关注的内容及对应的绩效指标。还有个别企业用其他专题或混合形式，如建设银行 2014 年 CSR 报告中的"战略与推进"栏目下企业披露了社会责任重要议题和分析矩阵。中国铝业 2014 年 CSR 报告中既有"利益相关方辨识"专栏，又有"实质性议题识别"专栏，下分"社会责任议题来源"和"实质性议题分析方法"两个方面披露了企业社会责任议题的识别过程。

据统计，在以上两种议题披露形式中，以识别"企业利益相关方和其关注焦点"的形式居多，有 36 份报告。在这种形式下，CSR 报告中有明确的企业利益相关方识别或管理，指出他们的关注焦点或企业应该承担的社会责任，或给出利益相关方关注的关键指标,其披露重点是企业利益相关方。"社会责任议题"专栏形式的报告有4份,这种形式其实本质上是前一种形式的演变,因为披露社会责任议题的前提是识别企业利益相关方及其关注焦点。"社会责任议题"专栏形式披露重点是社会责任议题。

2. 实质性议题识别的阶段特征

从样本来看,大部分企业都是根据一定工作流程和相关模型,提炼出各利益相关方关注的信息,确定 CSR 报告的实质性社会责任议题,并进一步划分出实质性议题披露的重点次序。然而,2006~2014 年,并非所有的样本企业在 CSR 报告中披露了实质性议题的识别过程。截至 2014 年,样本企业中共计有 8 家企业在 CSR 报告披露了实质性议题的识别过程。实质性议题识别的阶段特征大致呈现三个变化:雏形阶段(2006~2007 年)、起步阶段(2008~2010 年)、发展阶段(2011~2014 年)。

在雏形阶段(2006~2007 年),企业主要采取了"企业利益相关方和其关注焦点"的形式披露社会责任议题。中国大唐在 2006 年度 CSR 报告中,以同心圆的方式,确定了利益相关方关注的议题和对应的主要披露指标。2007 年,该公司以表格形式明确相关方关注的内容和披露的主要指标,并增加了该内容在报告中的披露页码。在起步阶段(2008~2010 年),识别社会责任议题的企业开始增加,2008 年增加了中国平安和中国移动,2009 年和 2010 年在 2008 年的基础上,又增加了中国中化和浦发银行。截至 2010 年,共有 5 家企业披露了社会责任议题(中国大唐、中国平安、中国移动、中国中化、浦发银行)的识别过程,有的企业开始采取"社会责任议题"专栏形式,如中国中化在 2009 年对社会责任议题进行选择并确认了 5 个重要的社会责任议题。2010 年,该公司在"社会责任管理"专栏下以表格形式披露了公司在集团整体、能源、农业、化工、金融、地产多个领域的不同责任议题。在发展阶段(2011~2014 年),识别实质性议题的企业数量进一步增多。2011~2013 年,每年有 6 家(中国大唐、中国平安、中国移动、中国中化、浦发银行、国家电网)。截至 2014 年,共有 8 家企业披露了社会责任议题(中国大唐、中国平安、中国移动、中国中化、浦发银行、国家电网、中国旅游、建设银行)。

总体而言,更多企业在对 CSR 报告不断摸索和学习的过程中,逐渐意识到社会责任实质性信息披露的重要性,开始尝试在 CSR 报告中明确社会责任实质性议题,但企业对实质性议题的识别比例较低,仅有一半的样本企业识别实质性议题。有的企业较早意识到了 CSR 报告议题披露的重要性，但大部分企业只是近期才开始开展社会责任议题识别的工作。

3. 实质性议题的完善程度

信息的价值都是有期限的，社会责任信息也是如此。CSR 报告中的实质性议题不能总是一成不变的。随着宏观政策、行业法规或相关利益者需求的改变，一些公司也在更新完善实质性议题，提高 CSR 报告的价值含量。实质性议题的不断更新和完善在一定程度上反映了公司对社会责任报告信息含量的重视。由于建设银行和中国铝业都是在 2014 年才首次明确实质性议题库，无法进行自身比较，因此本书对其他 6 家企业的实质性议题更新完善的情况进行分析，详见表 8-2。

表 8-2　　　　　　　　　实质性议题的完善情况

企业名称	披露议题的起始年	议题的完善频率（不含起始年）
中国大唐	2006 年	4 次
中国移动	2008 年	6 次
浦发银行	2009 年	1 次
中国中化	2009 年	1 次
国家电网	2011 年	3 次
中国平安	2011 年	2 次

从表 8-2 可见，虽然这 6 家企业披露实质性议题的起始年份都比较早，但议题的完善次数并不多，大部分公司的完善次数在 1~3 次之间。其中，中国移动的完善次数最多，其次是中国大唐。中国移动自 2008 年披露实质性议题以来，共对议题进行 6 次完善。2009 年，该公司完善了沟通机制，并针对"减小数字鸿沟"等 3 个当下相关方关注的热点议题开展针对性研究。2010 年，公司对"移动医疗""水资源保护"等关键社会责任信息披露议题进行深入研究。2011 年中国移动构建可持续发展议题并增添了 12 项实质性议题。2012 年公司确定了员工权益、惩治预防腐败、建设负责任供应链等 8 项高实质性议题。2013 年公司基于内外部文献研究及第三方调查识别出 22 项重大实质性议题。2014 年公司根据形势变化精简出 18 项实质性议题。而一些企业自披露实质性议题以来，在后续期间完善次数较少，报告议题基本上每年重复相似。

4. 实质性议题的识别流程

社会责任实质性议题的确定离不开科学的方法和流程。《中国企业社会责任报告评级标准（2014）》指出，实质性的报告应披露实质性议题识别流程，充分披露当年的核心议题，企业对识别的核心议题制定出针对性改进计划。大部分样本企业主要从四个方面披露了企业梳理、删选和确定社会责任实质性议题的过程，包括识别利益相关方和关注焦点、收集议题的渠道、评估议题的代表、实质性议题矩阵分析。其中，识别利益相关方和关注焦点是指企业判断其重要的利益相关方和其关注焦点。收集议题的渠道是指企业通过文献研究、信息告知、对话交流、舆论关注、问卷调查等方式识别议题。评估议题的代表是指利益相关方的代表类型，分为内外部相关方，如政府机构、股东、客户、员工、合作伙伴、社区、媒体等。实质性议题矩阵分析是指企业从利益相关方关注程度和对公司的战略重要性两个维度明确社会责任议题及议题的重要性。

然而，由于目前没有关于如何确定实质性议题的统一规定和标准，不同的公司识别实质性议题的工作流程和方式具有较大的差异。有的企业确定议题的工作流程起步较早（≤2010年），披露了议题的来源、收集渠道和评估代表方等。有的企业起步较晚、议题披露简单。表8-3反映了不同企业实质性议题的识别过程的情况。

表8-3　　　　　　实质性议题确定过程的比较情况

公司名称	议题确定起步是否较早	利益相关者识别	议题收集渠道	议题评估代表	议题矩阵分析
中国移动	√	√	√	√	√
国家电网	√	√	√	√	√
中国铝业	×	√	√	—	√
中国平安	√	√	—	—	√
中国中化	√	√	√	√	√
建设银行	×	×	—	—	√

注：√表示是，×表示否，—表示未知。

由表8-3可见，所有企业都给出了实质性议题的矩阵分析，通过矩阵分析对社会责任议题进行排序，明确CSR报告的重点披露内容。大部分企业在报告中明晰了企业的利益相关方。但在议题收集渠道和评估代表方面，企业披露的详细程度差异较大。在议题收集渠道方面，中国移动、中国铝业和国家电网都披露了社会责任议题的收集渠道。国家电网是披露议题收集渠道较为详细的企业，该公司在2009年的CSR报告中指出公司的议题收集渠道主要由内部渠道（公司各单位、部门、社会责任工作办公室、报告编制小组）和外部渠道（利益相关方定期调查、不定期座谈、日常反馈和专业机构研讨会）组成，确保企业较全面地了解各方关注的内容。在议题评估代表方面，中国移动和国家电网披露了议题评估代表方。中国移动在2013年的CSR报告中，指出了有八类议题代表（员工、价值链伙伴、媒体、客户、CSR专家、政府与监管机构、股东与投资者和社区），根据议题对公司的重要程度打分。综合而言，不同企业的实质性议题识别过程的差异明显，有的企业比较详细地列出公司各年度的关键性社会责任议题，并有对应的页码索引，并以专题的形式，披露报告年度内受各方关注的重大社会责任议题，同时也在不断完善公司的实质性议题分析工作流程。而有些企业对实质性议题的识别过程相对简单粗略。

5. 议题识别流程的趋同性

虽然不同的公司开展识别实质性议题的工作流程在详细程度上具有较大差异，但企业识别实质性议题的流程却存在着较高的趋同性，具体表现在：基本上包括议题来源、收集方式、评估议题和优先排序这四项工作流程；均强调了公司是根据政策导向与趋势、标杆企业实践和公司的经营规划来确定议题；基本上都明晰了公司的利益相关方，将利益相关方分为内部利益相关方和外部利益相关方两大类。趋同尤为突出的是，基本上都采用按照议题对利益相关方的重要性和对公司的重要性的二维矩阵方式将社会责任实质性议题分为四个象限。此外，基本上都通过识别阶段、评估阶段和筛选阶段三个阶段识别议题。在识别阶段，主要是对收集和梳理实质性议题，确定利益相关方关注的披露内容，一般从公司发展战略、行业相关标准、内外部利益相关方等多个角度，开展实质性议题的识别工作；在评估阶段，主要是把焦点问题与利益相关方沟通，对识别阶段确定的实质性议题进行分析，评估了解实质性议题的重要程度；在筛选阶段，主要采用二维矩阵将实质性议题进行排序划分出每项实质性议题对利益相关方和对公司的重要性。

四、结论和思考

本部分以我国 2006~2014 年连续披露社会责任报告的企业报告为分析样本，分析了实质性标准在企业社会责任报告中的应用状况。从我们的调查结果来看，一些企业开始在 CSR 报告中进行实质性议题的识别。实质性标准应用较好的企业，都有一套周期性、系统性、专项性的信息披露机制和科学可行的程序来识别企业社会责任报告的重要议题，体现企业了对实质性标准应用的重视。然而，我国企业对实质性议题进行识别的总体比例较低，识别具体程度因公司不同而有较大差异，识别工作流程具有趋同性。

从当前总体来看，我国大部分企业 CSR 报告仍然缺乏实质性内容的披露，宣传和公关成分居多，社会责任信息披露的形式意义大于实质意义，无法充分体现信息披露制度的市场功能与制度收益，其原因之一在于制度背景。我国企业信息披露制度产生主要以满足政府要求和监管需求为目的。在这一理念下，信息披露的规范重点在于信息披露义务人是否披露了社会责任信息，而并未过多考虑信息披露的参考决策价值，企业对公众披露的信息缺乏有效性评估与评价。蓝海林（2014）指出，我国政府赋予了企业照各自的制度地位接受制度影响，给予满足不同的社会责任和制度地位，要求企业按相应制度要求的企业以对等的制度合法性收益。杨汉明、吴丹红（2015）认为，由于制度化组织环境的适度存在，企业对制度理性的遵从，企业倾向保持与其他企业相似的做法，CSR 报告因而被赋予更多的"形式重于实质"的制度性安排或要求。

在当前大量报道、赞扬和鼓励企业披露 CSR 报告的状况下，我们首先需要批判性地重新审视企业的披露体制及信息有效披露的问题。相对于一般财务信息而言，社会责任信息披露自主性、不确定性、多样性和非规范性更强，可观测、核实水平较低，叙述性特征较强（尹开国等，2012）。过于复杂而面面俱到的信息、缺乏实质性的社会责任信息将使信息用户陷入信息泥潭，增加信息需求者的信息甄别、过滤成本或搜寻成本。其次，我们需要思考如何提高 CSR 报告的可靠性和决策有用有效性。"有效的外部鉴证是提高其可持续发展报告以及最终的可持续发展业绩的可信度和有效性的重要方法。"（AA1000，2003）。沈洪涛、万拓、杨思琴（2010）指出，有效的社会责任报告和鉴证将帮助企业建立良好的声誉。较清晰的社会责任披露和第三方独立鉴证会提高个体投资战对企业投资的可能性（孙岩，2012）。因此，企业 CSR 报告实质性内容的完善可从审验制度入手，通过一套完整的 CSR 报告的审计标准和准则来明确审计的对象、范围和主体，通过科学的审计方法、步骤和审计制度来提升社会责任报告的内在价值。在信息用户越来越重视信息决策有用性和报告价值的情况下，社会责任实质性议题的识别和披露，将成为我国 CSR 报告的新趋势和未来主流方向。

第九章

企业社会责任报告有效信息的测度及分析

近十年来,我国企业披露企业社会责任信息的数量和质量不断提高,但很多披露并没有试图区分关键的决策性信息和非本质的烦琐的日常性信息,甚至社会责任报告以"更多"来衡量。王峥(2010)认为,从质量上看,披露企业社会责任信息的有效性和价值不高,社会责任信息披露大多采用文字叙述形式,内容比较空泛,真正对公众有效的信息并不是很多,公众往往很难根据企业披露的这些信息判断其真正履行社会责任的程度和效果。中国 CSR 报告数量虽然"井喷",但是发布的社会责任报告质量却不尽如人意(黄珍文、王颖梅,2010)。李正、官峰、李增泉(2013)指出我国证券市场上的投资者只是关注公司是否披露了 CSR 报告,而对 CSR 报告的质量并没有进行有效的识别和解读,机构投资者和其他类型的投资者并未表现出显著差别。一份长达 200 多页的报告是使用者真正需要的信息吗?安永会计师事务所已退休主席雷·J.格雷夫斯曾在《财务披露:何时不再越多越好》一文中说道:"对于财务披露来说,虽然确认某些新的发展领域或不确定领域经常需要增加披露,但对于披露标准的偏见必须在根本上从过多的披露转变为集中且与决策直接相关的披露。"在当前大量报道、赞扬和鼓励企业披露社会责任信息的状况下,我们要批判性重新审视企业的披露体制及信息是否有效披露的问题,这意味着企业并不是事无巨细地盲目披露,而是要关注用户的信息需求,提供有参考价值的报告。

一、信息披露效率的定义

信息经济学理论认为,资源配置效率的获得同时伴随着信息效率。信息披露效果（效率）的最终体现的是资源的配置效率。从信息披露的过程来看，信息效率包括信息接收效率和信息披露效率。对接收者而言，信息效率包含接收者获得信息的效率（当接收者接收到信息后，对信息进行判断和选择，攫取有利的信息进行相应决策。即接收者能否获得有效的信息，这些信息能否给接收者做出相应决策的依据）和接收者对于可获得信息的使用效率（是否产生有效的信息披露后果）。对披露者（企业）而言，信息效率包括披露者传达的有效信息（披露者将企业的信息披露给公众，公众接收信息后能够根据这些信息做出相关经济决策，那么企业就有效地披露了信息，即公众是否有效利用了企业披露的信息）和信息披露后产生的收益和披露成本的比值（企业是否有效披露信息）。

披露过多的信息有可能陷入信息泥潭，降低信息有用性。对信息接收者来说，过多的信息会增大过滤鉴别有用信息的使用成本，庞大的信息使其判断混乱，影响他们的经济决策，他们未能从海量的信息中获取有效的信息。对企业而言，提供过量的信息会增加生产和传递信息成本，导致信息披露收益和披露成本比值的降低，他们未能有效披露信息。披露过少的信息则根本谈不上企业传递了有效的信息。因此，我们更多关注CSR报告中是否存在相关性不大等空洞无物的信息过载披露现象以及企业实质性信息在CSR报告中的所占篇幅。我们需要一种方式来决定哪些社会责任信息披露是真正被用户需要的，而不仅仅是被动接收企业披露的任何信息。

二、社会责任报告有效信息的界定

（一）有效性测度之一：有效内容的披露程度

在众多文献的诸多讨论中，大部分学者基本认同企业应该对环境、员工和社会负有责任，从国外研究来看，Carroll（1979）认为企业社会责任包括经济责任、伦理责任、法律责任和自愿责任。Gray等（1995）认为企业社会责任信息披露应分为环境信息和社会信息，环境信息包括自然环境、环境保护和资源使用的信息；社会信息包括公司与社区、员工和社会等信息。Brammer和Pavelin（2004）把社会责任信息分为员工、环境和社区三项。有的学者对社会责任信息披露内容进行了进一步的详细分类。Ernst（1971）认为社会责任信息披露包括环境、能源、公平雇佣、人力资源、社区参与、产品、其他等7

类。美国全国会计师协会（1974）认为企业社会责任信息包括社区参与、人力资源、自然资源和环境、产品与服务等4类。Trotman 和 Bradley（1981）使用环境、能源、人力资源、产品和社区参与6个内容。Epstein 和 Freedman（1994）把社会信息归纳为：公司对环境影响（污染）的数据信息，与消费者的关系，人力资源（例如，平等的工作机会），能源保护，工人安全和健康，产品安全（包括生产的危险或者不健康产品），受政府强迫的交易信息等7大类信息。Gray等（1995）提出企业社会责任信息包括环境、消费者、能源、社区、慈善和政治捐赠、雇员数据、养老数据、向雇员咨询、南非雇佣问题、残疾人雇佣问题、增值表类、健康与安全、雇佣持股计划类、其他雇佣问题、其他类等15种详细的分类。

从国内研究来看，沈洪涛（2007）社会责任信息披露的内容分为环境类、员工类、产品类社区类和其他相关利益者类。李正、向锐（2007）将社会责任内容分为环境问题类、员工问题类、社区问题类、一般社会问题类、消费者类和其他类。杨敏敏（2012）把上市公司的社会责任报告内容分为社区类、环境类、股东类、员工类和客户类五大类共包括20个小类信息。詹长杰（2012）将社会责任信息披露的内容分为环境问题类、员工问题类、一般社会问题类、消费者类、其他类等5个一级指标，下分15个二级指标。薛琴（2012）将企业社会责任信息分为股东权益类（股东权益）、员工问题类、环境问题类、公共关系类、产品服务类、其他类共计6大类15小类。舒岳（2014）将企业的社会责任分为环境类、员工类、社区类、一般社会类、消费者类和其他类。

纵观国内外研究，社会责任信息披露的内容基本上遵从Gray等（1995）的观点，即把社会责任信息披露应分为环境信息和社会信息。其中，对环境信息的内容基本上取得一致，认为企业应当披露企业在自然环境、环境保护和资源或能源使用方面的信息。而对社会信息的分类不同学者则有不同程度的细致分类，一般根据企业利益相关者群体，大致细分为员工、社区、客户（产品或服务）、股东类等。此外，分歧争议较大的议题则是企业的经济责任与社会责任的关系，即企业的经济责任信息是否应该被包括在企业社会责任信息披露中？本书认为，企业的经济责任是企业生存最核心、最基础的层面，是企业自身的本质使命和任务，应该独立于企业社会责任之外，为企业社会责任信息披露提供最基本的保证和基石。卢代富（2001）认为企业责任包括企业经济责任和企业社会责任,企业社会责任是企业在经济责任之外所承担的责任。李正(2007)认为企业社会责任是企业在谋求股东利益最大化之外,所承担的维护和增进社会福利的义务,它是对股东利益最大化这一传统原则的修正和补充,企业社会责任活动是企业在经济责任之外所承担的责任,它包括法律规定的活动和企业自愿从事的伦理活动。此外,企业财务年报已翔实披露经济信息,如果企业社会责任报告的经济信息不能增加信息用户的边际效用,则这种披露恰恰是重复信息的过载披露。企业社会责任信息披露是企业向外界披露企业履行社会责任的价值理念、战略方针及企业的环境、员工和社会参与等信息的一种正式的独立报告。基于样本报告的实际情况,我们将企业社会责任有效信息为:环境保护类、社会参与类、员工雇佣类、消费产品类(以下简称四类信息),见表9-1。

表 9-1　　　　　　　　　CSR 报告有效信息的分类

信息	具体内容
环境保护类	(1) 企业废弃物排放是否合规;(2) 保护生物多样性;(3) 资源的开发和消耗是否合理;(4) 污水治理;(5) 督促各项节能减排措施落实到位;(6) 绿色办公;(7) 遵守环境法规;(8) 开发环保产品;(9) 发展环保产业;(10) 倡导低碳生活;(11) 资源可持续利用;(12) 应对气候变化;(13) 环保培训
社会参与类	(1) 企业反腐倡廉、反洗钱、反商业贿赂;(2) 及时纳税;(3) 守法合规、诚实守信、依法治企;(4) 支持公共基础设施建设;(5) 对弱势群体进行捐赠和资助,支持社会公益;(6) 向社区捐赠现金或者物资;(7) 关注公共安全,应急管理;(8) 与供应商合作,共建绿色供应链;(9) 助社会就业创业;(10) 促进行业进步
员工雇佣类	(1) 雇佣员工情况;(2) 员工的健康和安全;(3) 员工培训;(4) 员工福利和社会保障;(5) 员工利益保障;(6) 员工业绩考核;(7) 失业员工安置
消费产品类	(1) 保障消费者健康和安全;(2) 保护消费者权益;(3) 产品推广、服务及售后服务;(4) 产品的研发创新;(5) 产品的合规性;(6) 促进可持续消费

另外,企业社会责任报告还会涉及美工设计、排版、图表化程度、语言、报告编写规范、创新性、易读性和准确性等其他标准的衡量,但这些标准可能更侧重于技术性指标,并不侧重反映社会责任信息披露的实质性内容。外在形式的表达或非实质性信息的披露,可能会削弱了利益相关者对实质性社会责任信息的获取,因此,企业社会责任报告的技术性指标产生的相关内容不在本书界定的社会责任有效内容范围内。

按照前面对 CSR 报告有效信息内容的界定，参照雷·J. 格雷夫斯在《财务披露：何时不再越多越好》文中采用年报总页数、附注页数和管理者意见页数来衡量披露内容量的方法，本书对 CSR 报告中有效信息的测度过程之一如下：将上述四类有效信息的页数相加，计算得出有效信息总页数，以四类信息页数/报告的总页数比率衡量信息披露有效度。

（二）有效性测度之二：独立第三方鉴证

由于信息不对称和利益相关者分散性的存在，第三方审核或者认证是保证信息可靠性的重要措施。社会和伦理责任协会的 AA1000（2003）鉴证标准认为鉴证是："用一套特定的原则和标准判断一个报告组织的鉴证对象，如报告以及支持组织业绩的基本制度、过程和胜任能力的质量的一种评价方法。鉴证包括将评价结构传递给对象的使用者，为鉴证对象增加可信度。""有效的外部鉴证是提高其可持续发展报告以及最终的可持续发展业绩的可信度和有效性的重要方法"（AA1000，2003）。企业社会责任信息超越了一般财务信息的范畴，显示了其相对于一般财务信息而言的自主性、不确定性、多样性和非规范性，可观测、核实水平较低，叙述性特征较强（尹开国等，2012），社会责任报告鉴证，可以缩小报告提供者和使用者之间的信任差距。沈洪涛，万拓，杨思琴（2010）认为，有效的社会责任报告和鉴证将帮助企业建立良好的声誉。较清晰的社会责任披露和第三方独立鉴证会提高个体投资战对企业投资的可能性（孙岩，2012）。因此，鉴证是提高社会责任信息披露有效性的重要衡量标准。

我国企业社会责任报告鉴证主体多样化，报告鉴证的主要提供者有"国际四大"（如普华永道、德勤、毕马威、安永等）、国际认证机构（必维国际、瑞士通用公证行、挪威船级社、劳氏质量认证等）、国内认证机构（如中国社会科学院经济学部企业社会责任研究中心等）和国内会计师事务所，另外还有行业协会组织和专家。一般认为，行业协会组织和专家鉴证意见的主观性较强，表述具有较大随意性。具有专业的知识水平和能力、独立于企业的第三方机构更能确保鉴证结构的真实性。本书采取学者刘萍、阳秋林（2015）的观点，企业 CSR 报告鉴证仅指第三方独立机构进行审验的报告，不包括行业协会组织出具的意见、专家点评或第三方点评或评价。

三、企业社会责任信息有效度的分析

（一）信息披露有效度的测量

1. 样本选取

为了评估企业社会责任信息披露有效度，本章选取我国 2006～2014 年连续披露 CSR 报告的企业报告进行分析。这里的 CSR 报告包括社会责任报告、环境报告、公民报告和可持续发展报告。之所以选择连续无间断披露 CSR 报告的企业报告的原因之一是：这样的企业已基本建立起社会责任管理体系及其信息披露机制，定期社会责任发布机制初步显现，企业短期社会责任信息披露效仿性不强，更能反映企业社会责任信息披露是否有效、信息质量是否改善的问题。原因之二是：可以观察不同企业 CSR 报告信息披露有效度的差异，以及企业 CSR 报告信息披露有效度的自身变化。

根据以上标准，剔除无法下载或阅读的企业，共得到 15 家企业的 135 份社会责任报告，样本来源渠道为商道纵横数据库和企业的官方网站。这 15 家企业主要涉及金融、石油天然气、冶炼、电力、制造业和信息技术 6 个行业。其中金融、保险业有 3 家（浦发银行、建设银行、中国平安），占 20%；石油和天然气业有 3 家（中国石油、中国海洋石油、中国中化），占 20%；冶炼业有 3 家（宝钢股份、云南铜业、中国铝业），占 20%。电力、煤气及水的生产和供应业有 3 家（闽东电力、国家电网、中国大唐），占 20%；制造业有 2 家（格力电器、神龙汽车），占 13.3%；信息技术服务类 1 家（中国移动），占 6.7%。

2. 有效度分析之一：有效内容的披露程度

（1）CSR 报告页数分析。

为了解我国 CSR 报告篇幅的基本情况，首先统计出观察期间各年度 CSR 报告的最大页数、最小页数和平均页数。统计结果见表 9-2。

表 9-2　　　　　　　　CSR 报告页数

年份	最大页数	最小页数	平均页数（保留整数）
2006	86	7	43
2007	112	5	50
2008	107	6	54

续表

年份	最大页数	最小页数	平均页数（保留整数）
2009	96	12	56
2010	100	5	62
2011	108	11	59
2012	108	9	58
2013	117	10	65
2014	131	12	78

由表9-2可见，2006~2014年，最短的CSR报告为5页，最长的CSR报告为131页。无论是最大页数、最小页数和平均页数，趋向于增多的趋势。最大页数从2006年的86页增加到2014年的131页，最小页数从7页增加到12页，平均页数从43页增加到78页，虽然其中略有下降，但报告的篇幅整体幅度在增加。

（2）CSR信息披露有效度的总体分析。

根据前面有效信息的测度标准，样本CSR报告信息披露有效度计算如表9-3所示。

表9-3 CSR报告的信息披露有效度

公司名称	2006年	2007年	2008年	2009年	2010年	2011年	2012年	2013年	2014年	平均值
宝钢股份	0.50	0.49	0.55	0.55	0.58	0.57	0.61	0.63	0.64	0.57
浦发银行	0.64	0.78	0.55	0.66	0.65	0.53	0.68	0.63	0.69	0.65
闽东电力	0.77	0.43	0.43	0.55	0.66	0.50	0.46	0.51	0.48	0.53
格力电器	0.62	0.62	0.65	0.62	0.53	0.53	0.50	0.55	0.68	0.59
建设银行	0.63	0.58	0.63	0.51	0.53	0.56	0.53	0.55	0.38	0.54
国家电网	0.61	0.61	0.65	0.66	0.68	0.62	0.66	0.63	0.64	0.64
云南铜业	0.86	0.70	0.66	0.63	0.65	0.55	0.51	0.56	0.65	0.64
中国大唐	0.54	0.49	0.54	0.42	0.42	0.44	0.52	0.48	0.58	0.49
中国移动	0.53	0.61	0.60	0.75	0.69	0.66	0.60	0.58	0.76	0.64
中国石油	0.56	0.46	0.48	0.46	0.56	0.68	0.62	0.70	0.63	0.57
中国平安	0.44	0.56	0.45	0.54	0.52	0.59	0.60	0.61	0.60	0.55
中国海油	0.74	0.53	0.66	0.46	0.37	0.56	0.50	0.66	0.74	0.58
中国铝业	0.65	0.58	0.51	0.52	0.60	0.58	0.60	0.46	0.60	0.57

续表

公司名称	2006 年	2007 年	2008 年	2009 年	2010 年	2011 年	2012 年	2013 年	2014 年	平均值
神龙汽车	0.54	0.62	0.57	0.70	0.57	0.53	0.58	0.59	0.62	0.59
中国中化	0.47	0.51	0.48	0.45	0.56	0.59	0.62	0.59	0.60	0.54
最大值	0.86	0.78	0.66	0.75	0.69	0.66	0.66	0.63	0.77	
最小值	0.44	0.43	0.43	0.42	0.37	0.44	0.46	0.48	0.38	
平均值	0.61	0.57	0.56	0.57	0.58	0.57	0.57	0.58	0.62	

从表 9-3 可见，在样本研究期间，最大值栏和最小值栏显示我国 CSR 报告信息披露有效度的最大值为 0.86，最小值为 0.37，公司之间的信息披露有效度差异较大。从公司的信息披露有效度平均值来看，信息披露有效度最高的为 0.65，最低的为 0.49，同样反映了信息披露有效度在公司之间的差异。从年度信息披露有效度平均值来看，2006 年的信息披露有效度平均值 (0.61) 接近于 2014 年的平均值 (0.62)，其他年度的平均值均低于 0.61，绝大部分处于 0.57~0.58 之间。可见在这 9 年期间，我国 CSR 报告信息披露有效度基本上没有太大的改变或改善。一个可能的解释是自 2006 年后，CSR 报告页数越来越多，而四类信息的内容并未增加，从而导致信息披露有效度的下降。从企业自身 CSR 报告信息披露有效度的变化来看，基本上并未观察到任何有规律的变化趋势，显示出 CSR 报告中四类信息披露篇幅所占比例的随意性。

(3) 信息披露有效度的频数分析。

为了进一步了解我国 CSR 报告信息有效度的情况，将信息有效度分为高、中、低、差四个区间，来观察每个区间的样本报告频数分布情况。高区的信息有效度为 0.75~1.00（包括 0.75），中区的信息有效度为 0.55~0.75（包括 0.55），低区的信息有效度为 0.25~0.55（包括 0.25）。差区的信息有效度为 0.00~0.25。报告样本的信息有效度频数分别如表 9-4 所示。

表 9-4 　　　　　　CSR 报告信息有效度频数分布

高区	中区	低区	差区
6 份	86 份	43 份	0 份

从表 9-4 可见，处于中区信息有效度的报告份数所占比例最大，有 86 份，处于低区信息有效度的报告份数有 43 份，表明我国还有相当一些 CSR 报

告信息有效度还有待提高。处于差区信息有效度的报告分数为零,表明CSR报告披露效率与披露初期时相比还是有很大的提升空间。

(4)信息披露有效度的行业分析。

为了解不同行业CSR报告的信息有效度的情况,我们按照行业分类进一步统计了行业信息有效度平均值。从行业来看,金融、保险业均值为0.58。石油和天然气业均值为0.58;冶炼业均值为0.60;电力能源供应业均值为0.55;制造业均值为0.59;信息技术服务业均值为0.64。信息技术服务类和冶炼业企业的信息有效度相对较高,制造业、金融、保险业和石油天然气行业企业基本接近,电力能源供应业相对略低。此外,虽然所有行业的信息有效度都在中区范围之内,但都处于中区低值范围内。

(5)报告篇幅和效率的对比。

为了解2006~2014年CSR报告页数的变化和报告信息披露有效度的变化,将各年度的CSR报告平均页数和报告信息披露有效度均值进行对比,如图9-1和图9-2所示。

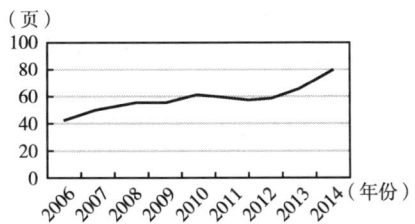

图9-1　CSR报告各年度平均页数

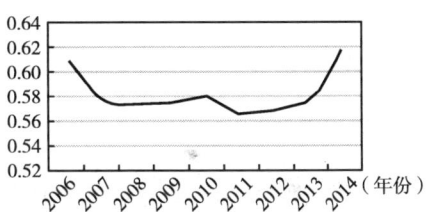

图9-2　CSR报告信息披露有效度平均值

由图9-1可见,企业CSR报告的页数篇幅整体为上升趋势。由图9-2可见,CSR报告披露有效度整体呈正"U"形趋势,2007~2013年基本上改变不大,从2013年后呈上升趋势。这表明在近十年期间,我国企业CSR报告篇幅增加的同时,其信息披露有效度并没有太大的改变,CSR报告的质量始终停滞不前。这也可以从另一个方面表明我国CSR报告的数量和质量明显失平衡。

3. 有效度分析之二:第三方独立鉴证

CSR信息披露有效性的另一个重要衡量标准就是第三方独立鉴证。表9-5为15家样本企业的CSR报告的鉴证情况。

表 9-5　　　　　　　　　　CSR 报告的鉴证情况

企业	2006年	2007年	2008年	2009年	2010年	2011年	2012年	2013年	2014年
宝钢股份	无	无	无	无	无	无	无	无	无
浦发银行	无	无	DNV	无	无	PWC	PWC	PWC	PWC
闽东电力	无	无	无	无	无	无	无	无	无
格力电器	无	无	无	无	无	无	无	无	无
建设银行	无	KPMG	KPMG	KPMG	KPMG	PWC	PWC	PWC	PWC
国家电网	专家	DNV	DNV	DNV	DNV	DNV	DNV	DNV	DNV
云南铜业	无	无	无	无	无	无	无	无	无
中国大唐	专家	DNV 专家	DNV 专家	DNV 专家 社科院	专家 社科院	无	无	无	专家 社科院
中国移动	无	无	专家	专家	无	无	PWC	社科院	社科院
中国石油	无	无	无	无	无	无	无	无	无
中国平安	无	无	DNV	DNV	EY	EY	EY	EY	EY
中海石油	无	无	无	无	无	社科院	社科院	社科院	社科院
中国铝业	无	专家	专家	专家	专家	社科院	专家 社科院	无	专家 社科院
神龙汽车	无	无	无	无	无	无	无	无	无
中国中化	无	专家	专家	专家	专家	专家	专家	专家	专家

由表 9-5 可见，135 份样本报告里有 32 份进行了独立第三方鉴证，约占 24%；未经第三方鉴证的报告有 103 份，约占 76%，其中有 77 份报告没有任何形式的鉴证报告或意见报告，约占 57%。第三方独立鉴证的机构主要为 DNV、PWC、KPMG、EY，其中有 DNV 鉴证的报告有 14 份，主要见于国家电网、中国大唐和中国平安这三家企业的 CSR 报告。有 PWC 鉴证的报告有 9 份，KPMG 鉴证的报告有 4 份，主要见于建设银行的 CSR 报告。有 EY 鉴证的报告有 5 份，主要见于中国平安的 CSR 报告。此外，进行非第三方鉴证的主要有中国社科学院经济学部和专家出具的意见，其中，有中国社科学院经济学部意见的报告有 11 份，有专家意见的报告有 23 份。总体而言，我国进行独立第三方鉴证的 CSR 报告比例较低，从而反映了我国 CSR 报告信息有效度总体较低。

四、结论和思考

本部分以我国 2006~2014 年连续 9 年披露 CSR 报告的 15 家企业的 135 份社会责任报告为研究样本，对企业有效的社会责任信息进行了测度和分析。通过分析发现，相对于 CSR 报告数量和报告篇幅的增长，报告的信息有效度没有太大的改善，我国 CSR 报告的披露效率整体不高，不同行业不同公司的差异较大，CSR 报告具有独立第三方鉴证的比重较低。可以看出，企业对 CSR 报告开始重视仍然停留在数量和篇幅方面，而不是报告对信息用户的有用性，忽视了 CSR 报告的实质性，侧重追求内容的多少却不是内容的质量。

近十年来，在国资委、银监会、证监会相关的激励和强制性政策指导下，我国 CSR 报告数量迅猛发展。然而，社会责任信息披露数量的增长并不意味着披露有效度的提升。我国是一个政府强制性制度供给性国家，制度供给的方式往往自上而下。政府强制性政策虽然会激发企业在可持续发展方面的变革，但规制性压力有时会导致企业的虚意顺从（Bebbington et al., 2009）。另外，我国尚未有社会责任信息披露质量奖惩机制，企业社会责任信息披露的好坏并不对企业的经济或政治地位产生根本性影响。企业可能更加重视企业是否紧跟形势披露了社会责任报告或达到规定性的信息披露水平。在这种制度安排下，我国企业披露社会责任信息更多的可能是出于对法律和法规的遵从。企业将履行社会责任视为一种政治参与的手段，成为实现其经济或政治目的的工具（李维安、王鹏程、徐业坤，2015）。因此，对大多数企业而言，当企业发布 CSR 报告这种行为已经能帮助企业获得实用、认同和道德等层面的合法性，或与其制度地位对应的制度收益时，CSR 报告的披露有效度往往不被重视。我们希望将来有关政府部门在出台社会责任信息披露相关指导政策时，更加侧重于激励企业提高 CSR 报告的有效披露和内容质量，增加 CSR 信息在资本市场上的决策有用性。

第四篇
企业社会责任管理体系建设研究

企业社会责任信息披露本身只是一种信息沟通，人们固然希望看到更多的企业积极履行社会责任，定期发布社会责任报告，但更希望企业能建立一套长期的支撑和落实业社会责任信息披露的有效管理体系。企业社会责任管理体系时确保企业履行相应社会责任，实现良性发展的相关制度安排与组织建设，加强对社会责任实践的指导，形成以报告促管理、以管理促实践、以实践强管理的良性局面。

本篇共有2章。第十章为企业社会责任管理体系建设现状，从国际的视野和国内的视野了解企业社会责任管理体系的建设现状。第十一章为企业社会责任管理体系应用研究，从企业社会责任管理体系建立应该遵循的原则、企业社会责任组织结构的绿色管理、企业社会责任考核评价指标的建立、企业社会责任信息披露监管体制的建立、企业社会责任管理体系的监控措施、企业社会责任管理体系的保障和企业社会责任管理体系的推荐措施七个方面分析企业社会责任管理体系的应用问题。

第十章

企业社会责任管理体系现状分析

国外学者很早就开始关注企业社会责任管理相关问题。Zenisek（1979）指出企业社会责任与企业的微观行为紧密联系，企业社会责任是从不负责任到承担责任的连续统一体。Sethi（1979）认为可从社会义务、社会责任和社会响应三个维度上建立企业社会责任，并最终要体现在组织内部管理过程和战略设计上。Epstein（1987）从动态综合角度认为企业社会责任是由商业伦理、公司社会责任和公司社会响应三个方面演化整合而成的企业社会政策过程。Carroll（1991）提出了经典的经济、法律、道德和慈善的企业社会责任的四层"金字塔"模型。Waddock 等（2002）认为社会责任可以通过管理来实现，提出全员参与、全方位、全过程的全面社会责任管理模式。从国内来看，大部分学者从以下两个方面展开了较多的研究。

1. 企业社会责任管理体制建设的必要性

梁桂全（2004）提出企业社会责任的本质是在经济全球化背景下企业对其自身经济行为的道德约束，是企业用来约束企业内部包括供应商生产经营行为的一套管理和评估体系。龙一平（2006）从我国企业实施社会责任管理体系的必要性角度，认为一些国际认证标准越来越多地出现在许多跨国公司订单的附加条件中，SA8000 的施行将为发展中的中国市场提供一个建立完善企业的社会责任管理机制的良好契机。王庠栋（2006）认为企业社会责任管理首先需要政府来引导，在法律法规方面加以完善，其次在推进企业社会责任管理活动中加以引导。虽然企业社会责任管理可以由企业单独进行企业社会责任管理体系标准方面的认证，但仍要坚持依托中间组织的力量，而从事行业经营活动协调的行业协会或同业公会最能有针对性协调企业社会责任管理。黄蕾（2008）从企业员工的角度出发，依据学者欧阳润平提出的义利共生论，将中国企业员工社会责任管理类型划分为义利对立型、义利共存型、义利共溶型和义利共生型四种,认为目前根据中国的现实,不适宜对中国大多数企业提更高的责任要求,应依据中国现行劳动法律法规和相关责任标准进行管理,义利共存型是中国企业社会责任建设主流选择。

2. 企业社会责任管理体制的模式

张进发(2009)从利益相关者理论出发,认为企业的社会责任管理的核心就是利益相关者管理,由此引入市场营销思想,认为可以从内部营销出发进行企业内部利益相关者管理,从客户关系管理出发进行企业外部利益相关者管理。聂禄玲、徐鹏(2009)在企业社会责任能力建设体系研究中,强调应把企业社会责任融入企业文化和企业战略中,制定出一系列规章制度,完善相应的组织保障,为实现企业社会责任的制度化和可操作化奠定一定的基础。陈炜、王茂祥(2008)认为,企业责任管理是通过对企业资源的系统规划和整合使用,以规范的组织、制度和流程,切实保障企业在经济、社会与环境三个方面社会责任行为的有效落实,提出完整的企业责任管理闭环体系,包含策略管理、执行管理、绩效管理和沟通管理四个主要环节。黄群慧、钟宏武(2008)针对国有企业,提出可通过建立和健全企业社会责任治理结构、建立社会责任内部管理体系以及构建社会责任指标体系来建立企业全面社会责任管理体系。光耀华(2009)在其专著《企业社会责任管理体系建立与实施》中从组织结构、程序、过程、监督机制和资源保障方面详细阐述了如何建立企业社会责任管理体系的一套完整的办法和制度。唐飞、韵江(2008)从动态战略研究角度,认为企业社会责任是一个动态的战略适应过程,构建了企业的社会责任体系与其战略适应模式的共同演化模型,从战略价值创造、战略类型选择、战略导向转变以及战略过程等方面提出了企业社会责任的战略管理对策及相关建议。徐凯猛(2011)针对供电公司,从公司社会责任组织管理体系、日常管理体系、指标体系、能力建设机制、社会责任业绩考核机制、公司利益相关方参与机制、社会责任信息披露机制等构建常州供电公司社会责任管理体系。

李伟阳、肖红军(2010)提出了一种新的企业管理模式:全面社会责任管理。全面社会责任管理是一种社会价值目标管理。它强调企业把应对社会负责任的价值追求为动力,通过激发利益相关方的社会价值创造潜能,管理企业运营对社会和环境的影响,从而最大限度地实现经济、社会和环境的综合价值的管理。它由两个层次构成:一是由综合价值(comprehensive Value)、合作(cooperation)和共识(consensus)等三要素组合而成的3C思想体系;二是由全员参与、全过程融合和全方位覆盖等三个部分构成的 3T 实施体系。丛艳霞（2010）提出两类符合我国国情的两种社会责任管理模式：行业主管部门评价管理模式和利益相关者监督管理模式。前者是指评价的主体：各行业主管部门，对本行业上市公司承担社会责任情况进行评价，提升不同公司担社会责任的可比性；后者是指上市公司的利益相关者以自身利益为出发点，通过会计信息披露和统计报表制度两个监督手段对上市公司承担社会责任进行监督。

以上学者对企业社会责任管理体系进行了有益的探索，积累了一定的研究成果，丰富了企业社会责任的研究，但与其他企业管理领域相比，研究数量和质量仍然欠缺，研究著作少，创造性成果少，没有形成完整的理论体系，具有实质性突破或前瞻性的文章并不多见。此外，从我国企业的现实情况来看，我国企业社会责任管理体系严重缺失，企业社会责任缺乏有效管理。一些企业近年来尽管在规模上逐步实现了对国际领先企业的追赶，但仍然面临着基础管理的"短板"和可持续发展方面的"瓶颈"因素。不仅在规模、装备、技术等硬实力方面与国际一流企业存在差距，而且在管理、品牌、人才等软实力方面存在更大差距。根据"企业社会责任网"对我国 A 股上市公司的调查，发现企业在履行社会责任方面存在"随意性""临时性"，没有科学的规划，各个部门之间更未能协同作战。只有较少的企业建立了企业社会责任管理体系，如国家电网、中国移动、中国远洋、万科、中联重科等少数几家公司具有正式的社会责任履行计划和系统的项目设计。

近年来，我国面临的国内外经济环境日趋复杂，国际市场竞争更加激烈。我国在经济发展过程中其产生的高速经济引擎也使企业如何协调和解决劳资矛盾、促进企业发展和自然生态环境的和谐等问题越发突出。中央政府"和谐社会"和"生态文明"的战略治国政策的提出，凸显了我国经济发展过程中所面临的资源约束趋紧、环境污染严重、生态系统退化等严峻现实挑战，反映了国民内心的环境焦虑和生态期盼。企业无论是从自身发展需要还是从国际及国内背景来看，实现社会责任标准化或实现企业社会责任与国际接轨是中国经济转型过程中必然的企业发展方式。企业需要改变观念，将可持续发展的理念融入企业战略规划、组织治理、生产运营等各个环节，实现可持续的发展，实现经济、社会、环境综合价值的最大化。

一、企业社会责任管理体系的内容

企业社会责任及其信息披露的构建需要相应的社会责任管理体系支撑。社会责任意识再好的企业，如果基础管理不健全，社会责任的履行和信息披露便犹如"空中楼阁"。

企业社会责任管理体系是指确保企业履行相应社会责任，实现良性发展的相关制度安排与组织建设。企业社会责任管理体系内容包括企业自身组织建设、管理价值和管理精神的主体性组织建设与对社会环境的影响进行客观评价的体系。根据企业社会责任管理流程涉及的要素，完整的企业社会责任管理体系是主体性组织建设与客观效果评价机制有机的结合，包含六个方面的内容。

（一）企业社会责任组织管理体系

企业社会责任组织管理体系，是指为服务和促进企业全方位履行社会责任而建立的组织机构与运行程序，其组织结构通常包括组织机构、人员的职责、权限和相互关系的安排。

（二）企业社会责任日常管理体系

企业社会责任日常管理体系，是指把履行社会责任的要求融入企业运营全过程和日常管理，完善公司各部门、各单位、各岗位的工作职责、管理要求与行为守则，其职能管理支持体系包括人力资源管理、财务资源管理、科技资源管理、信息资源管理、企业文化建设和风险控制体系等。企业社会责任日常管理体系是对企业现有的日常管理体系的改进、丰富和完善。企业各部门、各单位、各岗位的日常管理要全面落实履行社会责任的要求，在制度、资源和人员上保障企业运营满足安全、高效、绿色、和谐的要求，确保企业全面、全员、全过程履行社会责任，将企业利益相关方的期望和需求满足融入企业日常管理和运营工作中。

（三）企业社会责任指标体系

企业社会责任的指标体系是企业社会责任管理体系的重要组成部分，它由相互联系、相互独立、相互补充的一些社会责任指标所组成，主要是用于推进企业社会责任管理，加强与利益相关方的沟通，对企业社会责任的绩效进行评价而提供的一套完善、系统的工具和标准。

企业社会责任指标体系的运用要求遵循的一些基本的原则：第一是及时性原则，就是指标数据的采集应该根据要求按时进行，保证指标能及时反映企业各项工作的最新发展。第二是准确性原则，就是企业社会责任指标的采集和处理应该严格按照要求进行，不能随意改变数值的大小，要保证指标能准确反映企业社会责任的基本状况。第三是动态性原则，就是指标体系的指标不是孤立不变的，它是根据企业内外环境的不断变化而有所调整和改善，指标要能反映企业在推进社会责任方面的实际情况。第四是灵活性原则，就是企业社会责任的工作应该坚持强制性和自愿性相结合的方针，指标的运用要根据实际情况的变化灵活把握。

（四）企业社会责任业绩考核体系

企业社会责任业绩考核，是指对公司整体、各部门以及员工个人履行社会责任的行为和结果是否符合职责要求和考核目标进行评价与奖惩，旨在建立促进公司履行社会责任的激励与约束机制，由公司社会责任业绩考核制度和业绩考核程序等组成，是公司业绩考核体系和全员绩效管理的重要组成部分。其中，企业社会责任业绩考核制度，是公司全面履行社会责任的机制保障。没有一个有效的社会责任业绩考核体系，企业履行社会责任的效果就难以衡量，企业也难以有进一步履行社会责任的目标和方向，企业履行社会责任也难以持续。企业应坚持效果导向，循序渐进，持续改进，完善企业社会责任考核内容、标准与方法，不断提升企业社会责任管理能力。

（五）企业社会责任信息披露体系

企业社会责任信息披露体系是指建立企业社会责任信息披露的程序，健全企业社会责任信息披露的渠道，向利益相关方提供必要的信息，并且接受利益相关方监督和管理的运作体系。企业通过建立多层次、多角度、多渠道的信息披露体系，向利益相关方完整、准确、及时地提供企业在履行社会责任方面的信息，有助于各方形成共识，赢得信任，建设和谐的利益相关方的关系。

企业社会责任的信息披露包括两种形式：一是定期全面披露形式——企业社会责任报告，把企业社会责任内部学习培训、外部对话，包括议题讨论，企业社会责任的优化方案贯穿在企业社会责任报告的编制和发布过程之中，将企业社会责任报告机制建设为学习、对话和改进机制。二是临时披露形式——企业社会责任危机处理。危机处理是指企业在履行社会责任的过程中，由于各种不确定的因素，特别是企业跟利益相关方之间引发了某种冲突，而造成对企业声誉的潜在威胁或者危害时，企业采取的信息披露形式。主要包括预警阶段、应对阶段、善后阶段的三个阶段的信息披露工作。

（六）企业社会责任能力建设体系

企业社会责任能力是企业实现履行社会责任的目标或职责所具有的知识、技能和意愿。只有每个员工在自己的岗位上明确自己对社会责任管理应尽的义务和应承担的责任，并积极地践行它，整个组织管理体系方可有效运行，这需要企业在明确员工职责的基础上，不断提高员工的社会责任整体能力。

建立一个好的职责体系通常应考虑四个重要因素：其一，建立职工社会责任培训体系，将社会责任因素融入所有员工的职责中；其二，建立职责结构定位图，使职员对整个职责系统有一个基本的了解；其三，对职责范围、工作程序、行为指标进行详细描述；其四，向承担职责的员工提供必要的权力和保证条件。只有通过有效的制度安排和资源保障，努力推进全员社会责任培训、加强社会责任管理制度建设、开展重大社会责任活动、加强社会责任国内外交流等重大举措，逐步建立起自我学习、持续改进的社会责任能力动态发展机制，才能不断提升公司及其员工履行社会责任的能力和意愿，增强公司履行社会责任的能力。

二、企业社会责任管理体系建设——国际的视野

（一）ISO9000 质量管理标准

国际标准化组织 ISO 于 1987 年发布了 ISO 9000 质量管理和质量保证系列标准，1994 年 ISO 对标准进行了首次修订，ISO 9000 系列是国际标准化组织设立的国际标准，评估企业在生产过程中对流程控制的能力，是一个组织管理的标准。自 1987 年 ISO 9000 正式诞生以来，标准已历经了四次正式的改版。2015 年 9 月 23 日 ISO 9001：2015 新版标准发布。ISO 9001：2015 新版标准更加强调构建与各个组织特定需求相适应的管理体系，要求组织中的高层积极参

与并承担责任，使质量管理与更广泛的业务战略保持一致。要求组织对标准进行基于风险的通盘考虑，使整个管理体系成为预防工具并鼓励持续改进。新标准对文档化的规范要求简化，组织可以决定其所需的文档化信息以及应当采用的文档格式，通过使用通用结构和核心文本与其他主要管理体系标准保持一致。

（二）ISO 14000 环境管理标准

ISO 14000 系列标准是为促进全球环境质量的改善而制定的一套环境管理的框架文件，目的是加强组织（公司、企业）的环境意识、管理能力和保障措施，从而达到改善环境质量的目的。它是国际标准化组织（ISO）继 ISO 9000 标准之后推出的又一个管理标准。该标准由 1993 年成立的 ISO/TC207 的环境管理技术委员会制定，有 14001~14100 共 100 个号，统称为 ISO 14000 系列标准。

该系列标准融合了许多发达国家在环境管理方面的经验，是一种完整的、操作性很强的体系标准，包括为制定、实施、实现、评审和保持环境方针所需的组织结构、策划活动、职责、惯例、程序过程和资源。其中 ISO 14001 是环境管理体系标准的主干标准，它是企业建立和实施环境管理体系并通过认证的依据。继 ISO 14001：2004 年版标准之后，2015 年，ISO 14001：2015 年环境管理体系新标准最终版正式发布。ISO 14000 系列标准的用户是全球商业、工业、政府、非营利性组织和其他用户，其目的是用来约束组织的环境行为，达到持续改善的目的，与 ISO 9000 系列标准一样，对消除非关税贸易壁垒即"绿色壁垒"，促进世界贸易具有重大作用。ISO 14000 已经成为一套目前世界上最全面和最系统的环境管理国际化标准，并引起世界各国政府、企业界的普遍重视和积极响应。

ISO 14000 作为一个多标准组合系统：按标准性质分三类：第一类：基础标准——术语标准。第二类：基础标准——环境管理体系、规范、原则、应用指南。第三类：支持技术类标准（工具），包括：①环境审核；②环境标志；③环境行为评价；④生命周期评估。

1996 年，ISO 首批颁布与环境管理体系及其审核有关的 5 个标准，分别如下：

（1）ISO 14001：1996 年《环境管理体系——规范及使用指南》。该标准是 ISO 14000 系列标准中的核心标准。它是对环境管理体系的建立和对环境管理体系进行审核或评审的依据,也是制定 ISO 14000 其他系列标准的依据。该标准于 1996 年首次发布后,2004 年进行了修订并颁布 ISO 14001:2004 年标准,目前最新版本为 ISO14001:2015。该标准规定了组织建立环境管理体系(EMS)的要求,明确了环境管理体系要素。该标准要求组织建立管理体系,并据此建立一套程序来明确环境方针和目标。它要求企业必须承诺污染预防并加以落实。通过实施标准,组织建立起不断改进机制,实现承诺,最终达到改善环境绩效的目的。

(2) ISO 14004:1996《环境管理体系原则、体系和支持技术通用指南》该标准简述了环境管理体系要素,为建立和实施环境管理体系,加强环境管理体系与其他管理体系的协调提供可操作的建议和指导。

(3) ISO 14010:1996《环境审核指南—通用原则》是 ISO14000 系列标准中的一个环境审核通用标准。环境审核与质量体系审核一样,是验证和持续改进环境管理行为的重要措施。

(4) ISO 14011:1996《环境审核指南—审核程序—环境管理体系审核》该标准提供了进行环境管理体系审核的程序,以判定环境审核是否符合环境管理体系审核准则。

(5) ISO 14012:1996《环境审核指南—环境审核员资格要求》该标准提供了关于环境审核员和审核组长的资格要求,对内部审核员和外部审核员同样适用。

(三) GB/T 28000 职业健康安全管理体系

职业健康安全管理体系(GB/T 28000)是继质量管理体系(GB/T 19000)和环境管理体系(GB/T 24000)之后,我国于 2002 首次发布并全面推行的管理体系标准。该体系在 2011 年修订。实施职业健康安全管理体系(GB/T 28000)的目的是加强职业健康安全管理工作,减少生产事故和劳动疾病。该体系包括两项职业健康安全管理标准:GB/T 28001—2011《职业健康安全管理体系要求》和 GB/T 28002—2011《职业健康安全管理体系实施指南》。GB/T 28001—2011《职业健康安全管理体系要求》规定了对职业健康安全管理体系的要求,旨在使组织在制定和实施其方针和目标时能够考虑到法律法规要求和职业健康安全风险信息。GB/T 28002—2011《职业健康安全管理体系实施指南》是 GB/T 28001—2011《职业健康安全管理体系要求》的配套标准。它对 GB/T 28001—2011 中的具体要求提供了相应的实施指南。

（四）三大管理体系的比较

1. 三大管理体系的相同点

首先，三大管理体系是均以过程为基础的运行模式，采用策划—实施—检查—改进（PDCA）循环方法进行持续改进，其中 ISO 14000、GB/T 28000 管理体系的框架、结构和内容参考了 ISO 9000 管理体系的框架、结构和内容；其次，三大管理体系均采用管理的系统方法，通过识别、评价、控制、监视测量并管理过程，在组织内建立、实施并保持管理体系；最后，三大管理体系均要求建立文件化的管理体系，且多个程序控制在管理要求和方法上相似，并且均强调满足适用的法律、法规及其他要求需要。

2. 三大管理体系的不同点

首先，承诺对象不同。ISO 9000 标准的承诺对象是产品的使用者、消费者，它是按不同消费者的需要，以合同形式进行体现的。ISO 14000 系列标准则是向相关方承诺，以组织的环境因素为对象，受益者将是全社会，是人类的生存环境和人类自身的共同需要，这无法通过合同体现，只能通过利益相关方，其中主要是政府来代表社会的需要，用法律、法规来体现。GB/T 28000 以组织生产/工作现场的危险为对象，根据相关方和适用法律要求，确定组织危险源的因素并加以控制。其次，承诺内容不同。ISO 9000 系列标准是保证产品的质量。ISO 14000 标准则要求组织承诺遵守环境法律、法规及其他要求，并对污染预防和持续改进作出承诺。GB/T 28000 要求组织在承诺遵守相关法律、法规及其他要求的前提下，不断提高员工职业健康安全水平。再次，体系的构成模式不同。ISO 9000 的质量管理模式是封闭的，而 ISO 14000 及 GB/T 28000 则是螺旋上升的开环模式，要求体系不断地有所改进和提高。最后，审核认证的依据及对审核人员资格的要求不同。ISO 9000 标准是质量管理体系认证的根本依据，而环境、职业健康安全管理体系认证除符合 ISO 14001、GB/T 28000 外，还必须满足相关法律、法规及相关要求。

三、企业社会责任管理体系建设——中国的视野

总体来看，我国企业社会责任管理体系建设分为三个阶段。

第一阶段，企业社会责任相关的管理体系在我国企业的建立和应用。从20世纪90年代初开始，企业社会责任相关的管理体系开始主要应用于大量出口的加工型中小企业中。

第二阶段，企业社会责任管理认证。从20世纪90年代中后期开始，ISO 14000系列环境管理体系、OHSAS18000职业健康安全体系认证在我国逐步开展，SA8000社会责任标准、ISO 9000质量管理体系、欧洲最新供应链综合管理标准CSM2000认证系统等国际社会责任标准不断推广，外国公司相继开始了旨在对中国供应商和分包商实施以劳工标准和环境标准检查为主的社会责任运动。我国企业质量管理部门开始负责认证工作和认证后日常的体系管理和体系的年度审核工作，形成了企业社会责任管理体系的基础。

第三阶段，企业社会责任管理体系的发展。从2005年开始，中国企业社会责任管理体系建设进入新的发展阶段，制定社会责任指标体系成为推进企业社会责任工作的重要内容。以中央企业为代表的部分企业建立了内部社会责任管理体制来支持和保障社会责任及其信息披露的运行，这些企业设置了内部社会责任小组或办公室，制定了较清晰的企业社会责任战略和针对关键企业社会责任议题的实施计划，或制定了系统的项目设计、决策机制和执行程序与控制系统，或建立企业社会责任绩效指标和风险管理指标。部分企业意识到社会责任信息披露如果缺乏有效的社会责任管理体制的支持，将会失去持续性披露的基础，企业社会责任信息披露应该建立在组织内部管理过程和战略设计上，通过对企业资源的系统规划和整合使用，为企业在经济、社会与环境社会责任行为的落实和信息披露的有效沟通提供保障，包括组织结构、程序、过程、监督机制和资源保障等。在这个阶段，我国政府、相关行业、企业自身和一些地区积极采取措施推进社会责任管理体系的构建，具体如下：

（一）政府方面的法律规范要求

在政治体制中，政府通过法律法规、证券监管、社会责任和环境管制等强制性法律压力规范、监管和协调公司社会责任行为，发挥政府的规制功能。如前面所述，制定相关的法律正是中国政府推进企业履行社会责任最关键和主要的手段。新修订的《公司法》第五条规定"公司从事经营活动，必须遵守法律、行政法规，遵守社会公德、商业道德，诚实守信，接受政府和社会公众的监督，承担社会责任"。2008年1月，国务院国有资产监督管理委员会

(2008) 1号文《关于中央企业履行社会责任的指导意见》明确提出了"建立健全社会责任工作体系"的要求,要求有条件的央企定期发布社会责任报告或可持续发展报告,所有央企在 2012 年年底前必须完成社会责任报告发布工作。2009 年 11 月,国资委要求央企进一步健全社会责任管理体系,落实工作责任,结合企业实际制定社会责任工作规划,在企业日常经营中切实履行社会责任;建立健全社会责任报告制度,加强信息披露和责任沟通。2016 年,国资委中央企业社会责任指导委员会成立,并下设办公室,办公室设在研究局,旨在进一步加强对中央企业社会责任工作的指导,推动中央企业更好地履行社会责任。2008 年,上海证券交易所要求公司治理板块样本公司、发行境外上市外资股的公司以及金融类公司这三类沪市公司必须披露社会责任报告。深圳证券交易所要求"深证 100 指数"上市样本公司必须披露社会责任报告。据《中央企业社会责任蓝皮书(2017)》的调查,十年来,央企社会责任管理和实践在"质"与"量"上都实现了大跨越,成为中国企业履行社会责任的标杆。同样,据《中国企业社会责任研究报告(2017)》中的数据,在中国企业 300 强社会责任发展指数中,中央企业社会责任发展指数最高。

(二)行业方面的引导和规范

行业协会组织推动企业社会责任方面,协调各行业参与并制定相应的标准是当今中国企业社会责任管理过程中一个全新的内容。近年来中国行业协会逐渐成为各种社会责任及其信息披露标准和认证的主要制定和实施者,标准和认证权成为行业协会自治权行使的一项重要内容,不同行业组织通过出台政策、制定指南、集体发布社会责任报告等方式积极引导企业发布社会责任信息。以中国纺织工业协会为例,在 2005 年,中国纺织服装行业就提出了我国首个标准化的企业社会责任管理体系 CSC9000T;2006 年,发布了我国首份行业层面的社会责任报告。从 2008 年开始,中国纺织工业联合会将环境保护和公平竞争纳入社会责任管理体系中。中国纺织服装行业的社会责任建设从开始普及和提升社会责任理念,到现在已进入全面建设和创新责任机制的新阶段。

此外,一些行业也发布了行业社会责任报告书。2013 年,深圳市物业管理协会首次对公众发布《深圳市物业管理行业社会责任报告》。2010 年,中国对外承包工程商会首次发布举行《中国对外承包工程行业社会责任报告2011~2012》,其他行业如中国银行业协会、直销行业、中国传媒行业、黄金行业、中国工业经济联欢会、上海市期货同业公会、电子信息行业等出台了行业首份社会责任报告或行业社会责任指南。根据《金蜜蜂中国企业社会责任报告研究2012》的研究，中国工业经济联合会、中国纺织工业联合会、中国林产工业协会、陕西工业经济联合会等行业组织共已带动273家企业集中发布报告，占全国同期报告发布总量的20.4%，2012年，上海市经济团体联合会、中国林产工业协会、常州市工商联（总商会）、丽水市信用担保行业协会等组织发布行业社会责任报告。2013年，中小企业合作发展促进中心、中小企业全国理事会共同推出《中国中小企业社会责任指南》。全国律协首次发布《中国律师行业社会责任报告》。2015年，中国支付清算协会发布行业首份社会责任报告《中国支付清算行业社会责任报告（2015）》，中国建筑材料联合会发布首份《中国建材行业社会责任报告（2014~2015）》。2016年，中国财务公司协会发布首个行业发展报告—《中国企业集团财务公司行业发展报告2016》，中国信息通信业发布首份《中国信息通信行业社会责任报告（2015）》。[①] 可见，除了政府之外，行业协会正成为中国推动企业社会责任信息披露发展的有力制度力量。

（三）企业方面的机构设立

我国的广东、福建和北京等地区已形成较好的社会责任报告规模效应。一些优秀企业也积极投身到企业社会责任管理实践之中。2012年3月，国务院国资委启动了为期两年的中央企业管理提升活动。中央企业普遍设立了社会责任工作领导机构，目前，95%的央企明确了社会责任归口管理部门和相关职能部门工作职责，50多家企业制定了社会责任工作指引、管理办法等专项工作制度，形成了持续开启工作的长效机制。如国家电网于2006年成立企业社会责任工作/指导委员会，并设立省级社会责任办公室，首先提出了全员参与、全过程融合、全方位覆盖的管理模式，建立了日常管理体系、指标体系等七大社会责任管理体系，进行了企业管理模式的全方位变革，先后在天津市电力公司、江苏无锡供电公司和浙江嘉善县供电局启动了网省、地市和县公司全面社会责任管理试点。中国移动公司于2008年成立企业社会责任指导委员会，建

---

① 此外，其他行业如家居行业、中国财协、电子商务、地铁行业、金融租赁、第三方医检行为等近年来发布了首份社会责任报告。

立了协同运作的总部与省级公司两级社会责任管理体系,建立了策略管理、执行管理、绩效管理和沟通管理四大工作模块,初步确立社会责任组织架构和工作流程。2011年建立于DJSI(道琼斯可持续发展指数)对标体系,2013年全面开展社会责任管理提升活动,发布并实施《中国移动企业社会责任管理办法(2013年版)》。2010年,腾讯公司正式设立社会责任部,承担社会责任履行及企业社会责任体系建立等战略性工作。到2013年,腾讯已建立起完备的社会责任工作体系。2013~2014年,腾讯基于集团组织架构搭建内外协同的合作体系,构成了腾讯的社会责任管理架构。这些企业意识到社会责任信息披露如果缺乏有效的社会责任管理体制的支持,将会失去持续性披露的基础,企业社会责任信息披露应该建立在组织内部管理过程和战略设计上,通过对企业资源的系统规划和整合使用,为企业在经济、社会与环境社会责任行为的落实和信息披露的有效沟通提供保障。

(四) 地区方面的试点

加强企业社会责任建设,推动地区企业履行社会责任,已成为一项十分重要而紧迫的任务。随着企业社会责任运动在全球的兴起,部分地区企业社会责任建设已有很快发展。2007年,上海浦东新区国资委为了推进企业社会责任工作的安排,发布《浦东新区企业社会责任导则》《浦东新区企业社会责任体系的三年行动纲要(2007~2009年)》和《浦东新区推进企业履行社会责任的若干意见》等文件。其中,《浦东新区企业社会责任导则》作为较为完善的企业社会责任评估体系,成为上海市企业社会责任地方标准,也成为我国首个企业社会责任方面的省级地方标准。2008年3月烟台经济技术开发区发布的《烟台经济技术开发区企业社会责任考核评价体系实施意见(试行)》,成为全国国家级开发区中首个规范的社会责任管理体系。同年,义乌市总工会从社会化维权模式为切入点,制定了《企业社会责任义乌标准》,制定企业社会责任义乌标准认证体系,共有57个细化指标,用于评价企业履行社会责任的绩效。2011年,无锡新区制定《无锡新区企业社会责任体系建设三年行动纲要(2008~2010年)》,引导企业完善履行社会责任的内部管理机制。2012年,山东省企业信用与社会责任协会制定《全省企业社会责任评价试点工作方案》,编制《企业社会责任管理手册》。通过试点,71家企业普遍建立起具有本企业特色的企业社会责任管理体系,烟台、威海、东营三个开发区和禹城市成为开展基层政府企业社会责任考评工作试点。2012年4月，长沙市总工会与湖南大学联合成立了企业社会责任和劳动关系研究中心，联合展开了专题调研，推动长沙市委出台《关于加强企业社会责任建设的意见》和《长沙市企业社会责任评估体系》等政策。2013年，青岛市开展企业能源管理体系建设工作，成立青岛市企业能源管理体系建设工作领导小组，以推动青岛市102家企业节能低碳行动，促进企业加强节能管理，改进节能工作，提高能源利用效率。2014年，河南省发布我国首个民营企业社会责任省级地方标准《民营企业社会责任评价与管理指南》。2015年，深圳市推出《企业社会责任要求》《企业社会责任评价指南》两个标准文件。2015年，杭州市已经将企业社会责任建设纳入经济社会发展规划和政府目标责任考核体系，并制定出台了《推进中小企业参与社会责任建设的指导性意见》。2017年，江苏省出台《江苏省企业社会责任评价基本标准指南》，启动社会责任建设试点示范工作。

第十一章

企业社会责任管理体系构建程序

企业社会责任管理体系是指确保企业履行相应社会责任，实现良性发展的相关制度安排与组织建设。企业社会责任管理体系内容包括企业自身组织建设、管理价值和管理精神的主体性组织建设与对社会环境的影响进行客观评价的体系。

建立企业社会责任管理体系的目的在于规范企业的社会责任行为、保障社会责任信息披露的持续性、平衡各个相关方利益的期望、增加相关方对企业未来的信心、保障可持续发展报告的可靠性。企业社会责任管理体系建设工程复杂，涉及范围广，影响因素多，操作难度大，有必要对推进体制中出现的各种情况，充分估计，合理判断，以便积极应对。

企业社会责任管理体系的构建包括企业社会责任管理体系建立遵循的原则、企业社会责任组织结构的绿色管理、企业社会责任指标体系的建立、企业社会责任业绩考核体系的建立、企业社会责任监管体系的建立、企业社会责任能力体系的建立、企业社会责任组织保障体系的建立等七个方面。

一、企业社会责任管理体系建立遵循的原则

（1）客观性。社会责任管理体系运用的目的在于使各社会责任相关者客观地了解企业。具体包括以下方面：具有全局观念，加强对影响社会整体利益的不可控因素的预测分析；考虑内部与外部因素的影响作用；充分考虑各管理指标之间的关联度，保证体系内容全面。

（2）战略性。企业战略目标的实现是以分阶段的行动目标的实现为基础的。具体包括以下方面：指标体系的设计应有利于可持续发展的实现；指标体系的设计应与时俱进，而应根据企业经营目标的变化做出灵活的调整。

（3）创新性。当代企业的创新带动社会经济的进步，创新能力的贡献是社会责任成本的重要组成部分。具体包括以下方面：产品创新，包括功能创新、结构创新等；技术创新，包括技术引进、技术升级、技术研发等；经营管理方法创新，包括管理机制创新、管理体制创新等。

（4）相关性。随着企业履行社会责任日益受到重视，其经济作用必然影响到企业经营内部各因素和环节，并发生深刻影响。为此，只有将社会责任管理工作融入企业战略经营管理和绩效管理的全过程，才有助于国有企业实现战略目标。

二、企业社会责任组织结构的绿色管理

履行社会责任的关键是把责任和要求融入企业运营的全过程，对各项业务进行持续系统改进。只有切实把社会责任理念落实到每项工作、每个岗位和每位员工，成为生产经营活动的有机组成部分，成为全体员工的信念、素质和自觉行动，才能组织化、制度化和常态化地开展社会责任工作。

（1）建立社会责任高层管理部门。企业应在企业最高治理机构的领导下，在企业内部建立覆盖各经营单位、各职能部门的社会责任管理部门，任命责任人，并明确规定其职能、职责和权限，以此来督导企业社会责任的实践，并向高层报告和提出改进意见，确保企业社会责任战略能顺利落实，持续改进。

（2）制定社会责任支撑政策。企业的社会责任管理要落到实处，还需要制定各种保障政策，如人力资源政策、财务政策、内部沟通政策等，才能将企业的社会责任价值观和战略传达到每个部门、岗位和员工，使社会责任管理到位到人。

（3）建立社会责任培训机制。企业社会责任管理首先必须提升员工的责任意识。因此，企业要设立严密的社会责任培训计划，定期培训在职员工，并及时培训新进的和临时雇佣的员工，保证他们能践行企业的责任价值观，理解企业的社会责任政策，传达责任政策，增强责任意识。

（4）对企业运营流程进行全方位社会责任管理。履行社会责任及其信息披露的关键是把社会责任和要求融入企业运营的全过程。企业应该对企业生产经营的全过程进行全方位的社会责任管理，认真检查产品研发、采购、生产、销售、使用和回收全过程，梳理每一产品的生命周期。使社会责任与企业运营

严密地整合在一起,将社会责任落实到每一环节、每一岗位。只有这样,才能组织化、制度化和常态化地开展社会责任工作。

(5)建立社会责任内部审核评估管理。企业应对企业社会责任管理工作进行内部审核评估,并向管理者报告审核结果,对违反社会责任政策的行动进行及时纠正,对违反后果予以及时补救。

三、企业社会责任考核评价指标的建立

企业社会责任的考核指标是指能反映企业承担社会责任情况的指标体系。这类指标体系既要反映企业在其经营发展的过程中,对国家社会经济的发展所做的贡献,又要反映企业解决由其自身发展给社会带来的不利影响问题的情况,体现企业主动承担社会责任的情况。该体系现包括两个部分:企业基本经济业绩指标和企业社会责任指标。

1. 企业基本经济业绩指标

这部分主要涉及:公司销售收入、营运成本、员工薪酬、税收、未分配利润、公司承诺的各种福利、为促进公共利益对基础设施的投资和提供的服务发展和影响情况。

(1)税务贡献指标是反映企业依法向国家缴纳的各种税费,形成国家税收收入的指标。税务贡献越高,说明企业对国家社会经济建设的贡献越大。这是企业必须承担的基本社会责任之一。

(2)利润贡献指标是反映企业依据产权和相关法律向国家上缴的各种利润收入的指标。利润贡献指标包括企业按照股份制架构给作为股东的国家的分红和根据所得税法向国家上缴的所得税收入。利润贡献越高,说明企业对国家社会经济建设的贡献越大。这是企业必须承担的基本社会责任之一。

2. 企业社会责任指标

(1)企业保护环境贡献指标,是衡量企业对其在生产经营过程中造成的环境污染、生态破坏等影响人类生存的环境问题治理的态度、制度、方法、措施和效果的综合指标。环境业绩指标主要涉及:使用主要原材料对环境的影响情况、使用原材料中可循环使用原材料的比例、能源消耗基本情况、节能降耗的主要业绩和产生的效益、水的使用量和其中可以循环使用水的比例、有害气体排放、废弃物的回收与处理、对动植物和社区环境影响情况和处理方法。这

类指标包括环保投资率、环保经费占收入的比重、环保经费增长率等。

（2）企业资源消耗责任指标，是衡量企业的技术装备水平、产品技术含量和企业在产业链中的地位的重要指标。指标越低说明企业的技术装备水平和产品的生产水平越高，企业的能源消耗就越少，说明企业承担社会责任较好。这类指标包括单位收入材料消耗量、单位收入不可再生资源消耗量、材料用废率、单位收入耗能（水）量、单位收入排废量等。

3. 企业社会贡献指标

社会业绩指标主要涉及：雇用类型和不同性质雇员的比例结构及地域分布；劳动合同和集体合同覆盖率；管理层和全体员工性别比例；男女员工的比例；员工培训；职业安全卫生方面的制度、管理机制及业绩；产品安全质量保证制度和做法；促进国家技术进步的投入和创新活动；服务"三农"、服务城乡统筹、服务地区协调发展等内容。具体如下：

（1）就业贡献率指标。反映企业在生产经营过程中向社会提供就业岗位、解决就业人口方面的指标。就业贡献率越高，说明企业对国家社会经济建设的贡献越大，其承担的社会责任越多。这类指标有就业人口数量和就业贡献率。就业贡献率用来衡量企业运用净资产为社会公众提供就业的能力，就业贡献率越高，企业为社会提供的就业能力越强。

（2）员工工作环境指标。反映企业改善员工生活条件、工作条件，实施以人为本的现代管理目标的指标，体现企业对员工生活、健康、工作安全等方面的人文关怀和提高员工生活质量方面承担的社会责任的情况。这类指标有：员工健康状态、员工工作环境满意度、员工业余生活满意度、劳动强度、劳动时间、员工幸福指数、员工伤亡率等。

（3）公平和平等制度指标。反映企业在实现公平分配和平等对待员工方面所承担的社会责任的指标。这个指标能促进企业通过公平分配实现减少社会贫富悬殊问题，减少和平息社会矛盾，平等地关心对待员工，提高员工更好地服务于企业和顾客的积极性。

（4）产品安全指标。反映企业关注产品质量，关注公众生命财产安全的指标。关注公众生命财产安全，就是关注民生，就是最好地承担企业社会责任的表现形式之一。企业在产品安全问题上做得越好，越说明企业承担社会责任更好，把公众的生命财产安全放在重要位置，企业就越能赢得社会公众的信赖。

4. 企业社会诚信度指标

企业社会诚信度指标反映企业与社会各界（如银行、政府、其他企业以及消费者、内部职工）之间的信用状况。企业社会诚信度是企业在生产经营过程中与社会各界交往时形成的社会信誉度的反映，是企业承担社会责任的具体体现。这类指标包括企业信用等级、商业伙伴满意度、消费者投诉率、消费者满意度、交货准时率、品牌忠诚度、社会形象知名度等。

5. 反腐败和反商业贿赂指标

反腐败和反商业贿赂指标包括发生腐败和商业贿赂风险的部门比例和总数、接受腐败和商业贿赂员工的数量比例、腐败与商业贿赂事件的处理方法和反腐败的管理机制。

6. 社会捐赠（慈善事业）指标

社会捐赠（慈善事业）指标包括社会捐赠项目和数量、社会公益事业的发起和参与情况、参与社会慈善事业的管理机制、员工参与社会慈善事业的情况、扶贫救困、支援中西部地区发展的活动。

四、企业社会责任信息披露监管体制的建立

社会责任信息披露监管体制的完善是企业社会责任实施过程中的重要环节，它确保企业社会责任发展阶段是围绕公司组织团体和服务流程来进行的，而不是仅仅停留在核心团队和工作小组。在这个过程中，制定一套社会责任信息披露管制体系将是必然的选择，可以从国家、行业、媒体、企业自律和基于自愿性的适度性监管这五个方面进行社会责任信息监管体制建设。

1. 政府监管

（1）引导作用。

政府从维护社会公共利益和保证社会顺利运行的角度出发，通过国家立法和行使公共权力的形式，建立完善规范的法律法规体系，从而为企业社会责任的实现提供程序化和制度化的保证。即政府通过制度的安排为企业履行社会责任圈定一个法律许可的框架，明确企业只能在此范围内实施社会责任，否则企业将受到政府和社会的严格管制和监督。

（2）管制作用。

政府作为企业的直接管制者，其职责在于促进企业正的外部性，减少甚至

消除负的外部性。为了达到管制的目的，政府可以组合运用经济性管制、社会性管制、反不正当竞争和垄断管制等多种管制手段对企业拒绝社会责任或者超出法律许可的社会责任行为进行管制。

（3）激励作用。

在推进企业履行社会责任发展的过程中，政府除了建立健全的法制体系约束企业行为，为企业承担社会责任提供法律依据以及运用管制手段进行管制以外，还可发挥其自身的优势，借助各种公共政策如减免税收政策、政府补贴政策、社会责任奖金、环保信贷政策等来激励企业履行社会责任。通过制定相关优惠政策，对承担社会责任的企业，给予资金的倾斜和政策的优惠。对那些合法经营、依法纳税、讲究诚信、注重环保、合理利用自然资源、爱护员工并对社会公益事业做出重大贡献的优秀企业，应加以表彰和奖励；同时，对企业履行社会责任而产生的土地开发、申请认证等费用应给予减免，在融资、税收等方面应给予优惠、补贴，以便更好地激励企业履行社会责任。

2. 行业监管

行业协会通过制订自律性社会责任行为准则和标准，指导和约束本行业的企业行为，在促进企业社会责任履行方面具有不可替代的作用，也是监督企业履行社会责任的重要社会力量。行业协会对社会责任信息的监管作用具体可以通过以下一些途径来实现。

（1）维护市场经济秩序。

行业协会可以通过制订行规行约、行为规范，进行行业内部质量评级和惩罚处置，进行行业准入认定、资质认定等，对业内企业的行为和责任进行约束和监管，从而发挥行业自律的作用。

（2）参与制订和修订本行业的质量标准。

行业协会可以通过制订本行业的产品技术标准、质量标准、服务标准等行业标准，以及组织推进行业标准的实施等，从行业的角度设置技术壁垒、绿色壁垒。通过行业协会也可保证行业性技术标准的调研、修订等工作能及时进行。

（3）推进行业内企业信用建设。

由于各行业协会主要是由本地本行业的企业组成，这些同行企业的利益相关性强，彼此甚为熟悉，通过组织自查互评，能有效地对业内企业进行信用监督。因此通过行业协会进行行业内企业的信用等级评定，是可行的和公正的。同时通过定期公布业内企业的"黑名单"和"红名单",向社会公示,还可以有效地警示消费者,达到清除业内的害群之马的目的,更好地保护消费者和正当经营企业的利益。

3. 媒体监管

在网络经济和信息技术高度发展的今天,媒体的治理作用被认为是新兴资本市场上有效替代司法不足的重要制度安排(于忠泊等,2011)。媒体具有直接、互动的特点,当它对企业的社会责任进行正面的、积极的报道时,能充分展示企业社会责任思想和行动,增加企业社会责任的亲和力和公信力,提升企业的正面形象。同时媒体速度快、传播广,企业可及时将企业社会责任信息广泛传递,针对不同的客体采取不同的媒体宣传方式,向他们提供有针对性的公关信息,强化媒体传播效果,降低负面信息量,拓展企业与公众沟通的深度和广度。在中国,大众传媒手段越来越多元化,媒介对企业行为的报道影响着企业市场形象和声誉,使消费者可通过"货币投票",对企业商品生产者和销售者具有终极影响力,并且媒体报道产生的社会关注和舆论压力影响政策制定者对企业的预期期望,产生政府介入。近年来三聚氰胺、瘦肉精、激素门等食品安全事件及煤矿生产事故发生后,媒体的率先介入和报道促使企业整改自身行为,为政府提供信息平台以出台相关政策来预防或惩罚企业行为,形成了重要的外生制度压力来源。

4. 社会责任审计

社会责任审计是以维持人类可持续发展为目标,由专门的审计机构接受政府、社团和个人的委托,采用科学、合理的方法和手段,对企业所履行的各种社会责任进行有效审计、审查和监督企业对社会责任的履行。第三方出具的审验报告仍是目前提高社会责任报告可信度的最佳选择。随着企业社会责任报告的增多,人们对报告的真实性和公允性有了更高的要求,社会责任审计也在我国开始发展开来。我国第一份企业社会责任报告鉴证出现在 2006 年,由挪威船级社(DNV)和中国企业联合会全球契约推进办公室共同为中远集团《2005 年度的社会责任报告》出具。然而绝大部分社会责任报告仍然缺乏独立第三方的鉴证,报告的真实性和公允性无法得到保证,限制了其对利益相关者和信息用户的决策有用性。

(1)制定社会责任审计准则和标准。

审计质量的提高、审计责任的界定、审计组织与用户之间的沟通以及内部管理的完善，都要有一套健全、有效、切实可行的准则作支撑。在我国开展社会责任审计时，除了必须建立健全相应的法律法规之外，还应当借鉴国外的经验和已有的环境标准，根据我国经济发展状况，制定社会责任会计准则和审计准则，以引导企业建立社会责任会计。同时应当建立一系列的社会责任标准，使社会责任审计有据可依。制定准则要明确社会责任审计的对象，确定社会责任审计的范围，规定社会责任审计的实施者与监督者，设计科学合理的社会责任审计方法，拟定社会责任审计报告的主要形式。

（2）建立联合审计机制。

社会责任审计的范围非常广泛，对社会责任审计人员素质的要求较高。社会责任审计人员不但要具有会计、审计方面的专业知识，还要具有社会学、经济学、法律、财政、环保等方面的综合知识。实施社会责任审计需建立联合审计机制，发挥专家团体作用。我国应大胆、积极地采用联合审计的模式，由国家审计机关与环保、社保、财政、税务、法律等机构抽调精干人员，组成联合审计小组，有计划地实施社会责任审计，完善社会责任审计工作。

（3）建立考核机制。

将企业履行社会责任的情况列入各级党政领导干部经济责任的审计范围，政府部门对企业履行社会责任情况设计一套考核指标，根据指标评比的结果，设立严格的奖惩制度。政府部门可根据数据指标以及文字调查审核表，对于社会责任履行佳的企业给予奖励，对于社会责任履行差的企业予以惩罚，对不履行社会责任的企业关停并转。另外，政府部门还应定期将社会责任审计结果公开，以便于企业投资者、债权人以及社会公众知悉企业社会责任的履行情况，在客观上为企业造成一种压力，使企业更注重自身的社会责任，建立健全社会责任会计及审计机制。

（4）明确社会责任审计的内容。

社会责任审计的内容可以包括反映企业对职工履行责任情况的审计、反映企业对消费者履行责任情况的审计、反映企业履行环保、生态责任情况的审计和反映企业对政府和公众履行责任情况的审计。企业对职工履行责任情况的审计主要包括工作条件与环境改善情况、劳动保护措施及投入情况、职工工资发放情况、社会统筹金缴纳情况、法定节假日执行情况、职工培训教育情况等审计。企业对消费者履行责任情况的审计反映企业对消费者履行责任情况的审计，主要包括产品质量和性能及售后服务情况、广告的真实程度、顾客的满意程度等审计。企业履行环保、生态责任情况的审计主要包括产品的绿色程度、生产过程中资源利用率、排污投入情况、环境污染治理情况等审计。企业对政府、公众履行责任情况的审计主要包括税金缴纳是否及时、足额，安置待业青年、下岗职工就业情况，财务报告真实性，对文化、体育、教育事业的捐赠及公益活动情况，为公共交通事业、市政建设等支持情况等审计。

5. 企业自律监管

作为社会责任的实施者，企业通过培育其社会责任的意识，强化自律精神和行为，塑造主动承担社会责任的理念，并且在内部建立一系列的机制来适应社会责任披露。

（1）完善董事会、监事会的监督和制衡机制。

作为代表全体股东、债权人等利益的董事会、监事会，在企业重大经营决策中要汇聚各利益群体的意愿，使之与企业的长远发展相结合，这就要求在董事会和监事会内部建立有效的制衡和激励机制，完善各董事、监事的评价机制和责任追究制度，处理好各利益相关者和执行方的关系，以确保社会责任监管的有效实施。

（2）建立和完善社会责任披露管理体系。

完善的社会责任日常管理制度体系是公司信息披露监管的关键。首先需要强化社会责任披露管理体制，建立完备的信息库以推进社会责任信息披露的综合管理与协调工作。其次是不断优化企业的信息披露体系，贯彻我国可持续发展战略，加强社会责任信息披露指标的制定与落实。

（3）建立动态持续社会责任披露机制。

媒体时代，信息是完全透明的，高质量的信息质量需要动态持续的信息系统支撑。具体来说，一方面可以将企业社会责任信息分类为会计基础型和非会计基础型两种披露方式，明确责任，分别由财务会计部门和企业文化部门负责两种信息的披露工作。另一方面可以将企业社会责任信息分为汇总信息和分部信息。目前企业社会责任报告披露的基本为汇总信息，这些信息虽然能反映集团整体履行社会责任的全貌，但往往容易疏忽和掩盖一些公众关注的细节，降低了社会责任信息决策有用性和相关性，影响了社会责任信息的质量。企业可通过编制独立的社会责任报告，系统、全面、集中地披露企业的社会责任信息，并结合企业自身和行业的特点，选择相关的验证机构。在企业内部建立相关的审验制度，对公司相关工作人员进行社会责任的技能培训，以顺利配合独立的第三方审验人员工作。

五、企业社会责任管理体系的监控措施

从发达国家实践来看，完善的企业社会责任监督体系在推动企业履行社会责任过程中一直扮演着重要角色。可以产品质量、环境保护、税收缴纳、劳动保护四个维度，探索由质量监督、环境监督、会计监督和劳动监督构成的企业社会责任监督体系。

1. 质量监督

质量监督是指企业社会责任监督主体通过规定质量管理体制、质量责任和义务、损害赔偿和法律责任等，对产品或服务的质量进行监督，以满足产品或服务的适用性、可靠性和经济性要求。《中华人民共和国产品质量法》第二章第十二条和第十三条明确规定：产品质量应当检验合格，不得以不合格产品冒充合格产品。可能危及人体健康和人身、财产安全的工业产品，必须符合保障人体健康和人身、财产安全的国家标准和行业标准；未制定国家标准和行业标准的，必须符合保障人体健康和人身、财产安全的要求。近年来不断发生的食品安全事故使加强质量监督工作迫在眉睫，我们要将产品质量监督纳入企业社会责任专门监督机构、消费者和社会公众的监督范围，一旦发现产品质量问题，对企业实行重罚，只有这样才能消除企业的侥幸心理，使企业质量观念内在化。

2. 环境监督

环境监督是指企业社会责任监督主体对企业可能引起环境污染的行为所进行的监督。改革开放 40 年以来，随着我国经济的高速增长，各种数据显示，环境污染程度也十分严重。虽然环保工作取得了积极进展，但环境形势依然严峻，不断发生的污染事件给群众生产生活带来严重的影响，环境压力持续加大。在此背景下，加强环境保护监督，推动企业履行环境保护社会责任显得尤为紧迫。首先，要以企业社会责任专门监督机构和环境受众为基本监督主体，建立联动的监督机制。其次，要认真贯彻《中华人民共和国环境影响评价法》《中华人民共和国固体废物污染环境防治法》《中华人民共和国节约能源法》（《中华人民共和国水污染防治法》以及《节能减排全民科技行动方案》。最后，进一步完善《中华人民共和国环境保护法》，要加强环境监测，强制性地要求各种污染源企业安装环境监测设备，让企业排污情况时刻处于外界监控之

下。对于那些拒绝安装环境监测设备,或者擅自关停环境监测设备的企业,环境保护主管部门要给予严厉处罚。

3. 实行会计委派制度会计监督

会计监督是指会计机构、会计人员对企业财务及经营业务活动所实施的监督。在绝大多数企业中,企业经理人员独揽大权,集人、财、物、管理于一身,股东大会、董事会履行职责不到位,企业经理人员为追求自身短期利益最大化,指使、授权会计机构、会计人员做假账,伪造会计凭证,办理违法违规会计事项。为此,防治企业偷税漏税的一个直接路径就是改变现有会计监督质量,实行会计委派制度。会计委派制度的目的是执行会计监督的会计人员与被监督企业分离,不存在人事及经济利益关系,更具有公正性。政府实行会计委派制消除了会计人员与企业管理当局在经济利益上的共同关系,再加上新的会计法确定的法律责任,长期困扰税务部门的会计信息失真的顽疾将得到有效根治,使会计监督走上一个新的台阶。

4. 劳动监督

劳动监督是指企业社会责任监督主体对企业用工行为,包括劳动合同、劳动报酬、劳动安全、劳动条件、劳动强度、劳动时间、强制劳动、歧视、雇用童工、劳动培训等进行的监督。首先,将劳动监督统一纳入企业社会责任监督范围之内,劳动行政部门可以起到规范企业履行劳动保护社会责任的作用,而企业社会责任专门监督机构则可以发挥企业履行劳动保护社会责任的监督作用。其次,充分发挥企业工会组织的作用,以工会为基本平台,实现劳动者的自我保护。新中国成立以来,我国工会始终坚持"预防为主、群防群治"方针,积极开展具有群众特色的劳动保护监督活动,为保护劳动者在劳动过程中的生命安全和身体健康做出了极大的贡献。但是,随着社会主义市场经济体制的逐步建立,企业工会劳动保护监督在国有大中型企业还是适用的,而在非公有制企业却显现不出应有的效果。为此,加强劳动监督必须充分发挥区域性或行业性工会的积极作用。工会劳动保护监督应借助区域性或行业性工会维权的优势,创新和发展社会化监督机制,实现对非公有制企业劳动保护的有效监督。

六、企业社会责任管理体系的保障

强有力的社会责任组织保障体系能保障社会责任的有效落实,保障社会责任的正规化、日常化和专门化,所产生的社会效应才能更为广泛。大型企业可建立企业社会责任管理的正式部门,负责履行企业社会责任方面的日常工作和企业社会责任中目标责任的分解和激励措施建设等,以逐步建立和完善企业社会责任指标统计和考核体系。中小型企业可建立内部监督部门,或加强工会、职代会的功能,明确企业社会责任事务的主管部门以更好地指导社会责任活动的履行。

我国企业可适当借鉴国外经验。日本企业社会责任部门的主要工作是提供支持,协助产品质量、环境管理、外部沟通等责任实践部门更好地履行企业社会责任,其高层组织是社会责任推进委员会,一般由总裁负责,成员包括各副总和业务部长。社会责任推进部则是一个日常办事机构,典型的社会责任推进部的内部组织结构是:业务规划室、环境管理室、社会贡献室、责任沟通室。社会责任推进部的正式编制从3~120人不等,平均10人,另外,还在各业务群组和辅助支持部门配备了社会责任兼任人员,一个部门设置1名社会责任推进负责人、1名社会责任推进联络人。每个月社会责任部都要召集"CSR推进担当者会议",讨论CSR如何与各业务、各部门的具体工作相结合,以及如何有效地推广企业社会责任工作等。美国一些企业通过制定企业行为宪章或道德守则将社会责任融入企业的日常管理和经营活动中。为了更好地管理社会责任问题,一些企业设置直属董事会领导下的企业道德委员会或道德责任者机构等专门机构。美国大部分公司设有专门的伦理机构和负责人来处理各种利益相关者对企业发生的不恰当经营行为提出质疑。美国企业有着比较完善的执行和控制体系,包括伦理负责人、社会责任履行计划、社会责任项目设计、社会责任决策机制、社会责任的执行和控制程序等。在英国,贸易工业部框架内设立了企业社会责任部长,推广企业社会责任实践,协调政府企业社会责任行动,形成跨部门的社会责任战略。

七、企业社会责任管理体系的推进措施

企业社会责任管理体系的建立并非一蹴而就的,需要持之以恒的实践和持续完善的系统管理工作。这个过程可通过内外措施来实现。

从内部推进措施来看,首先企业树立标杆学习企业。尽管我国企业社会责任管理的提倡并不是很长,但一些优秀企业已经率先做出了较好的工作。如从

2006年起，国家电网公司先后发布了我国企业首份社会责任报告和首个企业履行社会责任指南，并首次建立了系统的社会责任组织领导体系，将全面社会责任管理理念根植于公司各方面。企业可以将这些企业作为标杆学习对象，积极努力学习。建立科学全面的对标体系。这些优秀企业可以是国内的企业，也可以是世界范围内的优秀企业，企业从理念、实践、指标等方面进行全方位的比对，形成自身管理提升的行动计划，找准薄弱环节和差距、提升管理细节，进行针对性的管理突破，建立起符合企业自身的管理计划和长效机制。

企业社会责任管理的实践开展需要管理的规范化、信息化和法制化。如果基础管理不健全，社会责任建设便犹如空中楼阁。一些企业中广泛存在的安全意识缺乏、管理不严、滥用职权、无视消费者利益等问题都表现为对基础管理工作的不重视。只有重视企业基础管理工作并落到实处，我们才能把一些矛盾消灭在萌芽状态。奶粉事件中的导火索企业——三鹿集团在产能的急速扩张中忽视了内部管理，在奶源的收购、加工、生产及售后价值链中缺乏管理系统，治理结构不健全，弱化了企业的抗风险能力，导致企业的危机事件。

从外部推进措施来看，需要政府奖惩兼施。政府可以一方面表彰先进，另一方面督促或惩罚落后，政府可以通过召开社会责任工作会议、开展社会责任培训、征集优秀社会责任实践、组织企业开展对标等一系列有效措施，为企业的对标提供可参考性指标体系，使企业在对标工作中有一个可检验、可考评的工具，引导企业不断提升社会责任能力。

总体而言，企业社会责任管理体系的建立，并非一项临时性的工作，也无现成的理论和模式可供借鉴。各企业所处的发展阶段不同，管理基础也不同，在短时期内不可能解决管理中所有的薄弱环节。因此，企业要结合自身行业特点和发展阶段，在企业对标和管理诊断的基础上，找准本企业开展管理提升活动的着力点，通过探索实践，走出一条既符合国际规范，又符合行业实际的社会责任管理体系推进模式。

研究结论与政策建议

一、研究结论

本书在企业社会责任信息披露相关文献回顾的基础上,从制度理论视角分析了我国企业社会责任信息披露的发展历程、制度供给环境和关键制度角色,以及我国企业社会责任信息披露质量和特征,明晰了强制压力、规范压力和模仿压力对中国企业社会责任信息披露的影响机理,检验了强制压力、规范压力和模仿压力对我国企业社会责任信息披露的影响,以及现有制度供给环境下我国企业社会责任信息披露的效率质量,构建了促进企业社会责任信息披露和企业战略责任管理的有机融合的企业社会责任管理体系。全书主要有以下研究内容:

阐述企业社会责任信息披露的理论基础;界定了企业社会责任、企业社会责任信息披露质量和制度压力的概念;构建了我国企业社会责任信息披露质量的衡量标准;分析了利益相关者理论、合法理论和制度理论三大理论的核心观点、发展应用以及理论之间的渊源关系。

分析我国企业社会责任信息披露的发展历程、发展的制度背景和信息披露质量和特征表现;从经济、法律和文化制度供给方面,分析了我国企业社会责任信息披露发展的制度供给环境;明晰了影响我国企业社会责任信息披露的关键制度角色及其作用,剖析了我国企业社会责任信息披露特征表现的制度根源。

分析我国企业社会责任信息披露质量和信息披露的主体和行为特征、"同形"特征和利益导向特征。在此基础上分析了我国企业社会责任信息披露面临的强制压力、规范压力和模仿压力,以及这三种制度压力对我国企业社会责任信息披露的影响路径。分析制度压力、企业特征和社会责任信息披露之间的内在联系;验证了制度压力对我国社会责任信息披露的影响作用;分别从强制压力对企业社会责任信息披露的影响、规范压力对企业社会责任信息披露的影响和模仿压力对企业社会责任信息披露的影响三个方面,考察了制度压力对我国社会责任信息披露的作用。

分析我国企业社会责任信息披露的效率;分析我国企业社会责任信息披露实质性议题的披露质量,了解我国企业社会责任报告对实质性议题识别的应用状况;界定社会责任报告有效信息的定义,考察企业社会责任信息披露中实质性信息和形式性信息的比重分布,分析企业社会责任信息披露的有效度。

分析企业社会责任管理体系的构建框架。分析企业社会责任管理体系在国际和国内的体系建设现状,从企业社会责任管理体系建立遵循的原则、绿色管理、考核评价指标、监管体制、保障体系和推进体系方面,分析我国企业社会责任管理机制的建立机制。

通过研究,本书的结论如下:

(1) 我国企业社会责任信息披露的发展与外部制度供给环境密切相关。我国企业社会责任信息披露的发展依赖于经济、法律和文化等外部制度的供给。地区的经济发展水平、市场竞争程度和企业经济业绩,在很大程度上影响企业社会责任信息披露水平。政策法规是企业社会责任信息披露的强大推动力量。中国社会倾向遵守规则和法律,中国文化不鼓励自愿性信息披露。在我国企业社会责任信息披露的发展历程中,政府机构、行业组织、新闻媒体、非政府组织和学术机构等制度角色发挥着积极的促进作用。

(2) 我国企业社会责任信息披露水平在逐渐提升,但整体水平仍然偏低。企业社会责任报告数量的增长和披露水平提升严重不匹配;信息披露存在着明显的行业和地区差异;经济发展水平较高的地区报告水平优于经济发展水平较低的地区;上交所公司报告水平优于深交所公司;主板公司的社会责任报告的数量高于中小板和创业板公司,但报告质量差距较小;应规性公司的报告质量优于自愿性公司;在应规性发布模块中,上证金融板块公司报告水平最高,上证治理板块公司报告数量最多。此外,我国企业社会责任信息披露存在行为模仿、质量相似和设置机构相似的"同形"特征和利益导向特征。

(3) 我国企业社会责任信息披露水平受到制度压力的影响。制度压力影响我国企业社会责任信息披露水平的路径为:制度环境→制度压力→公司特征→企业执行力→企业社会责任信息披露水平。制度环境对企业产生制度压力,制度压力通过公司特征得以表达、传递或放大,产生企业执行力,影响企业社会责任信息披露质量水平。同时，企业应对压力的主观能动性大小体现在公司特征中，影响着企业面对制度压力时所能采取的社会责任策略和行为。

（4）制度压力对我国企业社会责任信息披露有显著影响。公司是否为央企公司与企业社会责任信息披露质量显著正相关，公司国有股比例与企业社会责任信息披露质量显著正相关；公司高管学历水平、高管是否有海外背景、公司是否为企业社会责任机构会员、公司社会责任奖项数量、公司是否有社会责任目标与企业社会责任信息披露质量显著正相关；企业社会责任信息披露存在模仿市场成功企业的成果模仿、模仿央企水平的特征模仿以及模仿行业平均水平的从众式模仿；市场成功企业和央企具有明显的社会责任信息披露示范效应；进一步采用CSAD法，用横截面绝对偏离度衡量企业社会责任信息披露模仿的强烈程度，发现企业社会责任信息披露模仿行为比较突出，表现为正"U"形库兹涅茨曲线关系。

（5）我国社会责任报告的披露效率整体不高。我国企业对实质性议题进行识别的总体比例较低，识别具体程度因公司不同而有较大差异，识别工作流程具有趋同性。相对于社会责任报告数量和报告篇幅的增长，报告的信息有效度没有太大的改善，不同行业不同公司的差异较大，报告具有独立第三方鉴证的比重较低。企业更重视社会责任的信息披露的数量和篇幅，侧重追求内容的多少却不是内容的质量，忽视了信息的实质性。

（6）企业社会责任管理体系的建设过程长，具有阶段性和动态性，需要合理规划，稳步实施。企业社会责任是建立在组织内部管理过程和战略设计的基础上，包括组织结构、程序、过程、监督机制和资源保障等，这个过程需要对企业资源系统进行规划和整合使用，才能为企业社会责任行为的落实和信息披露的有效沟通提供保障体系。社会责任管理体系的构建是一项需要持之以恒实践和持续完善的系统管理工程，企业社会责任对企业价值的渗透影响也需要多年方能显现，因此需要合理确定战略实施的进程安排，既要全面推进，又要稳步实施。

本书结论较好地解释了我国企业社会责任信息披露质量目前存在的数量与质量严重不配比、整体水平低以及信息参考价值低等问题，主要原因是我国上市公司的社会责任报告在很大程度上是企业应对外部制度压力的一种策略手段。在企业社会责任信息以自愿性披露为主，以及我国尚未有社会责任信息披露质量奖惩机制的情况下，对大多数企业而言，企业发布社会责任信息与否与社会责任信息披露质量两者相比,前者可能比后者更能获得实用、认同和道德等层面的合法性与其制度地位对应的制度收益,从而实现企业的经济或政治目的。

二、政策建议

纵观我国企业社会责任信息披露的发展,可以看出有一个清晰的特点,企业社会责任报告数量的增长和质量的提升严重不匹配。企业社会责任信息披露的质量一直备受责议,一些报告存在着不如实披露或选择性披露等避实就虚问题,而且披露内容不统一、披露方式良莠不齐、披露审计比例较低,报告的真实性、完整性和实用性受到质疑。本书的研究一方面说明了制度因素在我国企业社会责任信息披露发展过程中所发挥的重要作用,另一方面也说明我国企业社会责任信息披露质量的完善需要从制度层面入手。

企业社会责任及其信息披露本身是西方的"舶来品",中国的文化内敛特征其实并不激励企业会去主动积极地披露社会责任信息,政治体制和经济体制的改革又使我国企业对自身的制度地位和资源禀赋不能完全掌控。企业社会责任信息披露质量提高的关键在于能有一套支撑社会责任信息披露的外部和内部体系,外部体系包括法律法规的出台、政策导向、舆论监督和审计。内部体系包括企业社会责任战略和价值观的形成、公司架构、公司运作过程以及监控和评估等系统。因此,本书从政府宏观层面、社会中观层面和企业微观层面提出一个集政府、社会、行业、企业四位一体的完善我国企业社会责任信息披露质量的总体模式,从法律强制、社会监督、企业自律方面契合政府、社会和企业的作用,形成政府、社会、行业、企业相互促进和相互监督的社会责任信息披露约束机制和监督体系。

(一)政府宏观层面的建议

1. 健全相关法律法规

政府的强制性法律法规是企业社会责任信息披露制度框架中必要关键的影响因素。我国企业社会责任信息披露无论是在数量上的发展,还是质量上的提升,很大程度上依赖于政府的相关规定。面对企业的局部利益和社会可持续发展利益的冲突,如果没有外部法律、法规和制度的强制性要求,企业一般会选择维护其自身局部利益而不愿主动承担社会责任和进行相关披露。欧盟

2011年在《促进公司社会责任的绿皮书》指出:"公司社会责任绝不能视作关于社会权利和环境标准的监管或立法的替代,包括新的适当的立法的发展。在没有此立法的国家,应当集中于设置适当的监管或立法框架,以确定使社会负责的行为得以发展的公平的竞争环境"。因此国家和政府的干预行为十分重要,加强法律制度就显得尤为重要。法律会产生直接而明确的强制执行力。政府通过国家立法和行使公共权力的形式,建立规范的法律法规体系,可从程序化和制度化方面为社会责任信息披露质量的提升提供保障。通过制度的安排,政府提供企业披露社会责任信息的法律框架,使企业受到政府和社会的严格管制和有效监督。

2. 加强政府的奖惩措施

一些国家为了鼓励企业关注社会责任活动,在法律层面上规定了奖励性的税收减免政策,如希腊为支持文化事业的企业提供税收减免,斯洛文尼亚的法律允许企业捐出2%的税款支持NGO的发展。因此,在加大对企业应承担社会责任及其披露社会责任信息宣传的同时,政府可以利用财政、税收、金融和产业等方面的政策,有意识地引导和鼓励企业自觉承担社会责任、披露其相关信息。政府可借助减免税收政策、政府补贴政策、社会责任奖金、环保信贷政策等来激励企业履行社会责任。同时可设置社会责任奖惩机制对企业进行表彰和处罚,提高企业披露社会责任信息的积极性。政府可依托企业信用征信和评估制度及企业信用网,建立企业履行社会责任信息披露公共平台和信息定期通报制度。行业组织、社会团体、公用事业单位和金融机构等可根据实际情况,建立企业履行社会责任信息披露机制,对合法经营、依法纳税、讲究诚信、注重环保、合理利用自然资源、爱护员工并对社会公益事业做出重大贡献的企业,加以表彰和奖励,定期公布优秀企业社会责任活动和名单,同时公布侵害消费者合法权益、生态环保、员工权益等不良企业的名单,促使企业加强企业社会责任建设。

(二) 社会中观层面的建议

企业社会责任信息披露监管体制的完善是企业社会责任信息披露实施过程中的重要环节。可从行业、媒体、审计这三个方面进行社会责任监管体制建设。

1. 行业监管

行业协会是组织领域的重要结构部分。行业协会制定的制度章程、行为规则、诚信公约等构成了行业协会治理权的合法性基础，从而实现规范规则和秩序、奖惩会员的经营行为，促进行业自律。行业协会在促进企业社会责任信息披露方面具有不可替代的作用，是监督企业履行社会责任的重要社会力量。行业协会可以通过制定行规行约和行为规范进行行业内部质量评级和惩罚处置。通过行业准入认定、资质认定等对行业内企业的行为和责任进行约束和监管，发挥行业自律。行业协会还可以制定行业产品技术标准、质量标准、服务标准等行业标准，来保证行业性技术标准的调研、修订工作的及时进行。行业协会可以推进行业内企业信用建设。通过组织自查互评，能有效地对业内企业进行信用监督。通过定期公布业内企业的"黑名单"和"红名单"，可更好地保护消费者和正当经营企业的利益。

2. 媒体监管

在实践中，企业社会责任一般是作为道德是非观念存在于公众头脑中，只有那些被普遍认同的观念，才会作为商业道德或企业伦理在各种正式或非正式的场合进行传播。习俗、惯例等非正式制度以及由此逐渐演化的以标准、法律等形式的正式制度的共同约束，迫使企业在市场竞争中考虑社会公众利益，并接受社会公众和舆论的监督。媒体关注度高的公司，公众舆论压力和监督压力越高。在网络经济和信息技术高速发展的今天，媒体的治理作用是新兴资本市场上有效替代司法不足的重要制度安排。媒体具有直接、互动的特点，当它对企业的社会责任进行正面的、积极的报道时，能充分展示企业的社会责任思想和行动，增加企业社会责任的公信力，提升企业正面形象。同时媒体速度快、传播广，企业可及时将企业社会责任信息广泛传递，针对不同的客户提供有针对性的公关信息，拓展企业与公众沟通的深度和广度。另外，对企业的非道德行为，媒体的深度报道以及曝光可引发行政机构和社会公众的关注，产生强大的社会舆论压力和政府介入，提高了违规公司的行政成本，促使公司改正不良行为。

3. 审计监管

企业仅仅通过发布社会责任报告得到社会的认可是不够的。会计信息质量标准的基本尺度为可靠性和相关性，其中，可靠性的目标为确保信息能免于错误及偏差并能忠实反映现象或状况。信息可靠性的检验标准就是第三方独立审计。企业社会责任信息披露质量与审计标准有密切的相关性。权威而规范的审验标准可以提高社会责任信息的可比性和报告的可信度。法国、瑞典和丹麦等国家对企业社会责任报告鉴证均有强制性要求。目前我国的社会责任信息披露还属于自愿性披露阶段，在披露形式、内容、鉴证等存在较大的企业自由空间，尤其是经第三方独立认证机构出具的鉴证报告较少，审验比例较低，审验的连续性较差。没有经过审核的企业社会责任报告，很容易存在信息披露的印象管理行为和选择性披露行为，往往成为企业的广告宣传手段。为保证社会责任信息披露质量和报告的公信力，第三方企业社会责任审验是未来的一种必然趋势。

（三）企业微观层面的建议

1. 增强企业社会责任理念，使其成为企业发展战略之一

在经济增长、产业升级、文化融合、多元文明的背景下，企业传统的价值观和责任理念逐渐发生了深刻的变化，衡量一个企业经营活动优劣的指标，逐渐从早期单纯的经济指标发展为综合性的企业社会绩效指标。国外对卓越的企业的研究表明，先进的企业社会责任理念是引领企业成为优秀社会公民的主导条件。企业之间在履行企业社会责任及其信息披露方面的差距，很大程度上首先是理念上的认识差别。中国企业要应对全球范围内企业社会责任运动所带来的挑战，就必须在理性共识基础上认同社会责任标准的核心理念，将企业的社会责任渗透到企业的发展战略、规划方针和品牌建设中。企业社会责任理念的建立和深入很大程度上取决于企业管理层，企业管理层所持有的价值观、对企业社会责任的重视和投入是企业整体社会责任理念的基础。只有当高层管理者认为企业社会责任在商业决策中应该占据优先的地位时，这种判断标准才能被企业贯彻执行，企业在推进社会责任行为方面才能有实质性进展。企业社会责任信息披露只有建立在企业的社会责任理念基础上，报告质量才可能取得持续性的进步。

2. 建立社会责任信息持续披露机制

据《中国企业社会责任报告白皮书》2011~2014年连续4年的跟踪报告，我国企业社会责任报告数量持续增长，由2010年的688份增长到2014年的1526份，其中发布社会责任报告六次及以上的达到425家。然而也存在一些企业发布社会责任报告时有时无甚至无故终止发布报告的情况，这反映出一些企业对社会责任信息披露的投机性动机。这种动机下企业发布的社会责任报告质量基本上是得不到保证的。企业社会责任信息披露质量的提高，需要建立在长期性和动态性的持续披露机制基础上。通过定期发布企业社会责任报告，企业可以把社会责任内部学习培训、外部对话，包括议题讨论和企业社会责任的规划、优化方案，贯穿在企业社会责任报告的编制和发布过程之中，把企业社会责任报告机制建设为学习机制、对话机制和改进机制。一方面，企业可以从企业社会责任理念、实践、指标等方面，学习标杆企业；另一方面，企业也可以从自身的披露过程中找出过去的披露薄弱环节和差距，进行针对性的披露水平突破。企业社会责任信息长期持续披露机制的建立，是支持和保障并优化社会责任及其信息披露运行的关键因素。缺乏有效的社会责任持续披露机制的支持，社会责任信息披露将会失去持续性披露的基础。企业应该系统规划和整合使用资源，在组织结构设置、管理过程和战略设计上，为企业信息披露的有效沟通提供支持和保障。

3. 加强企业社会责任管理体系的建设

西方发达国家的企业社会责任报告，是建立在企业社会责任战略的制定、社会责任管理的实施、社会责任绩效的评估、社会责任数据的收集等基础上的信息披露，是客观呈现企业社会责任管理绩效的载体，也是社会责任管理的重要环节和终端环节。而我国大部分社会责任报告带有"应规"发布成分，企业社会责任报告发布与否与社会责任信息披露的质量相比，企业更加关注前者所带来的社会与政治意义。"先报告后管理"是我国企业社会责任履行的真实写照。企业社会责任信息披露的实质性内容并未在大多数企业中落实。企业社会责任报告是兼具管理内涵和利益相关方沟通功能的非财务绩效报告，通过企业社会责任报告，信息用户可以了解到企业社会责任的管理水平、可持续发展能力和责任风险。缺乏实质性社会责任管理机制支撑的社会责任报告，必将是流于形式的无法得到利益相关者认可的无用报告。只有把企业社会责任标准和管理规范融入企业战略管理和日常管理体系中，企业社会责任报告才能和企业战略责任管理有机融合，获得发展和进步。

三、创新与局限

（一）研究创新

本书的创新点如下：

以往的研究多局限于利益相关者理论和合法性理论。本研究有别于以往研究视角,基于制度理论视角,考察制度压力对企业社会责任信息披露的影响,分析我国企业社会责任信息披露呈现出的若干特征,揭示了制度因素与企业社会责任信息披露的互动机制,尤其是制度压力和社会责任信息披露质量之间的关系。本书从效率的新视角批判性地审视当前我国企业社会责任信息披露存在的质量问题,本书以企业社会责任报告中有效社会责任信息的比重来衡量社会责任信息披露效率,探讨了制度因素影响下我国企业社会责任信息披露的效率问题,呼吁当前企业应该更加注重提示社会责任信息披露效率,而不是报告的发布或报告数量的增长。本书通过揭示制度因素、企业社会责任信息披露特征和社会责任信息披露效率的内在机理关系,明晰了我国企业社会责任信息披露的发展质量的本质根源,其研究视角和研究结论丰富了企业社会责任信息披露研究文献。

(二) 研究局限

限于研究水平和能力,本书还存在着以下局限:

(1) 本书主要探讨外部制度因素对企业社会责任信息披露质量的影响机制,企业面临制度压力可能具有的主观能动性在书中虽有涉及,但并没有进行深入分析。在未来研究方向上,可以建立制度压力、企业战略反应和企业社会责任信息披露质量的三者研究的联立方程,以使研究更加深入和全面。

(2) 本书实证研究为跨年数据检验,时间跨越大,样本量较大,限于时间和精力有限,本书仅以信息披露质量来度量上市公司社会责任信息披露水平,企业披露与否以及披露数量是否受到制度因素的影响在书中并未提及。未来研究可以考虑将企业是否披露社会责任信息、企业社会责任信息披露数量和披露质量同时纳入一个综合的结构方程中,从而使研究更加严密,研究结论更加令人信服。

(3) 本书的一些数据和分析,可能还存在着主观性选择误差。在数据搜集过程中,限于资料量较大,可能会存在着数据的遗漏。另外,虽然尽量采取了降低主观性的措施,如对数据第一次搜集后再进行第二次确认搜集等,但一些主观性因素仍然存在,这可能会影响结论的准确性。

附 录

附录 A 本书样本企业社会责任报告中披露的社会责任奖项（共72项）

奖项名称	颁发单位
年度最佳社会责任实践案例奖	中国银行业协会
社会责任目标管理年度最佳企业	首届"中国责任地产 TOP100"发布会
中国房地产企业社会责任年度领袖	首届"中国责任地产 TOP100"发布会
广东省房地产企业社会责任示范企业	广东省房协企业社会责任指导委员会
金蜜蜂优秀企业社会责任报告——专项奖·环境	《WTO 经济导刊》
深报指数最具社会责任感上市公司	深圳证券信息有限公司、深圳报业集团
中国企业社会责任榜优秀实践奖	第一财经报业
中国最具社会责任房地产企业 G20	《经济观察》
《中外企业履行国际社会责任优秀案例集》	中国扶贫基金会
"中国资本市场社会责任信息披露"十强	全球报告倡议组织和证券时报社联合举办
年度中国企业大学社会责任贡献奖	第三届中国企业大学发展论坛暨 2013 中国最佳企业大学排行榜颁奖盛典
金蜜蜂 2013 优秀企业社会责任报告"专项奖·供应商"	《WTO 经济导刊》
金治理·社会责任优秀董秘	《上海证券》
绿色创建社会责任特别贡献奖	深圳市绿色产业促进协会、深圳大学生态环境研究所联合颁发
年度最具社会责任雇主	智联招聘

续表

奖项名称	颁发单位
潍坊市履行社会责任十佳企业	潍坊市委宣传部、市委组织部等
履行社会责任贡献突出奖	中国外商投资企业协会
最佳社会责任奖	证券之星
南方金融"金榕奖"金融企业社会责任奖	《南方日报》
影响中国年度最具社会责任企业	中国广告协会、中国人民大学新闻学院、中国传媒大学广告学院
最佳社会责任奖	金融界
最具社会责任感企业	海南省国资委、海南省商务厅、海南省工商局、海南省质监局、海南省总工会、海南省企业社会责任研究会
人民社会责任企业奖	人民网
最具社会责任感企业家	海南省国资委、海南省商务厅、海南省工商局、海南省质监局、海南省总工会、海南省企业社会责任研究会
年度最具社会责任感企业	中国总会计师协会
中国食品安全最具社会责任感企业	中国食品安全年会组委会
中国企业社会责任榜杰出人物	中国企业社会责任峰会
中国酒业"仪狄奖"社会责任奖	中国酿酒工业协会
财富(中文版)企业社会责任排行榜25强	《财富》(中文)杂志
中国企业社会责任杰出企业	新华网
中国社会责任典范企业	新华网、中国社科院企业社会责任研究中心
最具潜力社会责任报告奖	A股上市公司社会责任报告高峰论坛
最具社会责任上市企业十强	中国上市公司协会指导、南方都市报社主办
中国塑管行业最具社会责任感企业	中国采购与招标网、中国名企排行网
山东省履行社会责任示范企业	山东省企业联合会、山东省企业家协会、山东省工业经济联合会、山东省质量管理协会
山东省积极履行社会责任企业经营者	山东省企业联合会、山东省企业家协会、山东省工业经济联合会、山东省质量管理协会
最具社会责任上市公司	新浪财经
中国上市公司最佳社会责任董事会十强	《理财周报》
全球契约中国企业社会责任典范报告—优秀创新奖	联合国全球契约·中国企业社会责任典范报告颁奖典礼

续表

奖项名称	颁发单位
年度最佳社会责任报告奖	中国银行业协会
年度银行业社会责任奖	东方财富网
中国年度最佳雇主（2011）年度最具社会责任雇主	北京大学企业社会责任与雇主品牌传播研究中心
最佳社会责任实践案例奖	中国银行业协会
金蜜蜂企业社会责任中国榜—金蜜蜂企业	《WTO 经济导刊》
金蜜蜂优秀企业社会责任报告·客户专项奖	《WTO 经济导刊》
最佳社会责任特殊网点贡献奖	中国银行业协会
中国企业社会责任报告综合得分前 100 名	中国社科院企业社会责任研究中心
中国国有上市企业社会责任贡献奖	《南方周末》
中国企业社会责任百强榜	《财富》
最佳社会责任奖	《首席财务官》
最具社会责任金融机构	中国银行业协会
最佳社会责任奖	天涯社区
企业社会责任创新奖	《21 世纪经济报道》
最具社会责任银行	《华夏时报》
最具社会责任董事长	第六届中国上市公司董事会金圆桌奖
最佳社会责任奖	中国 CFO 最信赖的银行评选
中国企业社会责任杰出企业家	中国企业社会责任峰会暨《中国企业社会责任报告白皮书 2012》发布会
中国银行业社会责任发展指数第一名	《企业社会责任蓝皮书 2012》
大国远见之社会责任奖	中国网
中国企业社会责任优秀企业	中国商务集团
最具社会责任感上市公司	大公报
中国医药企业社会责任优秀奖	中国医药企业管理协会和人民网
中国成长型医药企业十大最具社会责任企业	中国成长型医药企业发展论坛暨药物发展研讨会
中国社会责任优秀企业	中国企业社会责任年会
首届中国汽车年度盛典年度社会责任企业	中国国际贸易促进委员会汽车行业分会
中国企业社会责任榜"年度杰出企业奖"	第一财经
中国汽车企业社会责任—最佳教育公益实践奖	中国扶贫基金会与《汽车商业评论》
年度企业社会责任品牌	中国品牌年会

续表

奖项名称	颁发单位
国有上市企业社会责任榜年度最佳企业奖	中国企业社会责任年会
医药生物制品业最佳企业社会责任报告	第四届A股上市公司社会责任报告高峰论坛暨上市公司社会责任报告评级授牌
"中国企业社会责任优秀实践"奖	《中国经营报》与上海交通大学安泰管理学院
可持续发展与社会责任报告类别评判嘉许奖	香港会计师工会
金蜜蜂企业社会责任中国榜成长型企业奖	《WTO经济导刊》

附录 B 本书样本企业社会责任报告里的企业社会责任目标陈述范式

样本1：《平安银行股份有限公司2012年度企业社会责任报告》
2013年的计划和目标

持续开展运营节能减排：

2013年，我们将持续落实中国平安"低碳100"行动，通过一系列技术手段和管理流程，在公司运营的各个环节，持续进行节能减排和绿色运营管理。

着力推进绿色信贷工作：

我们将结合信贷管理系统改造，对于全行授信客户逐步添加环境分类标志和绿色信贷标识，以便于进一步加强对授信客户的环境和社会风险控制，支持绿色信贷业务发展。

探索创立品牌化的社区公益项目：

我们将根据新银行品牌定位，结合社会需求及银行业务能力，探索创立品牌化的社区公益项目，在分行所在地开展统一的、品牌化的公益活动，持续提升公益活动的员工参与度以及银行品牌的影响力。

样本2：《深圳市振业（集团）股份有限公司2010年度社会责任报告》
社会责任目标体系

将"为股东创造价值、与员工共同成长、与合作伙伴共赢、为客户建造品质空间、推动住宅产品节能环保、积极参与社会公益事业"六大责任理念作为公司的社会责任目标。

2011年履行社会责任规划

随着公司社会责任体系的完善和社会责任投入的加大,公司在履行社会责任方面取得了较好的成绩。但我们深知,履行社会责任的道路永无止境,我们将继续秉承"创造价值、利益社会"的企业理念,诚信守法、稳健经营、热心公益、扶贫济困,真诚地履行社会责任,与利益相关者一道分享成功。2011年公司履行社会责任规划如下:体系建设方面,包括加强履行社会责任公司内部宣传和完善利益相关方沟通、交流机制建设。经济责任方面包括加强市场研究,合理把握开发和销售节奏;深入推进住宅产品标准化,提升产品品质;严格控制项目建筑成本,确保项目预期收益。社会责任方面,包括员工关系:完善人力资源管理体系,创造和谐劳动关系;员工关系:完善人力资源管理体系,创造和谐劳动关系;社区关系:开展有影响、有实效的社区活动和公益活动,积极参与迎大运、创"全国文明城市标兵"活动;客户关系:完善客户满意度调查机制、客户信息反馈、投诉机制建设。环境责任方面,包括提升节能、节地、节水、节材、环保材料在公司住宅产品中的应用,确保在建项目节能率超过50%(国家标准);全员参与,大力推动节能减排工作。

样本3:《中集集团2011年度社会责任报告》
2012年主要社会责任举措、计划

1. 全面梳理、完善社会责任指标体系,进一步健全社会责任监控与报告机制;

2. 进一步改善投资项目管理,加强对于环境污染、源消耗用工风险等制约企业长远发展的社会责任内容评估和分析;

3. 加速内部落后产能的升级换代,同时进一步推进太仓中集冷箱等新型工厂建设,积极通过新型工业化解决制约产发展的环境、资源等瓶颈问题;

4. 巩固内控成果,进一步完善集团、各产业及成员企业内控体系,进一步推进集团内部的制度化建设,强化集团、各产业及成员企业的风险防范能力;

5. 秉持"以人为本"的理念,完善员工福利体系,加强员工职业健康与安全管理,深入推进安全精益工程,尤其大力加强工程项目的安全管理;

6. 通过产品创新与服务延伸，提升各产业及成员及成员企业的价值创造能力，为客户创造更大价值，也为股东提供好的回报；

7. 提高对客户及消费者的关切，完善各层级投诉处理机制，提高对客户满意度。

样本4：《潍柴动力股份有限公司2011年度社会责任报告》
2012年展望

2011年，尽管公司在环境保护、公益事业、员工保护、股东权益保护等诸多承担社会责任的方面做了一些工作，取得了一定成绩，但社会责任履行状况与《深圳证券交易所上市公司社会责任指引》的相关规定仍存在一定的差距。公司作为行业的排头兵，需要进一步提高标准，严格要求，持续完善企业社会责任监督管理体系，时刻将履行企业社会责任作为公司追求的重要效益指标；继续严格遵守社会公德、商业道德，接受社会公众的监督，在追求经济效益、保护股东权利的同时，力求更加积极地保护债权人和员工的合法权益，诚信对待供应商、客户，积极保护环境，热心参与社会公益事业，促进公司与全社会的和谐发展。

展望2012年，公司站在新的起点上，将持续深入贯彻社会责任，以"产品年"为契机，将进一步加大新产品研发投入，做好产品深度开发，不断优化产品性能，为客户提供"最优质、最清洁、最省钱"的先进绿色动力；将继续严控产品质量，保障服务渠道畅通，延伸售后服务网络，加快后市场建设，实现上下游的链合共赢；将大力推广应用新技术、新工艺、新装备，降低生产能耗，实现更高水平的节能减排工程；将不断强化安全环保意识，提高安全装备水平，完善责任考核制度，全力保障安全生产；将时刻注重股东的资本增值和公司的市值提升，依靠公司前瞻性的战略能力和对市场行业的精准把握，争取更加优异的业绩，并认真履行企业公民的社会责任，回馈社会，回报股东，继续赢得市场的肯定和客户的信赖，促进公司与社会的协调、和谐发展。

参考文献

一、中文文献

[1] 安玉琢:《企业社会责任信息披露的模仿行为研究》,《财会通讯》,2018年第4期。

[2] 蔡宁、沈奇泰松、潘松挺:《外部压力对企业社会绩效影响的机理与实证研究:新制度主义的视角》,《经济社会体制比较》,2009年第4期。

[3] 蔡刚、干胜道:《公司社会责任信息披露主体特征研究——以四川省上市公司为例》,《科学·经济·社会》,2010年第2期。

[4] 崔清泉、丁日佳、陈娇:《我国企业社会责任信息披露程度研究——基于A股上市公司的经验数据》,《资源开发与市场》,2013年第11期。

[5] 崔秀梅、刘静:《市场化进程、最终控制人性质与企业社会责任——来自中国沪市上市公司的经验证据》,《软科学》,2009年第1期。

[6] 陈金圣、龚怡祖:《制度性同形:大学行政化的新制度主义解读》,《大学教育科学》,2011年第3期。

[7] 陈晓红、张泽京、曾江洪:《中国中小上市公司高管素质与公司成长性的实证研究》,《管理现代化》,2006年第3期。

[8] 陈炜华:《引进海外人才与智力取得辉煌成就——引进海外人才与智力25年综述》,《国际人才交流》,2008年第6期。

[9] 陈杨、许晓明、谭凌波:《组织制度理论中的"合法性"研究述评》,《华东经济管理》,2010年第10期。

[10] 陈氚:《制度概念的歧义与后果》,《湖南师范大学社会科学学报》,2013年第2期。

[11] 陈煦江:《企业社会责任战略选择效应——基于血铅电池事件研究》,《中国人口·资源与环境》,2014年第2期。

[12] 程红丹、郑永松：《非营利组织推动企业履行社会责任的作用机制研究》，《改革与战略》，2011年第9期。

[13] 丁美芹：《我国上市公司社会责任信息披露的动因及对策》，《铜陵学院学报》，2012年第3期。

[14] 杜剑：《基于ISO26000的企业社会责任信息披露影响分析》，《财会通讯》，2011年第11期。

[15] 费显政：《新制度学派组织与环境关系观述评》，《外国经济与管理》，2006年第8期。

[16] 冯臻：《从众还是合规：制度压力下的企业社会责任抉择》，《财经科学》，2014年第4期。

[17] 冯照桢、宋林：《异质机构、企业性质与企业社会责任信息披露》，《山西财经大学学报》，2013年第12期。

[18] 高波、洪涛：《中国住宅市场"羊群行为"研究——基于1999~2005年动态面板模型的实证分析》，《管理世界》，2008年第2期。

[19] 郝云宏、唐茂林、王淑贤：《企业社会责任的制度理论及行为逻辑：合法性视角》，《商业经济与管理》，2012年第7期。

[20] 何贤圣、肖士盛、朱红军：《所有权性质、治理环境与企业社会责任信息披露的经济后果：基于分析师盈利预测的研究视角》，《中国会计与财务研究》，2013年第2期。

[21] 胡立新、陈兰：《企业社会责任信息披露与公司特征关系研究——基于北京上市公司的分析》，《会计之友》，2010年第1期。

[22] 胡静丽：《山东上市公司社会责任信息披露影响因素的实证分析》，《现代商业》，2015年第14期。

[23] 胡建军、董大勇、金炜东：《企业社会责任信息披露与股票价格关系研究——沪市民营企业的经验证据》，《商业经济与管理》，2013年第4期。

[24] 姜付秀、伊志宏、苏飞、黄磊：《管理者背景特征与企业过度投资行为》，《管理世界》，2009年第1期。

[25] 姜雨峰、田虹：《外部压力能促进企业履行环境责任吗？——基于中国转型经济背景的实证研究》，《上海财经大学学报》，2014年第6期。

[26] 江炎骏、徐勇、刘得格、周美华：《企业社会责任信息披露的市场反应——基于我国上市公司发布社会责任报告的事件研究》，《经济与管理研

究》，2011年第8期。

［27］吉利、冯利花、王环环：《组织印象管理对CSR报告质量特征的影响》，《会计之友》，2010年第20期。

［28］靳秉强、胡月敏：《中小企业履行社会责任中的问题与对策》，《合作经济与科技》，2011年第3期。

［29］金大军、袁建军：《政府与企业的交换模式及其演变规律——观察腐败深层机制的微观视角》，《中国社会科学》，2011年第1期。

［30］康芒斯，于树生译：《制度经济学》，商务印书馆，2006年。

［31］蓝海林：《中国企业战略行为的解释：一个整合情景——企业特征的概念框架》，《管理学报》，2014年第5期。

［32］李彬、谷慧敏、高伟：《制度压力如何影响企业社会责任：基于旅游企业的实证研究》，《南开管理评论》，2011年第6期。

［33］李建标、赵爱莉、王静：《基于潜在竞争者的公司信息披露策略研究——实验室试验的检验》，《南开管理评论》，2015年第1期。

［34］李敬强、刘凤军：《企业慈善捐赠对市场影响的实证研究——以"5·12"地震慈善捐赠为例》，《中国软科学》，2010年第6期。

［35］李勤：《上市公司社会责任信息披露研究——基于广东省上市公司2009～2011年社会责任报告的分析》，《财会通讯》，2013年第12期。

［36］李维安、鹏程、徐业坤：《慈善捐赠、政治关联与债务融资——民营企业与政府的资源交换行为》，《南开管理评论》，2015年第1期。

［37］李维安、邱艾超、古志辉：《双重公司治理环境、政治联系偏好与公司业绩——基于中国民营上市公司治理转型的研究》，《中国工业经济》，2010年第6期。

［38］李维安、唐跃军：《上市公司利益相关者治理评价及实证研究》，《证券市场导报》，2005年。

［39］黎文婧：《所有权类型、政治寻租与公司社会责任报告：一个分析性框架》，《会计研究》，2012年第1期。

［40］李诗田：《基于合法性和代理冲突的社会责任信息披露动因研究》，经济科学出版社2010年版。

［41］李姝、赵颖、童婧：《社会责任报告降低了企业权益资本成本吗？——来自中国资本市场的经验证据》，《会计研究》，2013年第9期。

[42] 李新娥、彭华岗：《企业社会责任信息披露与企业声誉关系的实证研究》，《经济体制改革》，2010年第3期。

[43] 李怡娜、叶飞：《外部制度压力、绿色环保创新实践与企业绩效关系研究——基于新制度主义理论和生态现代化理论视角》，《科学学研究》，2011年第12期。

[44] 李正、向锐：《中国企业社会责任信息披露的内容界定、计量方法和质量研究》，《会计研究》，2007年第7期。

[45] 梁飞媛：《自愿性披露的"羊群行为"：基于资本性支出预告的实证研究》，《财会通讯》，2010年第1期。

[46] 林钟高、吴利娟：《公司治理与会计信息质量的相关性研究》，《会计研究》，2004年第8期。

[47] 刘洪深、汪涛、周玲、苏晨汀：《制度压力、合理性营销战略与国际化企业绩效——东道国受众多元性和企业外部依赖性的调节作用》，《南开管理评论》，2013年第5期。

[48] 刘林、赵芸：《制度化的定义和判断标准》，《中国管理信息化》，2013年第8期。

[49] 刘小霞、江炎骏：《产品市场竞争、高管激励与企业社会责任水平——基于企业捐赠视角》，《财会月刊》，2011年第8期。

[50] 卢代富：《企业社会责任的经济学和法学分析》，法律出版社2004年版。

[51] 卢现祥：《西方新制度经济学》，中国发展出版社2007年版。

[52] 卢现祥、许晶：《企业所有制结构与区域工业污染——基于我国2003~2009年的省级面板数据研究》，《中南财经政法大学学报》，2012年第1期。

[53] 卢正文、刘春林：《产品市场竞争影响企业慈善捐赠的实证研究》，《管理学报》，2011年第7期。

[54] 买生、汪克夷、匡还波：《一体化企业社会责任管理体系框架研究》，《科研管理》，2012年第7期。

[55] 潘临：《企业社会责任信息披露影响因素的实证研究——基于沪深300股的经验证据》，《会计师》，2015年第4期。

[56] 彭华岗：《中国企业社会责任信息披露理论与实证研究》，《吉林大

学》，2009年。

［57］钱红光、邓杰：《关于社会责任会计信息披露的调查分析》，《审计月刊》，2010年第9期。

［58］青木昌彦：《比较制度分析》，《经济社会体制比较》，1997年。

［59］沈红波、谢越、陈峥嵘：《企业的环境保护、社会责任及其市场效应——基于紫金矿业环境污染事件的案例研究》，《中国工业经济》，2012年第1期。

［60］沈洪涛：《公司社会责任和环境会计的目标与理论基础——国外研究综述》，《会计研究》，2010年第3期。

［61］沈洪涛、苏亮德：《企业信息披露中的模仿行为研究——基于制度理论的分析》，《南开管理评论》，2012年第3期。

［62］沈洪涛、金婷婷：《我国上市公司社会责任信息披露的质量分析》，《审计与经济研究》，2006年第6期。

［63］沈洪涛、王立彦、万拓：《社会责任报告及鉴证能否传递有效信号》，《审计研究》，2011年第4期。

［64］沈洪涛：《公司特征与公司社会责任信息披露——来自我国上市公司的经验证据》，《会计研究》，2007年第3期。

［65］沈洪涛、杨熠、吴奕彬：《合规性、公司治理与社会责任信息披露》，《中国会计评论》，2011年第3期。

［66］沈奇泰松、葛笑春、宋程：《合法性视角下制度压力对CSR影响机制研究》，《科研管理》，2014年第1期。

［67］沈戈、徐光华、王正艳：《"言行一致"的企业社会责任信息披露——大数据环境下的演化框架》，《会计研究》，2014年第9期。

［68］沈薇：《企业社会责任信息披露的模仿行为研究》，浙江财经大学，2015年。

［69］盛洪：《新制度经济学在我国的应用》，《天津社会科学》，1993年第2期。

［70］舒岳：《公司治理、财务状况与社会责任报告质量——来自我国A股上市公司的经验证据》，《中国注册会计师》，2013年第2期。

［71］孙清亮、张天楠：《企业社会责任与企业绩效相关性实证研究——基于社会责任信息披露视角的再探讨》，《会计之友》，2010年第30期。

[72] 孙烨、孙立阳、廉洁：《企业所有权性质与规模对环境信息披露的影响分析——来自上市公司的经验证据》，《社会科学战线》，2009年第2期。

[73] 孙德升：《高管团队与企业社会责任：高阶理论的视角》，《科学学与科学技术管理》，2009年第4期。

[74] 宋林、王建玲、姚树洁：《上市公司年报中社会责任信息披露的影响因素——基于合法性视角的研究》，《经济管理》，2012年第2期。

[75] 宋铁波、张雅、吴小节、曾萍：《组织同形的研究述评与展望》，《华东经济管理》，2012年第5期。

[76] 唐洋、阳秋林、李雨薇：《关于我国企业社会责任信息披露的探析》，《财务与会计》，2013年第6期。

[77] 陶文杰、金占明：《企业社会责任信息披露、媒体关注度与企业财务绩效关系研究》，《管理学报》，2012年第8期。

[78] 王建玲、宋林、王博：《汶川地震后上市公司捐赠公告的市场反应》，《预测》，2011年第1期。

[79] 万里霜：《基于利益相关者理论的社会责任信息披露研究》，《生产力研究》，2008年第23期。

[80] 王疆：《组织间模仿、环境不确定性与区位选择：以中国企业对美国直接投资为例》，《管理学报》，2014年第12期。

[81] 万寿义、刘正阳：《交叉上市公司社会责任缺陷披露的市场反应——基于紫金矿业突发渗漏环保事故的案例研究》，《中国人口·资源与环境》，2012年第1期。

[82] 王文杰：《对A股市场和中小板市场"羊群效应"的实证检验》，《生产力研究》，2011年第3期。

[83] 王跃堂、王亮亮、彭洋：《产权性质、债务税盾与资本结构》，《经济研究》，2010年第9期。

[84] 王海妹、吕晓静、林晚发：《外资参股和高管公司、机构持股对企业社会责任的影响——基于中国A股上市公司的实证研究》，2014年第8期。

[85] 魏江、勾丽：《集群企业的模仿特征及模仿方式探析》，《科学学与科学技术管理》，2008年第2期。

[86] 魏立群、王智慧：《我国上市公司高管特征与企业绩效的实证研究》，《南开管理评论》，2002年第4期。

[87] 毋蒙：《我国上市公司企业社会责任信息披露及其影响因素研究》，《南京财经大学》，2010年。

[88] 温素彬、薛恒新：《基于科学发展观的企业三重绩效评价模型》，《会计研究》，2005年第4期。

[89] 韦伯：《经济与社会》，商务印书馆1997年版。

[90] 肖斌、张衍：《利益相关者理论的贡献与不足》，《当代经济研究》，2011年第4期。

[91] 肖华、李建发、张国清：《制度压力、组织应对策略与环境信息披露》，《厦门大学学报》，2013年第3期。

[92] 肖红军、张俊生、曾亚敏：《企业高管的政府背景与企业社会责任事件的溢出效应——基于"环保风暴"下金沙江水电项目紧急叫停案的研究》，《经济管理》，2010年第9期。

[93] 肖作平、廖理：《大股东，债权人保护和公司债务期限结构选择——来自中国上市公司的经验证据》，《管理世界》，2007年第10期。

[94] 谢建、邵芬芬、孙素侠：《我国上市公司社会责任信息披露质量与对策研究》，《中国注册会计师》，2012年第9期。

[95] 许家林：《企业社会责任观念·标准·报告》，《财政监督》，2008年第3期。

[96] 徐经长、王胜海：《核心高管特征与公司成长性关系研究——基于中国沪深两市上市公司数据的经验研究》，《经济理论与经济管理》，2010年第6期。

[97] 徐二明、奚艳燕：《国内企业社会责任研究的质量与发展趋势》，《管理学家（学术版）》，2011年第1期。

[98] 徐珊、黄健柏：《社会责任信息披露的市场有效性——基于发布社会责任报告的事件分析》，《财经论丛》，2014年第5期。

[99] 杨汉明、吴丹红：《企业社会责任信息披露的制度动因及路径选择——基于"制度同形"的分析框架》，《中南财经政法大学学报》，2015年第1期。

[100] 杨汉明、吴丹红、李翔：《企业社会责任信息披露"羊群效应"特征分析》，《财务与会计》，2012年第8期。

[101] 杨静：《公司社会责任信息披露影响因素研究——基于沪深两市

2010 年企业社会责任报告》,《财会通讯》,2013 年第 1 期。

[102] 杨巧蓉:《非政府组织在和谐社会建设中的作用探析——基于对山东省非政府组织（2008～2012）的考察》,《山东科技大学学报：社会科学版》,2013 年第 5 期。

[103] 杨涛:《企业环境信息披露的"羊群效应"特征分析》,《商业会计》,2013 年第 5 期。

[104] 姚海琳、王昶、周登:《政府控制和市场化进程对企业社会责任的影响——来自中国沪市上市公司的经验证据》,《现代财经》,2012 年第 8 期。

[105] 尹开国、刘小芹、李晖明:《企业社会责任信息披露质量评价观及质量标准构建》,《会计之友》,2013 年第 18 期。

[106] 尹开国、汪莹莹、刘小芹:《产权性质、管理层持股与社会责任信息披露——来自中国上市公司的经验数据》,《财务与会计》,2014 年第 9 期。

[107] 殷红:《媒体监督与企业社会责任信息披露——基于食品行业的经验证据》,《财会通讯》,2015 年第 14 期。

[108] 于光远:《责任学的若干基本概念》,《青海社会科学》,1990 年第 4 期。

[109] 于晓谦、程浩:《公司治理对公司社会责任信息披露的影响——基于中国石化塑胶行业的实证研究》,《会计之友》,2010 年第 4 期。

[110] 虞维华:《非政府组织与政府的关系——资源相互依赖理论的视角》,《公共管理学报》,2005 年第 2 期。

[111] 臧伟:《高管团队特征与企业社会责任的关系研究》,《中国科学技术大学》,2010 年,硕士论文。

[112] 赵英会:《企业社会责任信息决策价值缺失的原因及对策》,《财会通讯》,2010 年第 5 期。

[113] 曾丽丽、苏培霞:《企业社会责任实施途径的中国化——主导力量：政府与非政府组织》,《经营管理者》,2010 年第 16 期。

[114] 周雪光:《组织社会学十讲》,社会科学文献出版社 2003 年版。

[115] 周中胜、何德旭、李正:《制度环境与企业社会责任履行：来自中国上市公司的经验证据》,《科技与社会》,2012 年第 10 期。

[116] 张巧良、宋文博、谭婧:《碳排放量、碳信息披露质量与企业价值》,《南京审计学院学报》,2013 年第 2 期。

[117] 张胜、张雯、于富生：《企业产权、社会责任信息披露与市场反应——来自我国上市公司的经验证据》，《经济管理》，2012年第11期。

[118] 张宇燕：《经济发展与制度选择：对制度的经济分析》，中国人民大学出版社1992年版。

[119] 张正勇、吉利、毛洪涛：《上市公司社会责任报告自愿披露的动机——以所有权性质为背景的经验分析》，《证券市场导报》，2014年第7期。

[120] 中国环境保护部：《企业环境报告书编制导则》，2011年。

[121] 支晓强、孙健、王永妍、王柏平：《高管权力、行业竞争对股权激励方案模仿行为的影响》，《中国软科学》，2014年第4期。

[122] 钟宏武、张唐槟：《中央企业社会责任工作质量与问题研究》，《企业文明》，2010年第4期。

[123] 朱晋伟、李冰欣：《食品企业社会责任信息披露影响因素研究》，《经济与管理研究》，2012年第5期。

[124] 朱松：《企业社会责任、市场评价与盈余信息含量》，《会计研究》，2011年第11期。

[125] 左乃键：《上市公司发布社会责任报告影响因素分析——基于公司治理理论视觉》，《现代经济信息》，2012年第1期。

[126] 周冬华、周红：《上市公司信息披露质量度量研究述评》，《中国注册会计师》，2009年第10期。

二、英文文献

[1] Aerts, W. and Cormier, D. Media Legitimacy and Corporate Environmental Communication. *Accounting, Organization and Society*, 2009.

[2] Amran, A. and Haniffa, R. Evidence in Development of Sustainability Reporting: A Case of A Developing Country. *Business Strategy and the Environment*, 2011.

[3] Amran, A. and Haniffa R. Evidence in Development of Sustainability Reporting: A case of a Developing Country. *Business Strategy and the Environment*, 2011.

[4] Alberta, D. G, Leonard, K. Are Red of Blue Companies More Likely to Go Green? Politics and Corporate Social Responsibility, *Journal of Financial Eco-*

nomics, 2014.

[5] Bebbington, J., Higgins, C., Frame, B. Initiating Sustainable Development Reporting: Evidence from New Zealand. *Accounting, Auditing and Accountability*, 2009.

[6] Bebbington, J., Larrinaga, C., Moneva, J. M. Corporate Social Reporting and Reputation Risk Management. *Accounting, Auditing & Accountability Journal*, 2008.

[7] Bebbington, J. Gray, R. H., Thompson, I., Walterws, D. Accountants' Attitudes and Environmentally – Sensitive Accounting. *Accounting and Business Research*, 1994.

[8] Belal, A. R. Corporate Social Reporting (CSR) in Emerging Economies: A Review and Future Direction. *1st South American Congress on Social and Environmental Accounting Research – CSEAR*, Universidade Federal do Rio de Janeiro, 2009.

[9] Brammer, S. and Millington, A. Doe It Pay to Be Different? An Analysis of the Relationship between Corporate Social and Financial Performance. *Strategic Management Journal*, 2008.

[10] Bowen, H. R. Social Responsibilities of the Businessman. *New York*: Harpor & Row, 1953.

[11] Campbell, J. Why Would Corporations Behave in Socially Responsible Ways? An Institutional Theory of Corporate Social Responsibility. *Academy of Management Review*, 2007.

[12] Carpenter, V. L. and Feroz, E. H. Institutional Theory and Accounting Rule Choice: An Analysis of Four US State Governments' Decisions to Adopt Generally Accepted Accounting Principles. *Accounting, Organizations and Society*, 2001.

[13] Caron, M. and Turcotte, M. B. Path Dependence and Path Creation: Framing the Extra – financial Information Market for a Sustainable Trajectory. *Accounting, Auditing and Accountability Journal*, 2009.

[14] Carol, A Adams, C. A Commentary on: Corporate Social Responsibility Reporting and Reputation Risk Managment. *Accounting, Auditing & Accountability Journal*, 2008.

[15] Carroll, Archie B. The Pyramid of Corporate Social Responsibility: To-

ward the Moral Management of Organizational Stakeholders. *Business Horizons*, 1991.

[16] Chang, E. C., Cheng, J. W, Khorana, A. An Examination of Herd Behavior in Equity Markets: An International Perspective. *Journal of Banking and Finance*, 2000.

[17] Commons, J. Institutional Economics. Its Place in Political Economy. *Macmillan*, New York, 1934.

[18] Davis, G. F. and Greve, H. R. Corporate Elite Networks and Governance Changes in the 1980s. *American Journal of Sociology*, 1997.

[19] Deegan, C. and Unerman, J. Financial Accounting Theory. *Maidenhead*, McGraw Hill, 2011.

[20] Deegan, C. the Legitimizing Effect of Social and Environmental Disclosures—A Theoretical Foundation. *Accounting, auditing, and Accountability Journal*, 2002.

[21] Deng, X. Kang, Jun – Koo, Low, B. S., Corporate Social Responsibility and Stakeholder Value Maximization: Evidence from Mergers, *Journal of Financial Economics*, 2013.

[22] DiMaggio, P. J. and Powell, W. W. The Iron Cage Revisited: Institutional Isomorphism and Collective Rationality in Organizational fields. *American Sociological Review*, 1983.

[23] Epstein, M. J. The Identification, Measurement, and Reporting of Corporate Social Impacts: Past, Present, and Future. *Advances in Environmental Accounting and Management*, 2004.

[24] Epstein, E. M. The Corporate Social Policy Process: Beyond Business Ethics, Corporate Social Responsibility and Corporate Social Responsiveness. *California Management Review*, 1987.

[25] European Commission. Green Paper: Promoting a European Framework for Corporate Social Responsibility, 2001.

[26] Fombrun, C. J. and Shanley, M. What's in a Name? Reputation Building and Corporate Strategy. *Academy of Management Journal*, 1990.

[27] Goodrick, E. and Salancik, G. R. Organizational Discretion in Responding to Institutional Practices: Hospitals and Cesarean births. *Administrative Science*

Quarterly, 1996.

[28] Gray, S. J. Towards a Theory of Cultural Influence on the Development of Accounting System Internationally. Journal of Accounting, Finance and Business Studies, 1988.

[29] Gray, R., Owen, D., Adams, C. Some Theories for Social Accounting: A Review Essay and a Tentative Pdagogic Categorization of Theorizations around Social Accounting. Sustainability, Environmental Performance and Disclosures Advances in Environmental Accounting, 2010.

[30] Gray, R. H., Kouhy, R., Lavers, S. Corporate Social and Environmental Reporting: A Review of the Literature and a Longitudinal Study of UK Disclosure. Accounting, Auditing and Accountability Journal, 1995.

[31] Greening, D. and Gray, B. Testing a Model of Organizational Response to Social & Political Issues. Academy of Management Journal, 1994.

[32] Guthrie, J. and Parker, L. Corporate Social Reporting: A Rebuttal of Legitimacy Theory, Accounting and Business Research, 1989.

[33] Han, S. Mimetic Isomorphism and Its Effect on the Audit Services Market. *Social Forces*, 1994.

[34] Hambrick, D C. and Mason, P. A. Upper Echelons: The Organization as a Reflection of Its Top Managers. *Academy of Management Review*, 1984.

[35] Hauschild, P. R and Miner, A. S. Modes of Inter-organizational Imitation: The Effects of Outcome Salience and Uncertainty. *Administrative Science Quarterly*, 1997.

[36] Herman, P. and Datta, D. K. Relationships between Top Management Team Characteristics and International Diversification: An Empirical Investigation. *British Journal of Management*, 2005.

[37] Hussain, M. F., Hussain, M., Ahmad, R., Ijaz, R. Eastern Perspective of Corporate Social Responsibility: An Exploratory Study. *African Journal of Business Management*, 2012.

[38] Islam, M. A. and Deegan, C. Motivations for an Organization Within a Developing Country to Report Social Responsibility Information: Evidence from Bangladesh. *Accounting, Auditing and Accountability Journal*, 2008.

[39] Jamali, D., Safieddine, A. M., Rabbath, M. Corporate Governance and Corporate Social Responsibility Synergies and Interrelationships. *Corporate Governance: An International Review*, 2008.

[40] Jennings, P., Zandbergen, P. Ecologically Sustainable Organizations. *Academy of Management Review*, 1995.

[41] Knoke, D. The Spread of Municipal Reform: Temporal, Spatial, and Social Dynamics. *American Journal of Sociology*, 1982.

[42] Knox, S, Maklan S. and French P. Corporate Social Responsibity: Exploring Stakeholder Relationshipsand Programme Reporting across Leading FTSE Companies, *Journal of Business Ethic*, 2005.

[43] Kostova, T. and Roth, K. Adoption of an Organizational Practice by Subsidiaries of Multinational Corporations: Institutional and Relational Effects. *Academy of Management Journal*, 2002.

[44] Lai, B. and Slater, D. Institutions of the Offensive: Domestic Sources of Dispute Initiation in Authoritarian Regimes, 1950 – 1992. *American Journal of Political Science*, 2006.

[45] Lai, Chi – Shiun; Chiu, Chih – Jen; Yang, Chin – Fang; Pai, Da – Chang. The Effects of Corporate Social Responsibility on Brand Performance: The Mediating Effect of Industrial Brand Equity and Corporate Reputation. *Journal of Business Ethics*, 2010.

[46] Larson, E. Partnering on Construction Projects: A Study of the Relationship between Partnering Activities and Project Success. *Transactions on Engineering Management*, 1997.

[47] Lieberman, M. B. and Asaba, S. Why Do Firms Imitate Each Other? *Academy of Management Review*, 2006.

[48] Lindblom, C. K. The Implications of Organizational Legitimacy for Corporate Social Performance and Disclosure. Paper presented at the Critical perspectives on accounting conference. *New York. NY*, 1994.

[49] Llena, F. J., Moneva, M., Hernandez, B. Environmental Disclosures and Compulsory Accounting Standards: The Case of Spanish Annual Reports. *Business Strategy and the Environment*, 2007.

［50］Lucertini, M., Nicolo, F., Telmon, D. Integration of Bench – marking and Benchmarking Integration. *International Journal of Production Economics*, 1995.

［51］Mahmood, A. M., Social and Environmental NGO's Perceptions of Corporate Social Disclosures: The Case of Bangladesh. *Accounting Forum*, 2013.

［52］Marquis, C, Glynn, M. A, David G F. Community Isomorphism and Corporate Social Action. *Academy of Management Review*, 2007.

［53］Meyer, J. W. and Rowan, B. Institutionalized Organizations: Formal Structure as Myth and Ceremony. *American Journal of Sociology*, 1977.

［54］Meyer, J. W. and Scott, W. Centralization and the Legitimacy Problems of Local Governmen. Meyer J W, Scott W R (Eds). Organizational Environments: Ritual and Rationality ［M］. Beverly Hills CA: Sage, 1983.

［55］Milofsky C. Structire and Process in Community Self – help Organizations. *New Haven: Yale Program on Non – Profit Organizations*, working paper, 1981.

［56］Mezias, S. J. An institutional Model of Organizational Practice: Financial Reporting at the Fortune 200. *Administrative Science Quarterly*, 1990.

［57］Ner, D. and Ocampo, E. Doing Missionary Work: the World Bank and the Diffusion of Financial Practices. *Critical Perspectives on Accounting*, 2007.

［58］North, D. C. Institutions, Institutional Change and Economic Performance. *New York: Cambridge: Harvard University Press*, 1990.

［59］Oliver, C. Strategic Responses to Institutional Processes. *Academy of Management Review*, 1991.

［60］Palmer, D., Jennings, P. D., Zhou, X. G. Late Adoption of the Multidivisional Form by Large U. S. Corporations: Institutional, Political, and Economics Accounts. *Administrative Science Quarterly*, 1993.

［61］Pfeffer, J. and Salancik, G. R. The External Control of Organizations: A Resource Dependence Perspective. *New York: Harper and Row*, 1978.

［62］Podnar, K and Jancic, Z. Towards a Categorization of Stakeholder Groups: an Empirical Verification of a Three – level Model. *Journal of Marketing Communications*, 2006.

［63］Porter, M. E., Kramer, M. R. Strategy and Society: the Link between Competitive Advantage and Corporate Social Response. *Harvard Business Review*,

2006.

[64] Suchman, C. M. Managing Legitimacy: Strategic and Institutional approaches. *Academy Management Review*, 1995.

[65] Scott, W. R. Institutions and Organizations. *Thousand Oaks, CA, Sage*, 2001.

[66] Schultz, T. W. Institutions and Rising Economic Value of Man. *American Journal of Agricultural Economics*, 1968.

[67] Smith, Van Der Laan J, Adhikari, A., Tondkar, R. H. Exploring Differences in Social Disclosures Internally: A Stakeholder Perspective. *Journal of Accounting and Public Policy*, 2005.

[68] Swidler, A. Organization without Authority: Dilemmas of Social Control of Free Schools. *Cambridge: Harvard University Press*, 1979.

[69] Tang, L. Media Discourse of Corporate Social Responsibility in China: a Content Analysis of Nespapers, *Asian Journal of Communication*, 2012.

[70] Tolbert, P. S. Zucker, L. G. Institutional Sources of Change in the Formal Structure of Organizations: The Diffusion of Civil Service Reform, 1880 – 1935. *Administrative Science Quarterly*, 1983.

[71] Tuttle, B. and Dillard, J. Beyond Competition: Institutional isomorphism in US Accounting Research. *Accounting Horizons*, 2007.

[72] Uadiale, O. M. and Fagbemi, T. O. Corporate Social Responsibility and Financial Performance in Developing Economies: The Nigerian Experience. *Journal of Economics and Sustainable Development*, 2012.

[73] Unerman, J. and Bennett, M. Increased Stakeholder Dialogue and the Internet: Towards Greater Corporate Accountability or Reinforcing Capitalist Hegemony? *Accounting, Organization and Society*, 2004.

[74] Wangombe, D. K. Multi – Theoretical Perspective of Corporate Environmental Reporting: a Literature Review. *Review of Integrative Business and Economics Research*. 2013.

[75] Welter, F. and Smallbone, D. Institutional Perspectives on Entrepreneurial Behaviour in Challenging Environments. *Journal of Small Business Management*, 2011.

[76] Williamson, O. E. The Economic Institute of Capitalism. *NewYork: FreePress*, 1985.

[77] Withrop, R. H. Dictionary of Concepts in Cultural Anthropology. *Green World Press*, *USA*. 1991.

[78] Zuker, L. G. The Role of Institutionalization in Cultural Persistence. American Sociological Review, 1977.